1인 학원
성공 경영
부스터

불황의 시대에도 나홀로
점프하는 학원 운영 전략

1인 학원
성공 경영
부스터

BOOST SUCCESS

조경이·유경숙·심동화·박중희·김지혜 지음

더메이커

1인 학원 혁명을 꿈꾸며

어쩌다 보니 학생들을 가르치는 일이 직업이 되었는가?

학생들을 가르치며 학생의 성장과 성적 향상에 보람을 느끼고 있는가?

해마다 좋은 입시 결과로 학생과 학부모에게 감사 인사를 받고 있는가?

다른 한편으로는,

늘 중기중기(중간·기말고사)로 바빠서 계절이 어떻게 오가는지도 모르고 살고 있는가?

시도 때도 없는 학부모와 학생의 전화와 문자, 카카오톡이 부담스러운가?

언제쯤이면 주말과 저녁이 있는 삶을 살 수 있을까 생각하는가?

그러함에도 불구하고 여전히,

학생들을 더 잘 가르치는 교육자의 길을 걷고 싶은가?

더 나은 교육을 제공하여 학생들의 꿈을 위한 동반자가 되고 싶은가?

교육사업의 성공으로 경제적 자유를 통해 또 다른 꿈에 도전하고 싶은가?

하지만,

다람쥐 쳇바퀴 같은 생활에서 벗어나지 못하고 있는가?

수많은 정보 속에서 무엇을 선택해야 할지 난감한가?

변하고 싶지만 변화가 두려운가?

그렇다면 지금부터,
1인 교육자 혁명에 동참하기를 바란다!

- 나름 고액 과외임에도 학생, 학부모 모두 만족하며 수업을 맡기고 있기 고 있다고 믿고 있지만, 한편으로는 "선생님, 그동안 감사했습니다."라는 말을 듣게 될까 봐 수업을 마치고 나오며 뒤통수가 무거운 적이 있는 개인과외 교육자.
- 아이들 학원비나 벌어보자고 시작했던 공부방이 조금씩 인원이 늘어 수입은 나아졌지만, 중구난방으로 돌아가는 수업 운영이 때로는 버겁고, 더 욕심을 내보고 싶지만 걱정이 앞서 선뜻 일을 벌이지 못하고 있는 교육자.

- 강사로 있다가 작게라도 내 사업으로 해보자며 시작한 교습소가 생각보다 성장하지 않아 고민되고, 더 크게 벌이자니 부담되고 리스크가 우려되어 현실에 주저앉아 도전을 포기하고 있는 교육자.
- 잘 나갈 때는 지역에서 알아주는 원장이었으나 여전히 잘 가르치는 것만이 학원의 살길이라는 생각에 갇혀, 교육 정책의 변화와 다양한 교육 니즈와 시스템을 따라가지 못해 도태 위기를 느끼고 있는 교육자.
- 학원이 흑자이긴 하지만 자신 있게 경제적 자유를 누리고 있노라고 말하기는 어려워, 무언가 새로운 변화를 위해 시스템과 학원 운영 전략을 고민하고 있는 교육자.

1인 교육 혁명 동지들이여!

교육사업을 통하여 연봉 1억 이상을 달성하고 경제적 자유를 누리고자 한다면, 이 책을 필독하기를 권한다. 《1인 학원 성공 경영 부스터》는 개인과외나 교습소·공부방·학원 운영을 하는 선생님들을 위한 책이다. 혁명(革命, revolution)은 "이전의 관습이나 제도, 방식 따위를 단번에 깨뜨리고 질적으로 새로운 것을 급격하게 세우는 일"이다. 기존의 교육사업 운영에 물음표를 가지고 있다면 탈바꿈하여 질적으로 새로운 것을 세우는 교육 혁명을 시도해야 한다. 지속가능한 성공은 혁명을 통해 이루어진다.

이 책은 총 5부로 구성되어 있다.
〈1부 혁명의 준비〉에서는 1인 독립 교육자 교육사업의 매력과 비전 그리고 로드맵, 예산 자금 전략 등에 대해 알아본다. 이미 교육사업을 운영하고 있다면 나의 사업체를 점검해 볼 수 있는 기회가 될 것이며, 제2의 도약을 위한 창업을 준비하고 있다면 체계적인 준비 기회가 될 것이다.

〈2부 혁명의 실천〉에서는 학원 운영의 핵심 무기라 할 만한 시스템을 안내한다. 학생·학부모 관리 시스템과 매뉴얼, 디지털 콘텐츠의 전략적 활용법, 1인 교육자 혁명의 동맹 구축을 위한 학부모·학생 소통 전략 등의 교육사업의 전쟁터에서 승리를 가져다줄 핵심 무기들을 소개한다. 책에서 제공하는 모든 내용이 실제 운영의 사례를 통한 구체적인 방법을 제시하기 때문에, 독자들에게 실질적인 도움을 줄 것이다.

〈3부 혁명의 확산〉에서는 성장과 성공에 강력한 무기가 되는 온라인·오프라인 마케팅을 소개한다. 혁명은 자신의 업에 대한 정체성을 담는 브랜딩에서 시작한다. 이를 바탕으로 놓치기 쉬운 기본 마케팅 전략과 다양한 마케팅 기법을 소개한다. 단순한 안내가 아니라 학원에서의 실제 다양한 사례와 함께 살펴보고 있어, 바로 학원 현장에서 적용하는 것이 가능할 것이다.

〈4부 혁명의 승리〉에서는 1인 학원으로 시작하여 지역의 유명 학원으로 성장한 교육사업자들을 섭외하여 그들과의 인터뷰를 실었다. 1인 교육사업자들이 가져야 할 정체성과 경영 전략, 1인 교육사업자로서의 어려움과 그 극복 사례, 열악한 상황에서도 시스템을 만들고 성장해간 이야기, 그리고 확장으로 점프업한 이야기 등의 성공 경영 사례를 육성으로 디테일하게 담았다. 교육 혁명에 성공한 그들의 스토리를 통해 교육 혁명 동지들은 생생한 인사이트를 얻을 수 있을 것이다. 또한 갈수록 중요성이 커지고 있는 입시와 진로진학, 그리고 문해력 관련 업계 대표와의 인터뷰를 실어 변화하는 교육 생태계에서 발전적으로 성장할 수 있는 학원 대응 전략을 살펴보았다.

〈5부 혁명의 지속〉에서는 1인 학원 경영의 무한한 가능성을 다시 한번 짚어보고, 에듀테크 시대에 무엇을 준비하고 어떻게 도전해야 하는지를 현장 사례를 통해 안내한다. 이를 통해 에듀테크가 멀리 있는 것이 아닌, 이미 우리 학원에 들어와 있는 것임을 이해할 것이다. 더불어 에듀테크 시대에 리더로서의 원장 역량을 진단하고, 이를 바탕으로 성공 경영 전략을 세워나갈 수 있도록 하였다.

끝으로 〈부록〉에서는 1인 학원의 실제 무기가 될 수 있는 필수 자료들을 제공하였다. 다양한 학원 운영 양식과 매뉴얼, 편리한 디지털 도구 등은 혁명가를 위한 필수 자료 및 도구들이다. 부록에 제공한 자료들을 잘 활용하면, 1인 학원의 손발이 될 수 있는 시스템을 만들 수 있을 것이다.

끝으로 책의 활용법에 대한 안내이다.

이 책은 교육사업에 지금 막 입문했거나 경험이 적은 분들 또는 개인지도, 학원 강사, 공부방 운영을 하다가 학원을 개원하고자 하는 분들은 혁명을 시작하는 마음으로 안내에 따라 처음부터 차근차근 읽어나가면 된다. 이미 학원 운영 경험이 있거나 하고 있는 분들은 필요한 부분을 먼저 읽어도 좋다. 읽는 즉시 활용하여 도움을 받을 수 있는 내용을 담았다.

이 책을 읽는 혁명 동지들이 책을 읽으며 단순히 고개만 끄덕이는 것을 바라지 않는다. 동지들이 이 책을 무기 삼아 현재의 나의 상황과 비전을 점검하여 올바른 경영 전략을 세우고 미래를 향해 도약하고자 하나하나 실천해나가기를 바란다.

오랜 시간 교육사업에 종사했던 분들이나 이제 막 교육사업에 도전하는 분들의 공통점이 있다. 인간에 대한 애정과 신뢰를 기본으로, 교육을 통해 긍정적인 변화를 꿈꾼다는 것이다. 이분들은 교육을 통해서 사람이 성장하고 변화하는 것을 믿는 분들이다. 이 책을 통해서 자신의 미래 비전과 꿈을 실현해 나가는 멋진 혁명가 되기를 응원한다.

2024년 5월
1인 교육자 혁명의 동지
조경이 · 유경숙 · 심동화 · 박중희 · 김지혜

contents

Part 1
혁명의 준비
1인 교육사업 창업
로드맵 5단계

Part 2
혁명의 실천
디지털 시대 맞춤형
교육사업 무기고

Part 3
혁명의 확산
학원의 차이를 만드는
브랜딩 & 마케팅 전략

Part 4
혁명의 승리
혁명가의 승전보

Part 5
혁명의 지속
미래를 향한 혁명

부록
혁명가를 위한 자료 및 도구

Part 1

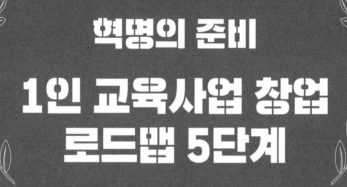

혁명의 준비

1인 교육사업 창업
로드맵 5단계

**1인 학원
성공 경영
부스터**

1인 교육자 혁명은 교육사업 생태계와 함께 호흡하는 일이며 제대로 순환하게 하는 일이다. 더 나아가 자신의 혼을 불어넣어 온전한 독립 경영자로 우뚝 서는 일이다. 비전은 주어지는 것이 아니라 스스로 만들어 가는 것이다. 1인 교육자 혁명의 시작은 현재의 나를 각성시켜 무한한 가능성에 도전하게 하는 것이다.

학령인구 감소의 시대,
교육사업 해도 될까?

• • •

교육이 사업으로 과연 매력이 있을까? "교육으로 인간이 성장한 다"는 가치만으로 사업적인 매력이 있다고 보기는 어려울 것이다. 학령인구가 해마다 줄고 있는 통계청의 자료를 보면 오히려 사양 사업이라고 해야 맞다. 더구나 대한민국 합계 출산율이 0.78명(2022년)이라는 통계를 보면 사업 비전 역시 암울하다.

그러나 아이러니하게도 뉴스 기사에서는 여전히 아래와 같은 내용이 줄을 잇는다.

> **학령인구 감소에도 10년간 사교육비 평균 36% 증가**
> 유아 대상의 교육이 대폭 늘고, 어린 시기부터 사교육 수요는 증가 … 학령인구 감소는 한 학생에게 투자되는 교육비 증가로 이어집니다. 자녀가 한 명이면, 여럿이 받는 사교육을 혼자서 다 받기

때문입니다.

학령인구 감소에도 상위권 대학 경쟁률 상승
중앙대 2024학년도 수시 원서접수가 모두 마감된 가운데, 중앙대 사상 최대 인원 79,118명 지원했습니다. 학령인구 감소에도 상위권 대학의 경쟁률은 상승할 수밖에 없습니다.

저출산에 학령인구는 급감하지만 학원 수는 증가!
저출산으로 인해 학령인구가 줄어드는 데 비해 높은 사교육 수요는 계속되면서 학원 수가 꾸준히 증가하고 있다. 한 명을 낳아 이 아이를 제대로 키우자는 부모들이 늘어나면서 이들의 욕망이 사교육 시장에도 적용된 까닭이다.

"승마도 해야지" … 애들 줄었는데, 학원 3만 개 늘어난 아이러니
전문가들은 사교육 시장이 줄어들지 않는 가장 큰 이유 중 하나는 가구당 자녀 숫자가 줄면서 사교육 수요가 오히려 더 늘고 있기 때문이라고 봤다. 광명에 사는 직장인 정모(37)씨의 초등 3학년 아들은 학원을 5개 다닌다. 영어, 수학은 기본이고 바이올린, 줄넘기, 과학실험을 배우는데 월 200만 원 이상 들어간다.

학령인구 감소에도 상위권 대학 경쟁률은 상승하고 있다. 최근 의대 정원 확대 발표로 사교육 열풍이 더 거세질 것은 불 보듯 뻔하다. 2022년 사교육 참여율이 80%에 육박하는 하는 것을 보면 여전히 우리나라에서 교육사업의 불황은 남의 나라 이야기처럼 들린다.

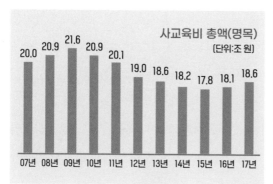

사교육비 총액(명목)
[단위:조 원]

20.0 20.9 21.6 20.9 20.1 19.0 18.6 18.2 17.8 18.1 18.6

07년 08년 09년 10년 11년 12년 13년 14년 15년 16년 17년

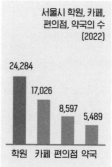

서울시 학원, 카페, 편의점, 약국의 수 [2022]

24,284 17,026 8,597 5,489

학원 카페 편의점 약국

[단위: 원]

사교육 참여율 78.3%

19.5조 21.0조 19.4조 23.4조 26.0조

전년 대비 ↑ 10.8

2018년 2019년 2020년 2021년 2022년

교습소·공부방   교습학원

[단위: 개]

8만8157 / 3만2210 / 5만5947

9만3295 / 3만6994 / 5만6301

10만851 / 4만2991 / 5만7859

10만9488 / 4만8452 / 6만1036

11만6681 / 5만3463 / 6만3218

2019년 2020년 2021년 2022년 2023년 6월

└─────── 연평균 ───────┘

이뿐만 아니라 10년 전과 다르게 교육 콘텐츠의 발달로 다양한 교육들이 증가하면서 사육비는 10년간 평균 36%가 증가했다. 그러다 보니 서울시의 학원 수는 눈만 돌리면 보이는 카페 수의 1.5배, 편의점의 수의 3배가 넘는다. 실로 놀라울 따름이다.

코로나 19로 인해 오프라인 교육 기관들이 줄었을 것이라고 생각하는 사람들도 있다. 하지만 중위권이 사라지는 등 학력 격차의 심화로 불안감을 느끼는 학부모들은 다시 오프라인 교육기관을 찾기 시작했다. 학원 수는 약간 증가했지만 1인 운영 중심인 교습소나 공부방은 점진적인 상승 곡선을 보이며 꾸준히 증가하고 있다.

실제로 한창 어려웠던 코로나 시국에 자본금 3000~5000만원으로 소형 학원을 창업하여 안정적으로 운영하며 경제적, 시간적 여유를 누리고 있는 분들이 주변에 꽤 있다. 한편으로는 강사를 여럿 채용하여 나름 지역에서 크게 운영하다가 폐업위기를 겪으며 1인 교육사업(교습소/공부방/개인지도)으로 전환하여 어려움을 극복한 경우 역시 심심치 않게 볼 수 있다. 이것은 1인 교육자 사업의 매력과 비전을 보여주는 사례이기도 하다.

이제, 다시 한 번 교육사업의 매력과 가능성을 짚어보자.

교육사업이 매력적인가에 대한 물음은 객관적인 자료로도 충분한 답이 된다고 본다. 교육 선진국이라 불리는 미국의 대통령 오바마는 기회 있을 때마다 한국의 교육열을 극찬했다. 교육열이 식지 않는 한, 그 교육열이 우리나라의 비약적 성장의 긍정적 동력이라면, 여전히 교육사업은 레드오션이지만 블루오션이기도 하다.

교육사업은 앞으로도 전망이 밝을 수밖에 없다. 학령인구가 줄고 있지만 맞벌이 가정이 늘면서 방과 후 자녀 교육을 외부 교육기관에 의존하는 경우가 많다. 요즘은 한 가정에 한 자녀가 대부분이다 보니 외벌이든 맞벌이든 자녀 교육에 올인한다. 또한 남들이 보내니까 따라서 보내는 것이 아니라 다양한 콘텐츠에 질 높은 교육을 제공하고 싶은 부모의 마음을 채워줄 수 있는 곳을 찾는다. 이런 다양성과 양질의 개별 맞춤 교육 등의 니즈를 교육사업자가 제대로 준비한다면 고소득을 창출할 수 있으며 성공할 수밖에 없다.

사실 사업의 전망과 비전이라는 것이 그렇게 거창한 것은 아니다. 소규모 투자로 노력한 만큼 대가를 얻을 수 있고 성취와 보람을 느낄 수 있다면 그것이 좋은 전망이며 비전 있는 사업이다. 그런 측면에서 1인 교육사업은 리스크가 적은 유망 사업이라 할 수 있다.

1인 교육사업의 장점을 정리해보면 다음과 같다.
- 소자본으로 창업이 가능하다.
- 정년이 없으며 평생직장으로 손색이 없다.
- 타 사업 아이템 대비 유행에 민감하지 않아 안정적이다.
- 전문적인 지식이 부족해도 창업 및 운영이 가능하다.
- 최소한 자신의 인건비가 확보된다.
- 자녀 교육에 경제적, 학습적 도움이 된다.
- 정착되면 시간 활용이 자유롭다.
- 직장 상사의 스트레스가 없다.
- 직장인 대비 경제적 자유를 얻기가 수월하다.

교육사업은 단순히 가르치는 일만 하는 것이 아니다. 학생과 교육자, 학부모와 교육자, 학생과 학부모의 관계, 그리고 공부, 학습, 인성, 성적, 변화, 소통, 목표와 꿈 등이 홍보와 상담, 수업과 관리 시스템과 얽혀 살아있는 생태계처럼 매일 매 순간 꿈틀거리는 활동이다.

1인 교육자 혁명은 이 생태계와 함께 호흡하는 일이며 제대로 순환하게 하는 일이다. 더 나아가 자신의 혼을 불어넣어 온전한 독립 경영자로 우뚝 서는 일이다. 비전은 주어지는 것이 아니라 스스로 만들어 가는 것이다. 1인 교육자 혁명의 시작은 현재의 나를 각성시켜 무한한 가능성에 도전하게 하는 것이다.

성장하는 학원장의
마인드셋업

• • •

세계적인 베스트셀러 작가 켄 블랜차드는 《비전으로 가슴을 뛰게 하라》에서 "비전은 자신이 누구이고, 어디로 가고 있으며, 무엇이 그 여정을 인도할지 아는 것이다"라고 말한다. 블랜차드는 비전과 목표를 구분하여 정의한다. 비전은 "목표를 달성해가는 과정에서 끊임없이 지침을 제공하는 영속적인 것"이다. 목표와 비전을 구분하는 한 가지 방법은 "그 다음에는?"이란 질문을 해보는 것이다. 목표는 달성하고 나면 끝난다. 그러나 비전은 '미래의 행동을 위한 뚜렷한 방향을 제시하고 새로운 목표를 설정'하도록 도와준다. 많은 사람이 목표만 있고 비전이 없는 경우가 많다. 이럴 경우 목표를 달성하고 나면 모든 게 끝나버리고 만다.

월트 디즈니에서는 교육과정에 신입사원이 들어가면 교관이 이런 질문을 한다고 한다.

"맥도날드는 햄버거를 만듭니다. 디즈니는 무엇을 만듭니까?"

디즈니의 모토는 "디즈니는 사람들에게 행복을 만들어 줍니다."이다. 디즈니는 사람에게 행복을 판다. 그 사람이 누구든, 무슨 일을 하든, 피부색이 어떻든 그런 것이 중요한 것이 아니라, "사람에게 행복을 주려고 일한다"는 신념을 사원들에게 심어 준다. 연수 교재에 이런 내용도 있다고 한다.

"우리는 피곤해질 수는 있어도 결코 따분해져는 안 됩니다. 정직한 미소를 지으십시오. 그것은 우리의 내면에서 우러나는 것입니다. 당신의 미소에 우리가 급여를 지급하고 있다는 사실을 기억하십시오."

이 얼마나 단순하고 명쾌하며 멋진 비전인가?

학원과 원장이 성장하기 위한 철학

학원과 원장이 성장하려면 철학을 가지고 있어야 한다. 원장은 경영에 대한 철학을 가지고 있어야 하며, 성장에 대한 철학을 가지고 있어야 한다.

원숭이가 지나가다 물속을 보니 물고기가 물속에서 파닥거리고 있었다. 원숭이는 물고기가 물에 빠져 죽게 되었다고 생각하고, 얼른 물고기를 건져서 땅에 올려두었다. 얼마 후 물고기가 그만 죽고 말았다. 그래서 원숭이가 생각했다. '내가 좀 더 일찍 구했더라면, 물고기

는 살았을 텐데….'

    이 이야기는 1인 학원장에게 많은 생각거리를 주는 예화라고 생각한다. 혼자서 운영한다는 것은 모든 결정을 혼자서 해야 한다는 것을 말한다. 게다가 결정에 어떤 제한도 없다. 물론 결정과 동시에 책임이 따른다.

    이런 상황에서 원장이 주변 환경과 상황을 오판하여 잘못된 결정을 하면, 그 결정은 나중에 부메랑이 되어 돌아오게 되고 학원에는 위기가 닥칠 것이다. 예화 속의 원숭이처럼 자신이 늦게 구해서 물고기가 죽었다고 잘못 판단하면 올바른 결정과 행동을 할 수 없다. 원장은 운영에 대한 올바른 철학과 규칙을 갖고 이에 어긋나지 않게 운영하고 결정하는 것이 매우 중요하다.

    물론 올바른 철학과 규칙을 세우는 것이 그냥 되는 것은 아니다. 무엇보다 먼저 '귀찮음'과 '오만함'을 버리고 끊임없이 배워야 한다. 학원 운영에 관한 철학, 노하우 등을 소개하는 교육기관은 매우 많으니 오전 시간 등을 투자하여 학원 경영에 관련된 공부를 하면서 교육 현장을 깊이 이해하는 것이 중요하다. 또한 자신의 경험만을 바라보며 '쇄국정책'을 유지하는 것보다는 주변 학원과 잘되는 학원에 대한 공부를 늘 해나가는 것이 중요하다. 그리고 중요한 결정에 앞서서는 한 번 더 고민하고, 멘토 역할을 하는 사람이 있다면 조언을 구하여 결정해야 한다.

    규모가 큰 학원을 보며 1인 학원 운영자들은 부러움과 위축감을 느낄 수 있다. "난 저 학원처럼 성공할 수 있을까?"라는 막막함 속에서 학원 규모 확장만이 답이라고 생각하기도 한다. 하지만 잠깐 멈춰서서 생각해 보자. 과연 규모만이 성공의 유일한 기준일까?

1인 학원은 개인 맞춤형 교육, 섬세한 배려, 빠른 의사 결정, 유연한 운영이라는 강점을 가지고 있다. 이를 바탕으로 차별화된 서비스를 제공하고 고객 만족도를 높일 수 있다는 점을 명심해야 한다. 교육 트렌드, 교수법, 경영 노하우 등에 대한 꾸준한 학습을 통해 전문성을 키우고, 시스템 구축을 통해 업무 효율성을 높여야 한다.

1인 학원이라도 효과적인 시스템을 통해 시간 관리와 업무 분담을 해결할 수 있다. 혼자 해내려고 하기보다는 나의 비전을 공유하고 함께 성장할 동반자를 찾는 것이 중요하다. 그런데 이를 잘못 이해한 원장은 자신의 명령을 잘 따라주고, 일을 알아서 처리해주는 사람이 나타나기를 바란다. 그들이 원장의 일을 대신해줄 것이라 생각하고 심지어는 학원의 문제까지 해결해줄 것으로 착각한다. 과연 이것이 가능할까?

학원 운영을 대신해줄 사람은 없다. 원장은 역할에 맞게 사람을 뽑아 쓰는 것일 뿐, 원장의 일을 대신할 사람을 뽑는 것이 아니다. 내가 편해지기 위해서 직원을 뽑는 것이 아니라, 학원 교육 서비스의 질을 향상시키기 위해 역할에 맞게 사람을 쓰는 것이다.

학원을 성장시키고 성공한 원장이 되려면, 매일의 작은 성장과 발전에 집중하고, 목표를 달성했을 때 스스로를 칭찬해야 한다. 긍정적인 마음가짐은 끊임없는 노력과 발전을 위한 원동력이 된다. 비슷한 어려움을 가진 1인 학원 운영자들과 교류하고 정보를 공유하는 것도 도움이 된다. 서로의 경험과 노하우를 공유하고, 협력을 통해 함께 성장하는 기회를 만들어나가야 한다.

1인 학원 운영은 쉽지 않지만, 끊임없는 노력과 열정으로 나만의 길을 만들어 갈 수 있다. 자신을 믿고, 강점을 발견하며, 긍정적인 마음가짐으로 성장해 나가는 1인 학원 운영자의 여정을 만들어 갈 수 있을 것이다.

1인 학원 성장 마인드셋

학원을 경영하는 원장은 기본적으로 '성장 마인드셋(growth mindset)'과 '실천력'을 가지고 있어야 한다. 마인드와 실천력이 짝을 이루어 학원이라는 수레는 굴러간다. 수레가 원활하게 굴러가기 위해서는 두 수레바퀴가 균형을 이뤄야 한다. 만약 두 바퀴 중 한 바퀴가 작으면 수레는 전진하지 못하고 작은 바퀴 쪽으로 뱅글뱅글 돌게 된다. 성장을 향해 전진하려는 원장이라면 자신이 끌고 가는 학원이라는 수레의 두 바퀴가 균형을 이루고 있는지 점검해 봐야 한다.

다음의 질문에 관하여 자신을 점검해보자.

구분	내용	체크
1	1인 학원 원장으로서 내 전문영역(교과과목)을 지속해서 업데이트하고 있는가?	
2	우리 학원만의 차별화된 운영 전략을 갖추고 있는가?	
3	학원의 세무, 노무 등의 영역에 대해서 잘 알고 있는가?	

4	원장은 지명도에 대한 열정(커뮤니티, 연합회 임원 등)을 가지고 있는가?
5	다른 교육서비스(진로, 진학 등)를 위한 자기계발 노력을 얼마나 하고 있는가?
6	학위과정 혹은 자격취득에 얼마나 투자하고 있는가?
7	시스템 관리 능력을 갖추는 것에 얼마나 투자하고 있는가?

이 책에서는 1인 독립 교육사업으로 경제적 자유를 누리는 것을 목표로 청사진을 제시하고 있다. 연봉 1억의 꿈은 누구나 꿀 수 있지만 아무나 이룰 수 있는 것은 아니다. 우선 연봉 1억이라는 목표를 왜 정했는지 생각해보고, 그 목표를 이루기 위해 장기목표와 단기목표는 어떻게 세웠는지 살펴보아야 한다. 그리고 목표에 따른 세부적인 계획을 세우고 실천해야 한다.

우리는 시험 기간이면 아이들에게 도전하는 목표 점수를 물어본다. 아이들이 우물쭈물하거나 대답하지 못하면 목표 점수를 스스로 정하도록 유도하고 그 목표 점수를 받을 수 있도록 지도하고 격려한다. 우리는 목표 점수를 정해 놓고 공부하는 아이와 그렇지 않은 아이의 차이, 목표에 따른 구체적인 계획을 세우는 아이와 그렇지 않은 아이의 차이, 구체적으로 세운 계획을 실천하는 아이와 그렇지 않은 아이의 차이가 어떠한지를 알고 있다.

이미 운영하고 있는 분들도 다시 한번 깊게 생각하여 정리해보는 시간이 필요하다. 내적인 혁명 청사진이 흐릿하면 시시때때로 찾아오는 슬럼프를 극복하기가 쉽지 않다. 다들 열심히 한다고 하지만 대부분은 열심의 기준이 없다. 그 이전에 하던 일보다 열심히 했다고 해서 사업이 잘될 것이라고 생각하는 것은 착각이다. 그냥 '열심'이 아니라, 하려고 하는 일에 대한 구체적인 목표와 계획에 따른 '열심'이 중요하다.

지금 이 순간 자신에게 물어보라. 나는 1인 교육자 혁명이라는 시험에서 몇 점을 목표로 하고 있는가? 그리고 그것을 위해 어떤 계획을 갖고 있는가? 또한 지금 무엇을 실천하고 있는가? 이에 답이 없다면 교육자 혁명 시험은 빵점이다. 물론 실망할 필요는 없다. 빵점에게도 시험의 기회가 늘 있듯이 다시 목표를 세우면 된다.

혁명의 동지들이여!
지금 당장 펜을 들고 노트에 나의 혁명 비전과 목표를 세워보자.

구분	내가 생각하는 학원의 모습	비고
학원의 시스템		
학원마케팅 설명회		
학원의 학습 수준		
학원생의 태도		
학원의 교재 시스템		
학원의 학습 환경		
원장의 모습		

학원 성장 비전	학원 성장 목표			
	장기 목표		단기 목표	
	1년		1개월	
	3년		3개월	
	5년		6개월	

반드시 성공하는 창업 로드맵과
예산 자금 전략

• • •

1인 교육자 사업은 크게 개인과외, 공부방, 교습소, 학원 형태로 나뉘며, 학원은 규모에 따라 부부나 지인 등의 2~3인이 운영하는 소형, 강사를 채용하여 운영하는 중·대형으로 나뉜다. 대부분의 교육사업은 각 지역 교육청에 설립신고, 허가 절차를 밟는다. 설립하려는 지역의 교육 지원청 사이트에 들어가서 학원 업무 담당자에게 문의하여 조언받으며 준비하는 것이 정확하다.

창업 혁명 무엇을 알아야 할까?

교육사업 창업의 전체 순서는 아래와 같다. (교습소/학원 기준)

1. 교육사업의 형태 및 콘셉트 구상하기

2. 오픈할 지역 정하기

3. 운영할 공간 확정하고 계약하기

4. 인테리어

5. 교육청 인가 받기

6. 사업자 등록하기

7. 홍보와 원생 모집하기

8. 운영 시작

우선, 사업 규모와 형태에 대해 생각해보자.

이 글을 읽는 분들은 다양한 상황에 놓여있겠지만 창업을 전제하고 있다면 어떤 규모가 있고, 차이점은 무엇인지 알아야 한다. 어떤 형태의 교육사업을 할 것인가에 따라 시작과 준비가 다르다. 관련 법, 준비 자금, 유리한 위치, 공간 구성 등 많은 부분에서 고려해야 할 점이 있다.

공부방, 교습소, 학원(어학원) 비교

종류/구분	공부방	교습소	학원
정의	학습자의 주거지 또는 교습자의 주거지로서 단독주택 또는 공동주택에서 교습비 등을 받고 과외 교습을 하는 시설	초·중·고등학교 또는 이에 준하는 학교의 학생이나 학교 입학 또는 학력 인정에 관한 검정을 위한 준비생에게 지식, 기술, 예체능 교육을 교습하는 시설	30일 이상의 교습 과정에 따라 지식, 기술, 예체능 교육을 행하는 시설

시설 기준	학습자나 교습자의 주거지(단독주택 또는 공동주택), 오피스텔 불가	과외 교습을 하는 시설 중 학원이 아닌 시설 상가-제2종 근린생활시설	교육청별 상이
허가 평수 (실평수)	제한 없음	15~25평 10평 이하도 가능	서울: 22평/ 경기: 17평 어학원의 경우 서울: 46평 경기: 26평
강사 채용	채용 불가	채용 불가	채용 가능
강사 자격 조건	고졸 이상	전문대졸 이상	전문대졸 이상
등록 요건	신고제 (교육청 실사 없음)	허가제	허가제
학습자 인원 제한	동 시간대 9명 이하	1㎡당 0.3명 이하 (최대 9명, 피아노 교습소인 경우 5명 이하)	제한 없음
간판 명칭	별도 규정 없음	고유명칭+과목 +교습소	고유명칭+학원

어떤 사업을 하더라도 언제든지 실패할 수 있다. 그래서 선택하기 전 자신의 상황을 정확히 파악하는 것이 중요하다. 다음은 규모와 형태에 따른 장점과 단점이다. 자신의 상황에 맞는 운영 형태를 생각해보고 현실적이고 합리적인 결정을 해야 한다.

공부방

공부방은 정식 명칭이 아니다. 원장 혼자 여러 과목을 가르칠 수 있고, '개인과외교습자'로 신고한다. 실제 살고 있는 주민등록상 거주지에서만 교습할 수 있다. 1인 경영이 원칙이지만 함께 거주하는 부부 또는 형제자매는 공동으로 가르칠 수 있다. 이때 주민등록상 거주지도 같아야 한다. 2인이 교습할 때는 각각 따로 신고해야 하며, 1명만 신고한 상태에서 2명이 가르칠 수 없다.

실거주지 외 공간에서 운영하거나 강사를 채용하는 것은 위법이다. 하지만 비거주인 상태로 전세나 월세 형태로 운영하는 경우도 많다. 이 경우 임대료, 난방비, 전기세, 관리비 등 자가 거주 운영 대비 창업비용 및 운영비용이 더 들게 되므로 창업 시 투자금을 고려해야 한다.

교습소

원장 혼자 한 과목만 가르칠 수 있다. 강사를 둘 수 없지만, 보조 요원은 한 명 채용할 수 있다. 교습을 제외한 사무 업무(전화, 청소, 상담 등)만 가능했으나, 원장과 같은 교실에서 교습은 가능한 것으로 바뀌었다. 즉, 다른 교실에서 단독 교습은 불가하지만 원장과 같은 교실에서 원장의 지시로 교습을 보조하는 것은 가능하다. 보조 요원 채용 가능 여부와 업무 범위는 지역마다 다르니, 관할 교육청에 확인해야 한다. 다 과목 강의 불법, 강사 채용 불법이라는 점이 다른 교육사업 형태와 가장 다른 점이다.

보습학원

여러 개의 교과목을 개설할 수 있고 강사를 채용할 수 있다. 강사는 2년제 대학 졸업 이상 이거나, 4년제 대학생일 경우 2년 과정 이상 수료해야 교육청에 강사로 등록할 수 있다. 원어민 교사는 채용할 수 없다. 무자격 강사 채용, 강사 미등록으로 문제가 발생하여 곤란을 겪는 학원들이 있다. 발각되기 쉬우므로 주의해야 한다.

어학원

유치원생부터 성인 대상으로 외국어 과목만 개설할 수 있다. 원어민 교사를 채용할 수 있다. 외국어 외 다른 교과목은 위법이다. 수학, 과학, 국어 등의 교과목을 추가 개설하려면, 보습학원 허가 기준에 맞는 공간이 별도로 필요하다. 보습학원과 마찬가지로 무자격 강사 채용, 강사 미등록은 위법이다.

공부방, 교습소, 학원(어학원) 창업비용 비교

구분	공부방	교습소	학원	어학원
창업비용	5백만원 이하	3천만원	5천만원	1억원 이상
보증금 (임대료)	자택일 경우 없음	1천만원 (70만원) 15평 기준	2천만원 (100~150만원) 30평대 기준	4천만원 (250만원) 60평대 기준

위 자료는 최소의 비용을 기준으로 잡은 창업비용 예시이다. 규모가 있는 학원 창업은 입지 선정비 외에 강사와 직원의 인건비(복리후생비 포함), 교재비, 교구비 및 광고비, 관리비 등 운영비용과 허가신청비, 소방시설 설치비, 교육세 등의 법규 비용도 만만치 않다. 따라서 창업비용, 예상 수익, 투자금 회수 기간, 손익분기점 등을 잘 따져봐야 한다. 학원이 아니더라도 항목을 정해 정리하면 대략 창업 가이드

라인이 잡히니 큐플레이스에서 제공하는 양식을 다운 받아서 활용해 보기 바란다.(큐플레이스-학원창업 구글 시트 제공:https://www.qplace.kr/)

학원 인수, 무엇을 체크해야 할까?

창업할 때 기존 학원을 인수하여 초기 비용을 줄이거나 원생 모집의 부담을 줄이는 방법도 있다.

학원 인수 과정도 여러 가지 중요한 고려 사항이 있다. 인수 시점도 중요 고려 사항이다. 신설의 경우는 원생 확보가 쉬운 겨울방학이나 신학기 전이 최적기이지만, 기존 학원 인수는 오히려 원생 확보가 어려운 5~6월과 10~11월이 적당하다. 원생 수에 따라 권리금이 결정되므로 인수 가격이 최저가인 시기에 속한다. 또 원생 수가 적기 때문에 신상 파악을 수월하게 할 수 있어 인수 후 원생의 퇴원을 최소화할 수 있다. 신학기나 방학 전이기 때문에 신입생 확보 준비를 여유 있게 할 수 있으며, 권리금이 적은 만큼의 차액으로 홍보에 주력할 수 있는 이점도 있다.

학원을 인수하면서 정보 부족으로 결정적인 피해를 입을 수 있으니 주의해야 한다. 인수할 학원이 어떻게 운영되어 왔는지 상세히 파악하는 것이 중요하다. 학원 운영 체제, 강의 방법, 학습 분위기 등 그동안 원생들에게 어떤 환경을 제공했는지 등의 정보를 수집해야 한다. 현재 운영하고 있는 경영자에게 학원의 문제점, 개선점 등을 상담하는 것이 가장 정확하다. 잔금을 치르는 시점에 면담을 통해 가감 없이 조언을 듣는 것이 필요하다. 학원 주변이나 경쟁 학원 상담을 통해서도 정보를 수집할 수 있다.

다음은 학원 인수 시 반드시 점검해야 하는 사항이다.

구분	내용	체크
1	중도금 치른 후 원생 출석부 3개월분의 복사본과 수강료 납입 상태 요청 확인	
2	계약 시 건물주와 임차료 인상 여부를 재차 확인	
3	경고나 휴원 등 관할 관청의 행정 조치 사항이 있는지 확인	
4	계약 전 건물 등기부등본을 열람하여 저당설정 여부 및 저당 금액 등 법적인 문제 점검	
5	영업 장소와 인가 장소가 동일한지 확인	
6	층수, 면적 확인	
7	인테리어(학원 내부 칸막이 등)가 인가 당시와 차이가 있는지 확인(관내 교육청 평생교육과에서 확인하거나 계약 시 옵션으로 추가)	
8	시설 권리금을 지불하기 1주일 전에 학원 운영 상황을 확인 가능 하도록 계약 옵션에 추가(운영 상태, 인원, 학원 분위기, 학습 프로그램 등 확인)	
9	매도 후 주위에서 동종 업종을 반경 10km 이내에서 운영하지 않겠다는 약속을 계약 옵션에 추가	

추후 피해가 발생하지 않도록 위 체크 사항을 꼼꼼하게 확인한다.

잘되는 학원 위치 선정과 공간 구성

∎∎∎

어떤 업종이든지 창업을 하려면 상권 분석을 먼저 해야 한다. 상권을 쉽게 파악하는 방법으로는 〈상권 분석 시스템〉 홈페이지에 들어가 확인하는 방법이 있다. 회원 가입과 로그인을 하고 원하는 지역의 주소를 검색하여 업종을 선택하고 상권 분석을 클릭하면 된다.

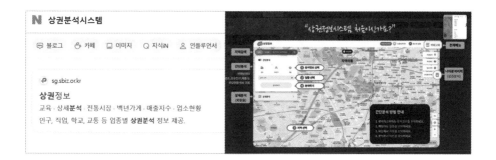

또 다른 방법으로는 〈호갱노노〉를 활용하는 방법이다. 네이버에서

호갱노노를 검색하여 학원가를 클릭하면 선택한 지역의 학원 개수를 확인할 수 있다. 선택한 지역을 확대하면 더 자세히 알 수 있다.

호갱노노에서 알 수 있는 학원가 정보는 다음과 같다.

- 학원가의 규모와 시간당 평균 비용
- 입시, 검정, 보습 및 국제화(초, 중, 고 외국어) 학원만 포함
- 100m 단위로 학원을 묶어 학원가를 보여줌
- 주기적으로 데이터를 갱신하여 새롭게 생성된 학원밀집지역 확인 가능
- 제공되는 학원 개수는 지역 단위가 아닌 학원밀집지역으로 표시된 영역의 개수
- 학원가 순위 기준은 학원밀집지역의 개수임

　　내용을 확인하고 반드시 그 지역에 가서 다시 살펴보는 발품이 중요하다. 시스템이 제공하는 내용과 실제 현장은 또 다르기 때문이다. 몇 개의 건널목이 있는지, 도보로 어느 정도 걸리는지 등도 확인한다. 상가는 입주가 되지 않은 곳도 있으므로 실사를 반드시 해야 한다.

학원 위치, 어디가 좋을까?

편의점이나 카페, 마트 같은 곳은 당연히 유동인구가 많은 곳이나 관공서를 끼고 있는 곳이 좋다. 학원은 무조건 유동인구가 많다고 창업에 유리하다고 보기는 어렵다. 하지만 초품아(초등학교를 품은 아파트)처럼 학교를 끼고 있는 아파트 단지 상가나 학교 근처 밀집 상가는 유리하다.

가끔 학원 간판이 잘 보이는 대로변을 선호하는 분들도 있는데, 임차료가 이면도로에 위치한 학원보다 5천만~1억원 정도 높다. 임차료 차이, 소음 문제나 교통사고 위험 등을 감안하면 대로변보다 이면도로에 위치한 학원의 장점이 더 많다. (대형 입시전문 학원이나 성인 대상 학원 제외)

처음 학원을 창업하는 분들은 구석진 곳에 있으면 사람들 눈에 띄지 않을까 봐 걱정하지만, 요즘은 온라인 광고나 학부모나 친구 소개로 상담이나 등록이 이루어지는 경우가 더 많으므로 큰 문제가 되지는 않는다.

경쟁 학원 분포, 어느 정도가 좋을까?

주변에 본인이 운영하는 동일 계통의 학원이나 교습소, 공부방이 없다면 무조건 유리할까? 경쟁 상대가 없는 경우 비교적 학생 모집 및 활성화가 쉽고 수강료 조정이 용이하다. 운영을 잘하여 확장 이전하게 되면 매도할 때 권리금을 높게 받을 수 있는 장점도 있다.

하지만 유불리를 따지기 전에 왜 없는지를 살펴보아야 한다. 주변으로 학생들이 빠져나가 기피되는 지역일 수도 있다. 라이딩 가능한 밀집 학원가로 빠져나가는 지역 같은 경우 이에 해당한다. 예를 들어 산본 변두리 지역의 경우 평촌으로 나가는 학생들이 많다.

현재는 독점이 가능하나 언제든지 해소될 소지가 있다. 독점을 유지하다가 주변 신생 학원의 대량 광고나 선물 공세, 모함성 투서 등으로 피해를 보는 경우도 종종 일어난다. 또한 신규 학생 유입이 뒷받침되지 못하는 지역일 수도 있다. 신축 건물이나 상가인 경우 경쟁 체제에 돌입되면 후발 신설 학원에 밀릴 수도 있다. 독점을 어느 정도 지속할 수 있는지에 대한 면밀한 분석이 필요하다.

주위에 경쟁 학원이 많으면 치열한 경쟁으로 원생 확보에 어려움을 겪을 수 있다. 기존의 성공 경험만으로 안일하게 시작하거나, 노하우는 없는데 입지 조건이 좋다는 이유로 덥석 시작했다가 낭패를 볼 수 있다.

하지만 경쟁이 치열한 지역은 원생들을 확보한 학원들이 많다 보니 커리큘럼이나 운영 프로그램, 시스템의 차별화 전략이 있다면 유입할 수 있는 잠재 고객이 많다는 장점이 있다. 조금만 입소문이 나면 오히려 들인 노력 이상의 성장이 가능하다.

따라서 경쟁 학원의 분포만으로 결정할 것이 아니라 자신에게 적합한 곳이 어디인지 잘 따져봐야 한다.

주거별 입지 조건에 따른 장단점은 무엇일까?

주거별에 따른 분류는 크게 아파트단지 상가, 주상복합단지, 도시 변두리, 주택가 등으로 나눌 수 있다. 이것 역시 각자 거주 지역과 준비 자금에 따라 달라지겠지만 각각의 장단점을 살펴보고 선택하는 것이 합리적인 결정에 도움이 될 것이다. (번화가 상가 지역은 고등학생 위주의 대형 입시전문학원이나 브랜드 있는 직영학원에 적합하므로 생략)

아파트단지 상가

아파트단지 상가는 좁은 지역에 비해 인구밀도가 높으며 차량 운행을 하지 않아도 되는 큰 장점이 있다. 주변에 개인 상가가 들어설 수 없는 곳이라면 독점의 가능성이 높고 기존 경쟁 학원이 적어 출발이 수월하다. 광고 및 브랜드 이미지 관리만 잘되면 단기간에 학생 확보가 가능하다. 수강료 조율도 용이하다.

하지만 학습 대상 분포에 대한 구체적인 분석 없이 창업할 경우 신입생 모집이 어려울 수 있다. 예를 들어 40평대 위주의 아파트 상가에서 유초등부 대상 학원을 오픈한다든지 소형 임대 아파트 상가에서 중고생 대상의 입시 학원을 오픈하면 학생 모집에 어려움을 겪을 수 있다.

아파트단지 내 공부방이나 개인지도가 성행하는 지역은 운영 노하우나 차별화 전략 등이 없을 경우 경쟁 학원에 밀려 고전할 수 있다. 이런 지역은 자신만의 경쟁력이 매우 중요하다.

주상복합단지

주상복합단지는 주택과 상가가 혼합된 지역으로 1층은 상가, 2층 이상은 주택인 지역이나 대단위 아파트 단지와 약간 떨어져 있는 상가단지를 말한다.

세종시의 경우 아파트단지와 별개로 상가단지가 조성되어 있다. 이런 지역은 어린 자녀를 곁에 두고 상업에 종사하는 학부모가 다수여서 대부분 유초등 대상이 많고, 지역에 따라 전문직, 연구직, 대기업 종사자가 거주하기도 한다.

이런 지역은 학부모가 자녀를 돌볼 여건이 되지 않거나 전문적인 학습관리를 원하여 학원에 보내는 고객이 많아 학생 모집이 수월하다. 자녀 관리가 꼼꼼하고 성적이나 실력 향상 결과가 긍정적인 경우 빠르게 입소문을 탈 수 있다. 상업에 종사하는 학부모의 경우 고객과의 접점이 많다 보니 소문이 나기 마련이고 우수한 자녀의 학부모끼리 정보 공유가 되면서 학원 이미지 관리에 도움이 된다.

하지만 다른 지역에 비해 이사가 잦아 학생 이동률이 높고, 학생 관리에 문제가 생길 경우 이 역시 소문이 빠르게 확산되어 위기가 올 수 있다. 상업에 종사하는 학부모가 많을 경우 수강료 납부에 신경을 써야 하는 번거로움도 있다. 생업으로 바빠 자녀 교육에 신경을 많이 쓰지 못하여 미납이 발생하기도 하므로 관리가 필요하다.

주택가단지

주택가단지는 지역의 생활 수준에 따라 학생층이 다양하게 변하며 신규 대단지 아파트와 비교할 때 학생 자원은 적을 수 있지만 이미지를 잘 만들어간다면 오히려 폭넓게 인근 지역 학생들까지 확보가 가능하다.

초기 학생 모집이 어려울 수 있으나 정착하면 학생 이동이 적고 오랜 기간 다니는 학생들이 많아 운영이 용이하다. 성적 향상 등의 입소문이 빨라 홍보에 큰 비중을 두지 않아도 된다. 그리고 신규 상가에 비해 임차료와 관리비가 저렴하여 매도나 매수 시 유리하다.

하지만 신규 학생 자원이 한정적이어서 빠른 활성화가 어렵다. 지역이 좁아 학원 운영 등에 대한 부정적 입소문 역시 빨라 철저한 관리가 중요하다. 이미지가 한 번 손상되면 복구하기까지 많은 시간이 필요하다.

침체된 학원을 인수할 경우 인수 비용 부담은 적을 수 있으나 부정적인 이미지를 개선하는데 많은 시간이 걸리므로 이를 고려해야 한다. 타 지역에 비해 수강료 인상에 대한 학부모들의 반응이 민감하므로 수강료 인상에도 전략이 필요하다.

도시 변두리 지역

학원 창업이 처음이라면, 도시 변두리 지역을 추천한다. 의외로 외곽이지만 활성화된 학원이 많아지는 추세이다. 경쟁이 치열하지 않고 임차료 역시 타 지역 대비 많게는 반 정도 저렴하다. 넓은 공간을 확보하여 다 과목 형태로 운영하면서 학생 수용 폭을 넓히기가 좋다.

매력도를 높이는 공간 디테일

학부모가 방문했을 때 학원의 이미지는 어디서 결정될까? 간판과 계단, 화장실 청결 여부가 50% 이상을 좌우한다. 공부방도 마찬가지다. 처음 마주치는 현관 신발장에서 첫인상이 결정된다. 청결과 정리 정돈이 안 되어있는 학원이나 공부방이 잘 되는 경우는 거의 없다.

상담실 운영

학원 입학상담에서 가장 중요한 것은 '친절'이다. 어디에서든 이점을 강조한다. 환한 미소와 친절을 상담의 중요한 요소로 강조한다.

1인 학원 원장은 강의하다가 예고 없이 찾아온 학부모와 상담하는 경우가 많다. 친절한 모습을 보여주기가 쉽지 않다. 1인 학원은 상담실을 운영하는 것이 부담되지만, 가능한 한 운영하는 것이 좋다. 상담실은 작더라도 효과적으로 구성하는 것이 필요하다. 멋지고 화려한 환경보다는 목적을 가진 공간이 되어야 한다.

상담실에 붙여두는 문구나 정보는 학부모의 첫인상을 결정한다. 대체로 화려하고 멋진 인테리어는 학원에 대한 좋은 인상을 줄 수 있지만, 좋은 인상이 학원수강(학원 등록)에 대한 의지를 만든다고 볼 수 없다. 그러나 상담실에 붙여두는 문구나 정보는 학원의 학생에 생각과 학생을 관리하는 모습을 보여주어, 학원 입학에 대한 의지를 만든다.

상담실 벽에 멋진 그림보다는 학생 관리, 학원의 특징, 콘셉트 등의 정보를 알려주는 문구나 내용을 부착하는 게 좋다. 또는 학생을 옆에서 관리하는 사진이나 선생님이 학생의 질문에 답하는 사진 등도 좋다. 이는 학부모에게 학원에서 학생에 관심이 많고, 철저한 관리를 한다는 점을 인식시켜준다.

학원 상담실용 홍보영상 만들기

학부모에게 학원의 긍정적인 이미지를 주기 위해서 상담실에 태블릿을 비치해두고 홍보 동영상을 재생시키는 방법도 좋다. 영상을 만드는 것도 어렵지 않다.

파워포인트만을 가지고도 만들 수 있다. 먼저 파워포인트에 학원을 알릴 내용을 적는다. 한 페이지에 하나나 두 문장 혹은 키워드로 구성한다.

스스로 멘트를 넣을 수도 있다. 노트북 마이크를 이용하여 메뉴 녹음/녹화에서 직접 녹음하여 넣는다. 녹음을 넣는 방법도 있고, 자신의 모습을 넣어 만들 수도 있다. 혹은 음악이나 TTS 등으로 녹음한 문구를 넣는 방법도 있다. '처음부터' 혹은 '현재 슬라이에서'라는 버튼을 눌러서 직접 화면을 보면서 원고를 읽는 방법으로 오디오를 추가할 수 있다.

버튼을 누르면 아래와 같은 화면이 나온다. 붉은색 버튼을 눌러 녹화나 녹음을 할 수 있다. 어느 정도 만드는 것이 익숙해지면 학원에 잘 맞는 멘트를 녹음하여 만드는 것도 추천한다.

이것을 다 만들면 파일-내보기를 누른다. 비디오 만들기를 누르고 각 슬라이드에서 걸린 시간은 기본으로 5초가 되어있지만 10초 정도로 변경하고 비디오 만들기를 누르고 조금만 기다리면 완성된다.

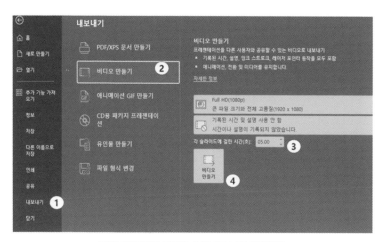

파워포인트에서 학원 소개 영상 만들기 방법

이렇게 만들어진 영상은 유튜브에 올리면 된다. 링크를 만들어서 학부모에게 보내는 것도 좋은 방법이 된다. 이미지만 보내는 것이 아니라 영상을 문자로 보내는 것이다. 올릴 때 '공개'와 '일부공개'를 선택해서 올리면 된다. 공개는 모두에게 보이게 만드는 것이고, '일부공개'는 링크가 있는 사람에게만 보이게 하는 방법이다.

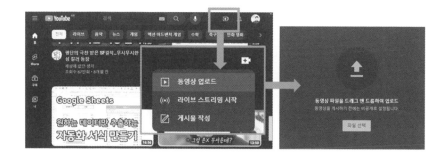

이 영상은 제작할 때 학원 설명회 자료를 파워포인트 비디오를 만

들어서 학원에 등록하지 않은 잠재고객에게도 수시로 보내주는 것이 좋다. 유튜브에 자료를 올려서 관리하면 고용량의 영상자료를 관리하는 것도 편리해진다. 이 자료를 블로그, 밴드 등에 홍보로 사용할 수 있고, 학부모 소통용으로 사용할 수 있다.

파워포인트 영상을 다루는 이유는 대부분 영상을 만드는 기술이 부족하고, 영상을 촬영해보면 알겠지만 카메라 앞에서 뭔가 설명하는 것은 절대 쉬운 일이 아니기 때문이다. 말도 자주 꼬이고 발음 실수도 자주 발생한다. 반면에 파워포인트 영상은 만들기가 쉽고 홍보나 마케팅이나 혹은 학부모의 관리에 효과가 크다.

조명, 실내 온도, 방음

청결과 정리 정돈이 우선이지만, 조명, 실내 온도, 방음에도 신경 써야 한다. 어떤 공간에 들어왔을 때 분위기를 좌우하는 것은 멋진 시설이 아니라 조명과 실내 온도이다. 자연 채광과 조명이 잘 어우러져 편안하고 따뜻한 분위기를 낼 수 있는 인테리어를 하는 것이 중요한 이유다. 실내 온도는 여름에는 시원하게, 겨울에는 따뜻한 게 좋지만, 강의실은 4계절 내내 약간 서늘한 것이 좋다. 학생들과 수업하다 보면 열기가 올라와 겨울에 반팔을 입고 오는 학생들도 있다.

방음 역시 매우 중요하다. 원장실, 상담실, 강의실 각각 방음이 제대로 되지 않으면 상담과 수업에 지장을 초래하고 이것은 추후 학생과 학부모의 불만 사항으로 이어지기 때문에 가능하면 완벽하게 방음 장치를 해야 한다. 강의실 조명은 눈의 피로를 줄일 수 있는 것으로 배려하고 특히 칠판 글씨가 반사되어 수업에 지장을 주지 않는지 체크해야 한다.

칸막이와 채광

학원으로 적합한 건물 형태는 정사각형보다 강의실 배치가 수월한 직사각형이 낫다. 복도를 중앙에 두고 강의실을 배치하는 것이 좌석 배치에도 더 효율적이다. 학원 시설의 경우 내부 면적을 효율적으로 나누어 활용하는 것이 중요하다. 많은 분이 강의실 면적 확보에 신경을 쓰다 보니 채광 및 학습 분위기 조성에 소홀한 경우가 있다. 채광이 안 되면 밤낮으로 불을 켜놓아야 하고 환기조차 어려워 쾌적한 공간을 만들 수가 없다.

창문의 위치와 수 그리고 칸막이는 학원 공간 구성에 중요한 요소이다. 칸막이를 어떻게 구성하느냐는 학원 운영과 밀접한 관계가 있는데, 일단 설치하면 자주 변경하는 것은 바람직하지 않다. 칸막이는 무조건 천장 위 슬래브까지 해야 방음 효과가 좋다. 공간이 답답해 보이면 이중 투명 유리를 활용하여 답답함을 해소할 수 있다. 대기실 공간이 협소하다면 대형 고정 거울을 배치하여 반사 효과로 밝고 넓은 효과를 주는 것도 방법이다.

창문 위치와 수는 환기와 채광에 영향을 미친다. 창문이 적은 곳은 환풍기를 설치하여 공기 순환이 잘되도록 해야 하고, 창문을 통해 들어오는 채광이 강의실에 미칠 수 있도록 칸막이 위쪽으로 투명 유리를 설치하는 대안을 고려해 봐도 좋다.

내/외부 게시판

학원이나 공부방의 긍정적인 이미지를 높여주면서 간접적인 홍보 효과를 줄 수 있는 공간은 바로 내/외부 게시판이다. 원생들의 성적 향상 결과나 학습 결과물을 보여주는 공간으로 만들면, 학생들에게는 동기부여를, 학부모들에게는 신뢰를 줄 수 있다. 중요한 교육 정책이나 이슈, 학원/공부방의 특별한 운영 규정 등도 게시하면 긍정적인 이미지를 만드는 효과가 있다.

특히 공부방은 간판 홍보 효과를 얻을 수 없기 때문에 게시판은 중요한 홍보 수단이 될 수 있다. 학원은 내부뿐 아니라 외부에도 공간이 있는 경우가 많기 때문에 게시판은 더욱 적극적인 홍보 수단이 될 수 있다. 스탠드형 미니 책꽂이에 학원 정보지나 전단지를 비치해두는 것은 기본인데 의외로 안 하는 곳도 많다. 조금만 신경 쓰면 효과가 좋다.

공간 배치에 따른 효율성 디테일

학원은 원장실, 상담실, 강의실 ,자습실, 탕비실, 화장실, 로비 등 공간 배치 및 활용에 따라 효율성 차이가 많이 난다. 들어오는 출입구에서부터 학생과 학부모의 동선이 어떻게 되어야 불편함을 줄이고 홍보에 효과적인지 생각을 많이 해야 한다. 인테리어 업체에 맡기면 알아서 잘해 줄 것이라고 생각하겠지만, 운영자가 꼼꼼하게 체크하지 않으면 많은 아쉬움이 남는다. 공사가 완공되면 재공사가 쉽지 않고 비용도 만만치 않으니 평형에 따른 학원 모델을 많이 보고 공간 배치에 신경을 써야 한다.

10평대 학원 공간 배치

소형 평수의 학원은 답답할 거라 생각할 수 있지만 공간 구성을 어떻게 하느냐에 따라 충분히 매력적으로 만들 수 있다. 우선 작은 평수의 경우 자연 채광과 환기 효과를 고려하여 유리 창문이 있는 곳을 강의실로 구성하는 것이 좋다. 좁은 공간을 넓고 환하게 보이기 위해서는 내부 바닥이나 벽면, 천장도 화이트나 아이보리 계열의 밝고 환한 색으로 선택하는 것을 추천한다.

소형 학원은 두 가지 형태로 공간 배치를 많이 하는데, 서로 장단점 있고 상황이 다르므로 몇 가지 고려 사항을 참고하면 좋다.

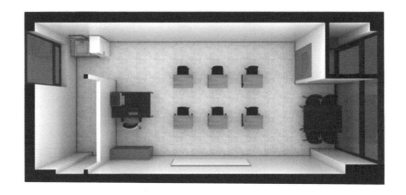

위와 같이 한 공간에 탕비실을 제외하고 강의실과 원장실, 상담실, 로비를 칸막이 없이 오픈한 형태는 넓게 보이는 효과와 동선에 불편함이 없는 장점이 있다. 통 강의실인 경우 소음이 문제가 될 수 있으므로 위와 같이 출입구에 중문을 설치하는 것도 소음을 줄일 수 있는 방법이다. 하지만 너무 오픈되어 있다 보니 정리 정돈에 신경 쓰지 않으면 오히려 더 답답해 보일 수 있다. 또 강의실에서 학생들이 통제가 되지 않은 상황에서 갑자기 학부모가 방문했을 때 부정적인 이미지를 줄 수 있다. 보조 교사에게 학생 관리를 맡기고 상담을 하더라도 집중이 어려운 단점이 있다.

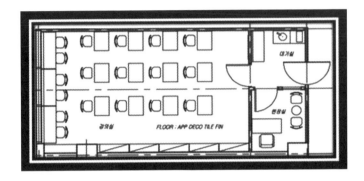

위 도면은 10평대 후반의 학원이다. 통 강의실에 의자와 책상을 배치하여 자습 공간을 창가에 두었고 칸막이로 다른 공간과 구분하였다. 원장실과 상담실을 같은 공간에 두고 로비 사이에 칸막이를 설치하여 공간을 분리하여 상담에 집중할 수 있도록 구성했다. 자습 공간과 학습 공간을 같이 두면 학생들의 자습 태도를 한눈에 확인할 수 있어 관리가 원활하다. 하지만 개념 강의를 할 경우 자습하는 학생들의 집중도가 떨어질 수 있고, 관리가 되지 않으면 본 수업하는 학생들에게 피해가 갈 수 있으니 적절한 판단이 필요하다.

20평대 학원 공간 배치

아래 도면은 20평대 영어 학원의 예시이다. 인포메이션과 로비를 두고 원장실과 상담실을 따로 두지 않은 형태이다. 로비 공간에 교재와 상담 자료를 놓고 상담 공간으로 활용하겠다는 계획이다. 오픈 강의실과 학습실로 나누어 오픈 강의실에서는 어휘 평가와 독해수업을, 학습실에서는 듣기와 말하기 녹음으로 활용한다. 창고를 제외하고 통유리를 사용하여 전체적으로 넓어 보이고 밝아 보여 창문이 없는 단점을 보완하였다. 또한 복잡하지 않은 공간 구성으로 깔끔하고 가르치는 과목과 학원의 정체성이 잘 드러난다. 다만 출입구와 인포메이션이 강의실과 너무 인접하여 오픈 강의실에서의 수업 집중도가 우려되는 면이 있다. 창문이 전혀 없어 유리 칸막이로 하다 보니 모든 공간이 눈에 보여 학생들이 차면 산만해보여 집중도가 떨어질 우려도 보인다.

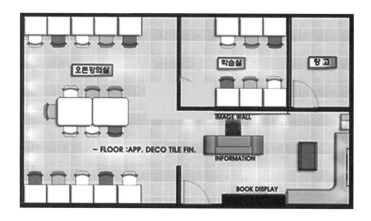

다음은 비슷한 평수에서 공간이 모두 분리된 공간 설계의 예시이다.

보이는 것처럼 모든 공간을 다 분리하여 구성한 학원이다. 원장실, 상담실, 강의실 4개, 자습실, 로비, 탕비실까지 완벽하게 분리되어 있다. 창문이 넓게 있는 학원이어서 강의실을 쪼개도 좁아 보이지 않고 분리가 잘 되어 있는 만큼 수업이나 업무 집중도가 좋을 것으로 예상된다. 하지만 적당히 학습하는 모습이 보이는 것도 학부모 상담 시 학부모가 학습 분위기를 파악할 수 있는 장점이 있다. 따라서 로비와 붙어있는 강의실의 경우 반투명 유리를 활용한 칸막이 설치를 하여 학습 분위기를 적절하게 노출시키면 상담 시 유리하게 작용한다.

놓치면 안 되는
학원 행정의 기본

• • •

행정적 피해를 줄이는 방법

학원, 이것만은 확인하자

학원은 교육 시설이어서 건축법(구청), 조례(교육청), 소방법(소방서)을 적용받는다. 인테리어 공사를 마치면 교육청에 가서 등록 신청을 해야 하는데 기준에 미치지 못하면 인테리어를 다시 해야 하거나 다른 상가를 알아봐야 하는 상황이 발생한다.

건물 임차 시 학원 인가 기준에 맞지 않아 피해를 보는 경우가 있다. 학원 인가를 받으려다 관인 등록을 하지 못해 결국 교습소로 종목을 바꾸는 경우도 있다. 허가 관청에서 요구하는 면적은 실제 사용할 수 있는 원장실과 강의실 전용면적을 의미한다. 화장실, 강의실 사이 복도, 칸막이가 지나가는 부분 등은 인가 평수에서 제외되므로 꼼꼼히 따져야 한다.

　예를 들어 허가 기준이 35평이라면 50평 정도는 확보해야 한다. 대형 상가의 경우 면적의 40~50%까지 제외되는 경우도 있으므로 임차 계약 시 꼭 실제 도면을 확인해야 한다. 동일한 면적에서도 강의실 수를 몇 개로 하느냐에 따라 변할 수 있다. 강의실을 5개 이상 분리하는 경우 약 1평 정도 제외되므로 참고하자.

　같은 건물에서도 층과 방향에 따라 건물 용도가 다를 수 있다. 반드시 건축물대장을 열람하여 임대하고자 하는 곳의 용도를 확인해야 한다. 전문입시 학원은 교육연구 시설로, 기타 학원은 근린 시설로 되어 있어야 한다. 건축물 용도가 바닥 면적의 합계 500㎡ 미만인 경우는 제2종근린생활 시설, 500㎡ 이상인 경우는 교육 연구실로 사용 가능하다. 해당 용도가 아닌 경우 용도변경이 가능한지 지역에 따라 인가 조건이 상이하므로 관할 구청에 문의하여 확인해야 한다.

　학원이 3층 이상이면 공용면적(복도, 계단, 엘리베이터)을 제외한 전용면적의 합계가 200㎡ 이상인 경우 피난층 또는 지상으로 통하는 직통 계단이 2개 있어야 한다. 건물이 연면적 500㎡ 미만인 경우 같은 건물 내에 유해업소 있을 시 학원 설립이 불가하다. 건물이 연면적 500㎡ 이상인 경우 유해업소로부터 수평거리 20m 이내의 같은 층에, 수평거리 6m 이내의 바로 위, 아래층에 위치하지 않으면 설립이 가능하다.(다음 그림 참조)

　* 유해업소: 극장, 노래연습장, 단란주점, 유흥주점 호텔, 여관 등 (PC방, 만화방, 당구장은 유해업소가 아님)

이밖에 화장실은 대변기 2개 이상 확보(남여 구분)해야 한다. 야간 교습의 경우 조명시설은 300룩스 이상(책상 면 기준)이어야 한다. 소방시설로는 소화기, 비상 조명, 스프링클러, 가스 시설, 비상 방송용 스피커, 감지기 등을 확인한다. 수용 인원 100인 이상인 시설은 학원 설립, 위치, 교습과정 변경 등록 시 소방관서에서 발급하는 소방시설 등 완비증명을 첨부하여야 한다.

면적	준비 절차
190㎡ 미만	학원설립운영 등록신청 시 ①교육청 자체 점검 or ②공무원이 관할 지역 소방서에 기본 소방 안전점검 의뢰 후 점검 두 가지 방법 중 택일하여 점검 진행 필요
190㎡ 이상 570㎡ 미만	소방시설 기준에 맞춰 설치 → 교육청에 학원설립운영 등록신청서 제출
570㎡ 이상	학원설립운영 등록신청서 제출 시 소방시설완비증명서 첨부 필요(소방서에서 발급)

5층	5층 전체 설립 가능				
4층		←6m→		←6m→	
3층	←20m→		유해업소	←20m→	
2층		←6m→		←6m→	
1층	1층 전체 설립 가능				

신축 건물일 경우 꼭 준공검사 여부를 확인하고 계약해야 한다. 건물이 무허가일 수도 있고 준공검사를 필하는 데 시간이 많이 걸리는 경우도 있으므로 유의해야 한다. 준공검사를 한 후에 인가 서류를 준

비할 수 있기 때문에, 하는 일 없이 월세를 내야 하는 손실을 입게 된다. 무엇보다 인가를 받지 못하면 학생을 모집할 수 없고 개원 시기를 놓쳐 어려움을 겪게 될 수 있으므로 주의해야 한다.

학원설립·운영등록증명서 발급

교육지원청에 신청서를 제출하면 담당자는 소방점검 및 현지 조사를 실시하며, 현지 조사에 문제가 없으면 등록 수리가 이루어진다. 이후 군청/구청에 방문하여 등록면허세를 납부한 후 교육지원청 담당자에게 영수증을 송부하면, 학원설립·운영등록증명서를 교부받을 수 있다. 등록증을 교부받은 후에 20일 이내에 운영등록증과 신분증, 임대차계약서 원본을 지참하여 관할 세무서에 방문하고 사업자 등록 신청을 하면 된다. 그리고 7일 이내에 학원배상책임보험 가입도 잊지 않아야 한다.

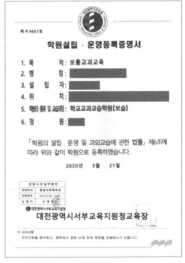

서류 제출	서류 검토	현장조사 소방점검	등록 수리	등록 면허세 납부	등록증 교부

교습소, 이것만은 확인하자

교습소 신고일 전 1년 이내에 학원의설립운영에관한법률에 따라 학원의 등록 말소나 동일한 교습과목의 교습소 폐쇄 명령을 받은 자는 교습소 설립이 불가하다. 등록 말소, 폐쇄 명령 등의 경험이 있다면 기간을 확인하고 창업 시기를 고려해야 한다.

교습소는 면적 제한은 없지만, 건축물 용도가 맞아야 허가가 가능하다. 위반 건축물과 지하실은 허가가 안 된다. 2종 근린생활시설 용도변경은 어렵지 않으니 임대인에게 신청을 요청하거나 임차인이 임대인의 위임장을 받아 신청하면 된다.

교습소 신고가 가능한 건축물 용도는 학원과 마찬가지로 근린생활시설, 교육연구시설, 판매시설 등이다. 단 위와 같은 건축물 용도라 하더라도 전용주거지역, 보전녹지지역 등 일부 용도지역에 위치하는 건축물의 경우 교습소 설립이 불가하다.

이밖에 공용복도, 계단, 발코니 등을 무단 확장, 침범하여 사용하는 공간에는 교습소 설립이 불가하므로 위의 사항을 정확히 확인하여 임차해야 한다. 그리고 교습소 역시 같은 건물 내에 유해업소가 없어야 한다. 건물의 연면적 500㎡ 이상인 경우 학원에서 언급 했던 동일 조건으로 가능하다.

교습소 역시 소방법 규정에 따라야 한다. 학원처럼 까다롭지는 않지만 소화기 1대 이상 구비하고 화재감지기를 설치해야 하며 비상구 표기를 해야 한다. 화장실 구비조건 역시 학원과 동일하다.

교습소는 간판 명칭 사용 시 다음 사항에 유의해야 한다.
- 고유명칭+교습과목+교습소 표기(oo수학교습소)
- 외국 문자를 사용하는 경우 한글과 병기하여 표기
- 학원, 교실, 학교, 연구소, 음악원 등의 혼돈을 주는 명칭 불가
- 관할 지역 내 동일 교습 과정의 경우 동일 명칭 사용 금지

공부방, 이것만은 확인하자

공부방 교사는 개인과외교습자다. 공부방이 창업의 핫 아이템으로 떠오르면서 여기저기 생기기 시작했다. 창업 조건이 까다롭지 않다 보니 특별한 절차나 신고 없이 공부방을 운영하는 분들이 많다. 그런 운영이 어떤 규제를 받는지 모르는 경우도 흔하다.

2009년부터 우리나라의 사교육 시장의 문제를 바로 잡고 학원 운영 투명성 강화 방안으로 학원 등 불법 운영에 따른 '신고포상금제'가 시행됐다. 이 제도가 시행된 후 일명 '학파라치'라고 불리는 이들이 학부모를 가장해 상담하는 척하며 개인과외신고증이 있는지, 출석부가 준비돼 있는지, 수강료를 신고한 금액으로 받는지 등을 살피러 온다. 만약 수강료 추가 징수나 교습 시간 위반, 교습소 신고 의무 위반과 개인과외교습 신고 의무 위반일 경우 각각 해당하는 세금과 가산세를 물어야 한다.

신고 대상	포상금액
수강료 추가징수 (학원법 제15조제3항)	30만원
조례에 규정한 교습 시간 위반 (학원법 제16조제2항) 초등생: ~22:00까지, 중·고등생: ~24:00까지	30만원
학원의 설립 등록 및 교습소 신고 의무 위반 (학원법 제6조 제1항, 제14조 제1항) 사업자 신고: 현금영수증 미발행의 경우	50만원
개인과외교습 신고 의무 위반 (학원법 제14조의 2)	월 교습료 징수액의 20% (한도 200만원)

[개인과외교습자 신고 구비서류]

가. 개인과외 교습자신고서

나. 신분증 사본(원본도 함께 제시)※ 주민등록표 초본(신분증에 현주소가 미기재된 경우)

다. 최종학력 증명서(졸업 증명서, 수료 증명서) 원본

라. 반명함판(3×4cm) 사진 2매

마. 건축물대장(교습 장소가 아파트가 아닌 경우)

바. 자격증 사본(원본도 함께 제시)

개인과외교습자 신고를 하면 다음과 같이 개인과외 외부 표지를 부착해야 한다. 그냥 대충 써서 붙이는 것이 아니므로 아래 사항을 참고하여 작성하면 된다.

개인과외교습자
교습과목 :

개인과외 외부 표지

교습소설립·운영신고증명서 발급

■ 학원의 설립·운영 및 과외교습에 관한 시행규칙 [별지 제1호서식] <개정 2019. 6. 19.>

신고 제   호

교습소설립·운영신고증명서

교습소명			사진 (3cm × 4cm)
교습자	성명	생년월일	
교습과목		부제 횟수:	
교습장소 (주소)			

「학원의 설립·운영 및 과외교습에 관한 법률」 제14조제4항에 따라 위와 같이 교습소로 신고하였음을 증명합니다.

년   월   일

○○교육지원청 교육장

교습소 설립·운영 신고서			처리기간 5일	사 진 (3×4)
교습자	① 성 명	한글 한자	② 주민등록번호	
	③ 주 소		(전화번호:)	
	④ 학 력			
	⑤ 주요경력		⑥ 직 업	
⑦ 교 습 소 명				
⑧ 교 습 장 소				
⑨ 교 습 과 목			⑩ 1인당 월교습비	
⑪ 부 제 수			⑫ 전 화 번 호	
⑬ 본 적			(호주 :)	

학원의설립·운영 및 과외교습에관한법률 제14조제1항 및 동법시행령 제13조제1항의규정에 의하여 교습소의 설립·운영을 위하여 같이 신고합니다.

년   월   일

신고인(교습자)   (서명 또는 인)

○○시○○교육청교육장 귀하

수 수 료
없 음

■ 구비서류 (각 1부)

· 1. 교습소의 위치도
2. 교습자의 자격을 증명하는 서류
3. 교습자의 주민등록증 사본
4. 교습소의 건축물대장등본
5. 교습소의 시설평면도
6. 교습장소로 사용할 시설의 사용권을 증명할 수 있는 서류
7. 사진(3cm × 4cm) 2매

발급 절차는 학원과 동일하므로 설명은 생략한다.

학원에서는 교육청 점검 대상 필수 서류를 구비하고, 언제든 열람할 수 있도록 비치해야 한다. 이런 필수 점검 서류를 작성 또는 게시하지 않은 경우 과태료 부과 대상이 된다. 학원법에서는 학원 운영에 필수로 구비해야 할 서류와 학원에 비치해야 할 장부도 명시하고 있다. 학원과 교습소, 개인과외교습자 구분에 따라 서류가 각각 다르니

꼼꼼히 확인하고 준비해야 한다.

학원에서는 학원원칙, 학원허가(등록/신고)증, 사업자등록증을 필수로 갖추어야 하고. 교습소에서는 교습소설립·운영신고서 확인증을, 개인과외교습자는 개인과외교습자신고증명서를 갖추어야 한다.

학원, 교습소, 개인과외교습자 공통 필수 서류로는 등록/신고 관련 서류, 현금출납부, 교습비 등 수강료 영수증 원부, 수강생 관리대장, 강사/직원 명부, 수강생 출석부, 문서접수 및 관리대장이 있다.

[학원 필수 서류 및 장부]

구분	필수서류	보존 기간(연)
학원	학원 원칙	준영구
학원	학원설립/운영등록증(사업자등록증)	준영구
교습소	교습소설립/운영신고서 확인증	준영구
개인과외교습자	개인과외교습자 신고증명서	준영구
공통서류	등록/신고 관련 서류	준영구
공통서류	현금출납부	5
공통서류	교습비 등 수강료영수증 원부	5
공통서류	수강생관리대장	3
공통서류	강사/직원명부	준영구
공통서류	수강생 출석부	3
공통서류	문서접수 및 관리대장	3

교습소와 학원 허가에 필요한 서류

구분	교습소	학원
필요 서류	1. 교습소설립·운영신고서(교육지원청 비치) 2. 교습자의 자격을 증명하는 서류(최종 학력증명서 등) 3. 신분증 4. 교습소의 시설 평면도(수기 작성 가능) 5. 전세 또는 임대차계약서 사본 1부(원본 제시) 6. 건축물대장 표제부, 전유부 7. 건축물 현황도(해당 층 전면도) 8. 사진(3x4) 2매 9. 아동학대 관련 범죄전력조회 동의서 10. 가맹 시 가맹계약서	1. 학원설립운영신청서(교육청 비치) 2. 원칙(교육청 비치) 3. 임대차계약서(원본 제시) 4. 시설 평면도, 위치도(약도) 5. 신분증 6. 성범죄경력조회 동의서 7. 건축물대장등본 8. 소방설비완비증명서 9. 법인인 경우 정관 1부, 이사회 또는 총회 회의록, 이사 명단, 법인 등기부등본

학원 경영 부스터 1

윤필선 원장 : 학원 개원 & 이전 스토리

> "학원 이전은 단순한 물리적 이동이 아니라,
> 학원의 미래를 위한 전략적 결정입니다."

제1부 이전을 결심하다

50여 평의 학원에서 총 원생 수는 달라지지 않았지만 늘어나는 학년과 반 때문에 강의실이 부족했습니다. 지난 겨울부터 강의실이 한두 개만 더 있으면 참 좋겠다고 막연히 생각하다가 우연한 기회에 현재 학원 자리를 보러 갔습니다. 그 건물에는 영수학원 1개, 영어교습소 1개, 수학학원 2개, 수학교습소 2개가 있었습니다.

싼 임대료에 마음이 흔들리며 개보수 비용을 계산했더니 이사비용까지 2천만원 이내에서 할 수 있겠더군요. 매달 고정비용은 현재보다 백만 원 이상 차이나지 않을 것이란 것도 괜찮아 보였습니다. 향후 원하는 규모의 자리가 원하는 위치에 나기도 쉽지 않을 것 같아 전에 거래했던 인테리어 업자에게 대충의 견적(칸막이 3개, 50평 도배, 장판)을 받아보니

천5백만원 정도였습니다.

계약 과정에서 월세 인상과 전세계약서 작성 요구 등 예상치 못한 문제에 직면했습니다. 세무사와 상의하여 이 문제를 해결하고, 최종적으로 월세 계약으로 합의했습니다.

제2부 이사를 준비하다

인테리어/이전 설치/비품 구매 편

이사까지 남은 기간은 한 달이었고, 4일의 공사 및 준비 기간이 있어, 해야 할 것들을 나열해보았습니다. 인터넷, 복사기, 정수기를 3주 전에 미리 신청했습니다. 포장이사는 door to door 서비스로 세 군데서 견적을 받아보고 업체를 선정(80만원)하였습니다. 화이트보드는 지마켓에서, 책걸상은 인터넷에 올라온 공장에 직접 전화해서 저렴하게, 강사용 책걸상은 중고가구점 리마켓에서 구매 완료했습니다.

학원 위치가 이전보다 유동인구가 적은 쪽이라 간판은 LED로 크게 해야겠다고(이왕이면 같은 건물 내 ㄱ학원보다 더 크게) 판단했습니다. 세 곳에서 견적을 받아, 이사하기 전 설치를 요청했습니다. 낮에는 파란색, 밤에는 파란색인데 흰색불이 나오는 LED를 추천하였고, 이전 학원에서 쓰던 LED도 이전 설치를 요청했습니다(비용은 3백만원 정도). 이사하기 일주일 전에 간판을 달고 불이 훤하게 들어오는 걸 기대했는데, 전기가 안 들어와 있어 전기 쪽 사람을 불러야 한다고 합니다. 당황스럽고 화가 났습니다. 간판업체는 전기 관련 자격이 없어 함부로 손댈 수 없답니다. 일주일 뒤 마침내 간판에 불이 들어옵니다.

칸막이 공사/바닥 교체/도배/내부 스카시 썬팅 편

인테리어 공사는 비용, 3일의 공사 기간, 제가 원하는 대로 공사를 할 수 있어야 한다는 점을 고려했습니다. 내부 스카시와 현관문 등은 비용도 크지 않고 시간도 오래 걸리지 않을 것이라 간판업체에 맡기기로 했습니다.

문제는 비용도 크고 일정도 중요한 칸막이·도배·바닥공사였습니다. 한 업체에 맡기면 편하긴 하지만 인테리어 업체들이 대부분 규모가 작아 목수, 도배, 실내장식 등 한 방면에만 특화되어있고, 주 종목이 아닌 공사는 다시 하청을 주는 구조라 각각의 공사를 최소 두 군데 이상 견적을 받았습니다.

3m짜리 칸막이 3곳의 공사는 견적(180만원)을 받아 의뢰했고, 바닥은 데코타일(장판을 제외하고 제일 싼 바닥 소재)로 하기로 했습니다. 도배는 면적에 따라 비용 차이가 컸습니다. 시간이 있었다면 각각 맡겼을 텐데, 칸막이 공사업체에 바닥과 도배까지 견적가 수준으로 맞춰달라고 해서 650만원(비용은 모두 계산서 발행 기준) 정도 들었습니다. 학원 문과 강의실 표찰 등은 업체 선정 후 원하는 느낌을 설명한 뒤 사진을 보내주고 그대로 해달라고 하는 게 가장 좋은 듯합니다.

전기안전/소방/교육청변경신고 편

부천교육지원청에서는 학원 신규설립이나 변경신고 시 소방점검과 전기안전점검을 받아야 합니다. 교습소, 학원, 어학원 인가를 위해서 필요한 면적이 있고 아래위 층에 유해시설이 없어야 합니다. 부동산보다는 교육청에 직접 문의하는 게 좋습니다. 학원 이전이나 내부 구조에 변경이 있으면 15일 이내에 신고해야 하고, 규정상 학원이 모든 준비와 관련 서류를 갖추면 교육청은 1주일 이내 결과를 내주어야 합니다. 교육청에 서류를 들고 가면 날짜를 공란으로 두길 요청하는데, 이는 1주일 이내에 처리하기는 어렵기 때문인 것 같습니다.

전기안전점검은 한국전기안전공사에 요청하면 출장을 나와 점검하고, 인가 서류를 발급해주거나 시정 사항을 적어줍니다. 일부 지적 사항이 있어 업체를 불렀습니다. 전기공사 마지막 날 마무리를 앞둔 업체 대표에게 콘센트 점검을 요청했고, 문제없다는 답을 받았습니다. 그러나 그 주 토요일부터 이전한 곳에서 수업을 시작했는데, 강의실 두 군데는 전원이 안 들어오고 칸막이 공사한 한 강의실은 콘센트 자체가 없다는 것을 토요일 오후 5시에 알게 됩니다.

왜 전기공사 전에 되던 전원이 업체에서 작업한 후 안 들어오느냐고 따졌습니다. 업체 대표는 안전점검 지적사항 일을 하러 온 거지 콘센트는 자신의 일이 아니라는 이야기를 했고, 저는 그제야 제발 일요일에 전기를 넣어달라 읍소했습니다. 다행히 전기를 넣어주었고, 220만원 공사비에 30만원 추가 지불하였습니다. 이번 전기 사태를 사전에 막으려면 어찌해야 하는지 물어보니, 건물 계약 전 전기기사를 일당을 주고 같이 가서 점검하면 된다고 하더군요.

소방에 대해서는 전기보다 조금 나은 정도지 역시 잘 몰랐습니다. 소화기와 완강기가 있어야 하며 비상구 표지가 복도 어디서든 보여야 한다는 정도만 알았습니다. 그런데 이번에 '소방완비 대상'이란 용어를 처음 들어보았습니다. 소방서에 문의한 결과 우리 학원은 '소방완비 대상'이라 했습니다. '소방완비 대상'이 되면 비용이 너무 많이 들어간다고 하자, 소방서에서는 쓰지 않는 일부 면적(최소 22평방미터, 약 7평)을 폐쇄하면 '소방점검 대상'이 될 수 있다는 조언을 들었습니다.

소방서에서 소방시설은 비상구 표시, 소화기, 화재감지기는 실별로, 완강기는 다른 방향으로 2개 있으면 된다는 것을 확인하였습니다. 일주일 이내에 설치 가능한 업체를 찾아 의뢰했습니다. 감지기 10만원, 비상구 표시 2개 10만원 등 총 110만원이 소요됐고, 당일에 설치를 완료하였습니다. 쓰지 않는 샤워장과 비품실 8~9평은 칸막이 공사업체에 부탁해 합판으로 입구를 막아 폐쇄했습니다. 이렇게 해서 전기공사와 소방으로 360만원이 소요되었습니다.

학원을 이전하는 것은 교육청 변경신고 대상이며 신규설립과 거의 유사합니다. 그래서 만약 벌점이 있거나 설립 후 일정 기간 후에 나오는 지도점검 등을 피하기 위해, 학원을 말소하고 다시 개원하는 것도 고려해볼 만합니다. 단, 이전하는 곳이 학원 인가가 확실히 나올 수 있는지 확인이 필요하며 학원명도 바꾸어야 합니다. 학원명을 바꾸어도 간판 등에는 이전 학원명을 그대로 쓸 수 있습니다. 다만 교육청에는 등록번호와 함께 학원 외부에 아주 작게 바뀐 학원명이 표시된 사진 한 장만 있으면 됩니다.

이전 신고 시 건물 평면도와 건축물 관리대장 표제부를 요구하는데, 동사무소에 임대차계약서를 가져가서 발급받으면 됩니다. 교육청에서 변경신고 서류를 작성하고 평면도, 약도, 건축물관리대장, 학원등록증을 제출하면 며칠 후 실사 날짜를 알려줍니다. 실사 때는 학원 면적을 재고, 다른 사항들은 보지 않습니다. 소방특별조사 결과서와 주소가 바뀐 학원책임보험, 간판사진 출력물(최고학원 등록번호 xxxx호)을 보내주면 내용확인 후 학원등록증을 찾아가라는 연락이 옵니다.

예상치 못한 스트레스

학원 창문에 방범창이 없어서, 7층에서 바로 아래를 내다볼 수 있었습니다. 업체에 연락하여 하루 만에 방범창을 설치했고, 비용은 하나에 10만원씩 총 6개 60만원이 들었습니다. 비품실 정리 후 장판 교체에 11만원, 걸레받이 교체에 63만원이 추가로 발생했습니다. 프론트 데스크 아래 어항 청소 및 인테리어 비용으로 9만5천만원, 새 물고기 구입에 3만원을 사용했습니다.

창문 썬팅 대신 엠버 필름을 선택했고, 교사의 건강을 고려해 커플 블라인드를 175만원에 설치했습니다. 냉난방기는 스탠드형 1개 150만원, 벽걸이형 1개 45만원 총 3개 270만원이었고, 배관 설치에 150~200만원이 추가되었습니다. 00브로드밴드의 이전 설치 실패로 일주일간 인터넷과 전화 사용에 큰 불편을 겪었습니다. 다른 업체로 급히 변경하여 설치했으며, 이에 따라 00브로드밴드로부터 받은 위약금 청구에 대해 소비자보호원에 문의한 결과, 12만원가량을 깎아주기로 했습니다. 이런 경험을 통해 학원 이전 시 냉난방기 상태 확인, 통신사 선택 확인 등을 미리 해야 한다는 교훈을 얻었습니다.

학원 이전 과정에서 발생하는 문제들은 단순히 불편한 일이 아니라, 학원 운영의 본질적인 부분을 시험하는 순간들입니다. 철저한 사전 조사 없이 이사를 결정했다가 예상치 못한 비용 폭탄을 맞는 경우가 허다합니다. 권리금을 지불하기 전에 에어컨, 난방 시설, 인터넷 연결 상태 등을 면밀히 확인하세요. "작년까지 잘 됐다"는 말에 현혹되지 마십시오. 또한, 통신사 선택 시에는 단순히 가격만 보지 말고, 설치와 서비스의 신뢰성을 꼼꼼히 따져보세요. 00브로드밴드 사례처럼, 서비스 실패로 인한 운영 차질은 학원의 명성과 재정에 치명적일 수 있습니다. 이사는 단순한 물리적 이동이 아니라, 학원의 미래를 위한 전략적 결정입니다. 준비 부족으로 인한 손실은 결국 학원장의 책임이니, 모든 세부사항을 꼼꼼히 체크하고, 필요하다면 전문가의 조언을 구하는 것이 현명합니다.

강주희 원장 : 매력적인 학원 인테리어 꿀팁 스토리

"작은 평수인데 넓은 줄 알아요.

작은 공간을 최대한 활용하여 긍정적인 학습 환경을

조성하는 데 중점을 두었습니다."

형태: 카페형 인테리어

▶ 교실 형태

학원 자리가 길게 직사각형인 30평 공간으로, 바깥에서 보면 복도를 따라 학원이 화장실까지 쭉 이어져 있어서 학원 규모가 매우 커 보인다는 것이 장점이었습니다. 반면 단점은 가로로 길어서 교실 구조가 잘 나오지 않는다는 것이었습니다. 가로로 길게 복도를 가운데로 내고 양쪽에 교실을 만들자니 교실이 너무 좁았고, 초·중등 전문 영어독서학원이었기에 책상이 커서 교실을 작게 만들 수가 없었습니다. 그래서 교실은 크게 3개를 만들고, 상담실 하나와 창고 하나, 출입구에는 데스크를 두는 형태로 설계했습니다.

그랬더니 학부모들도 학원이 엄청 큰 줄 알았고, 안까지 들어와 보시지 않고 홀만 보신 분들은 안에 교실이 많은 줄 알았습니다. 공간이 작아 고민인 분들은 참고하셔서 커 보이는 효과를 보면 좋겠습니다. 그리고 조명은 밝고 따뜻하게 하는 것을 강력 추천합니다. 따뜻해 보이는 조명이 포근함을 줘서 올 때마다 좋다고 하더라고요. 홀은 에폭시를 깔고 정면에 빔을 설치했습니다. 의자만 놓으면 설명회를 할 때 빔을 틀어놓고 진행할 수 있는 공간이 되어서 1석2조였습니다.

▶ 바닥

바닥은 학원 인테리어 공간에서 차지하는 비율이 높습니다. 공간이 크지 않아서 바닥은 최대한 넓게 보이는 게 관건이었습니다. 우선 외부에서 보이는 곳들은 에폭시를 했습니다. 에폭시는 빈티지한 느낌의 바닥 시공의 최강자로 바닥 하나로 공간의 분위기가 달라집니다. 당시에는 에폭시가 워낙 유행이어서 생소하지만 해보기로 했는데, 하고 보니 반짝이는 느낌에 빈티지함과 모던함, 세 마리 토끼를 모두 잡을 수 있는 인테리어였습니다. 이렇게 출입구 홀과 복도까지 쭉 이어지게 한 다음, 복도 끝의 문은 전체를 거울로 만들어 공간이 두 배로 커 보이고, 넓어 보이는 효과까지 더했습니다.

▶ 벽

고객이 들어오자마자 보이는 곳이 벽인데요. 벽은 파벽을 이용해서 꾸몄습니다. 파벽은 벽돌을 얼기설기 붙여놓은 인테리어 형태로, 정말 동네 담장을 지나는 느낌의 분위기와 세련됨을 구사할 수 있어 바닥 에폭시와 참 잘 어울렸습니다.

▶ 조명

전체적으로 학원의 분위기를 따뜻하고 밝게 하려고 밝기를 많이 높였습니다. 교실을 제외한 나머지 공간은 노란 조명을 사용해 전체적으로 카페 같은 편안한 분위기를 연출했고, 복도를 따라 포인트 조명을 쭉 이어놓아서 복도까지 매우 밝게 했습니다.

▶ 복도

30평인데 학원이 길다 보니 복도가 덩달아 무척 길어졌습니다. 게다가 복도 폭도 넓어져서 복도를 따라있는 벽에는 바테이블을 설치했습니다. 바테이블은 각종 행사 시 상점으로 이용하거나, 아이들이 앉아서 숙제나 단어를 외우는 공간으로 활용했습니다.

▶ 출입구 인테리어

출입구 천장은 워낙 높은 데다가 빈티지한 카페 느낌으로 하려고 메꾸지 않고 일부러 노출시켰습니다. 노출한 부분은 모두 까만색으로 칠해서 지저분해 보이지 않도록 마감했습니다.

우리 학원 인테리어는 학생과 학부모에게 큰 호응을 받았습니다. 작은 공간을 최대한 활용하여 긍정적인 학습 환경을 조성하는 데 중점을 두었습니다. 카페 같은 분위기와 편안한 조명은 학원을 단순한 학습 공간이 아닌, 학생들이 기꺼이 시간을 보내고 싶어 하는 장소로 바꾸었습니다. 또한, 바테이블 같은 소소한 추가 요소들이 학습 환경에 좋은 영향을 미치며 복도와 교실을 효율적으로 활용할 수 있는 방법을 제시했습니다. 저의 사례를 통해 많은 학원장께서도 작은 학원 인테리어에 대한 새로운 아이디어를 얻어 학생 중심의 아늑하고 즐거운 학습 공간으로 탈바꿈하기를 바랍니다.

Part 2

혁명의 실천

디지털 시대 맞춤형
교육사업 무기고

**1인 학원
성공 경영
부스터**

1인 학원 운영의 성공과 부스트업(boost up)이 되려면 무엇이 가장 중요할까? 그것은 원장의 핵심 역량 강화와 효율적인 시간관리에 달려 있다.

원장은 교육과 학생관리라는 핵심 역할에 집중하고, 비전문적 업무는 최대한 줄여야 한다.

1인 학원 필수 운영 시스템과 관리 매뉴얼

- - -

　1인 학원 운영을 위한 효율적인 시스템 구축은 매우 중요하다. 혼자 운영한다는 말에는 모든 일이 한 명에게 집중된다는 의미이다. 체계적이고 효율적인 시스템 없다면 쉽게 번아웃(burn out)될 수 있음을 암시한다. 경영, 강의, 학습관리, 학부모관리, 재정관리 등을 혼자 하기 때문에 쉽게 지칠 수밖에 없다.

　이 책에 제시하는 '솔로이스트 학원 운영 시스템(Soloist Academy Operation System)'은 Solo Mastery 운영 매뉴얼을 통해 1인 학원 운영자가 마치 10명이 일하는 것처럼 효율적으로 업무를 처리할 수 있도록 돕는 시스템이다.

SoloMastery
솔로이스트 학원 운영 시스템

1인 학원 운영의 성공과 부스트업(boost up)이 되려면 무엇이 가장 중요할까? 그것은 원장의 핵심 역량 강화와 효율적인 시간관리에 달려 있다.

　　원장은 교육과 학생관리라는 핵심 역할에 집중하고, 비전문적 업무는 최대한 줄여야 한다. 시간관리 앱 활용, 업무자동화 도구 도입, 비효율적인 업무과정 개선 등을 통해 시간을 효율적으로 활용해야 한다. 원장의 전문영역이 아닌 분야(진로, 진학 등)는 전문가를 섭외하여 전문성을 확보하고 운영 효율성을 높여 원장이 집중할 수 있는 일에 집중해야 한다. 이를 통해 경쟁 학원과 차별화된 서비스를 제공하여 경쟁력을 확보하는 것이 우선이다. 먼저 자신이 지킬 규칙을 만들고, 그 규칙을 기반으로 학원에서 일하거나 돕는 사람이 지켜야 할 규칙을 만들고, 이를 통해 성장해나가는 것이 중요하다.

학원의 성장단계별 특징화 만들기

학원의 성장단계를 보면 일반적으로 3단계의 학원이 존재한다.

1단계: 관계중심학원
2단계: 수업중심학원
3단계: 관리중심학원

　　관계중심학원은 학원의 초기 단계이다. 관계중심학원의 분위기는 학생이 학원에 입학하여 자리 잡을 때 매우 중요하다. 가족 같고 따뜻한 분위기로 자신을 이해해주는 학원의 분위기는 학생들이 적응하기에 최적의 장소가 된다. 그런데 문제는 입소문이 잘 나지 않는다는 점이다. 반드시 필요한 단계이지만 반드시 벗어나야 하는 단계이다.

이후 학생 수가 어느 정도 넘어가면 수업중심학원이 된다. 학원장의 개인 역량에 의존하여 성장을 거듭하는 단계인데, 이때를 조심해야 한다. 모든 운영이 학원장 한 명에게 집중되며, 그것에 성공과 위기가 좌우되기 때문이다.

다음 단계로 관리중심학원이 되면, 시스템이 매우 중요해진다. 이제 본격적으로 알려지고, 많은 학생이 찾아오기 때문이다. 특히 공부를 못하는 학생과 진상 부모가 많아진다.

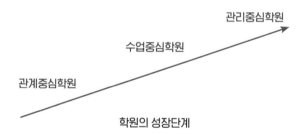

이제부터 중요한 것은 원장은 학원의 위치가 어느 곳인지 확인하고, 그에 맞추어 성장단계별로 약점을 보완하고 다음을 준비하는 것이다.

대체로 관계중심학원에서는 보이는 모습이 중요해 학원장의 이미지가 매우 중요하지만, 수업중심학원이 되면 학원장의 스펙, 강의력, 지명도 등이 중요해진다. 이때가 수익이 많이 높아지고, 원장은 돈을 버는 시기가 된다. 반면에 엄청난 노동으로 돈을 버는 것이기 때문에

이 단계를 지속하면 결국에는 번아웃이 올 수밖에 없다. 따라서, 학원은 효율적인 시스템을 통해서 일상생활과 학원의 일이 균형을 이루는 관리중심학원 단계에 이르러야 한다.

관리중심학원이 되면 시스템 운영과 인재 운영이 중요해진다. '1인 학원이 인재 운영을 한다?'라고 생각할 수 있지만, 사실은 강의 보조를 비롯해 콘텐츠 관리 등에 보조업무를 할 사람들이 필요하게 되어 업무 매뉴얼이 중요해진다.

학원의 명확한 업무지침 및 매뉴얼

'학원의 명확한 업무지침 및 매뉴얼'을 제작하는 것이 성장의 시작이다. 업무지침 매뉴얼을 만들 때 가장 중요한 것은 결과 보고 시간이다. 일반적으로 학원에서는 일일회의, 주간회의, 월간회의 등으로 보고하는 시간을 갖는다. 1인 학원이라도 원장이 원장에게 보고하는 시스템을 구축해야 한다. 1인 학원에서는 격식을 갖출 필요까지는 없지만, 일일 단위는 어려워도 반드시 주간 결산과 월간 결산의 시간을 가져야 한다. 결산은 에버노트나 노션, 솜노트 등과 같은 온라인 노트를 이용하여 정리하고, 본인이 언제든 확인할 수 있는 방법이 좋다. 이들 온라인 노트는 무료 사용이 가능하지만, 높은 기능은 유료이다. 또한 최근에는 AI 기능이 더해져서 활용도가 매우 높다.

보조업무 시스템과 운영 매뉴얼

아르바이트생 혹은 기타 임시직의 보조업무 규칙은 역할을 중심으로 만든다. 학원에서는 아르바이트생을 자주 쓰게 되는데, 채점, 성적기록, 출결 체크 및 확인, 각종 인쇄물의 출력, 문제 입력 등 각종 보조업무를 수행하게 된다. 이들이 일을 잘하게 만들려면, 일 시키기 좋은 시스템을 갖춰야 한다. 각 업무에 대한 명확한 지침과 매뉴얼을 제작하여 아르바이트생이 혼자서도 업무를 수행할 수 있도록 해야 한다. 지침에는 업무 과정, 주의사항, 기준 등을 명확하게 명시해야 한다.

아르바이트생에게도 정기적인 교육을 해야 한다. 무엇보다 학원의 업무를 이해하기 쉬운 동영상으로 만들거나 매뉴얼을 PPT로 만들어서 아르바이트생을 제대로 교육하여 학원 적응 시간을 줄이는 것이 필요하다. 1인 학원 원장이 자기 일이 귀찮아서 아르바이트생에게 전가하고 관심을 두지 않으면, 이 모든 행위는 학생들의 퇴원으로 나타나게 된다. 보고체계를 기초로 하여 매뉴얼을 만들고, 원장이 바빠서 확인을 자주 못하더라도 언제든 점검이 되는 시스템으로 운영이 되도록 만들어야 한다.

매뉴얼은 크게 학생 소통, 업무수행, 기타 등으로 나누어서 규칙을 만든다. 규칙을 만들 때는 아르바이트생의 수준이 아니라 학원의 역할에 맞춘 매뉴얼을 만든 후에 그에 맞는 사람을 뽑는 것이 중요하다. 이러한 방법이 비용을 절감하고 업무의 효율을 높인다.

학원에서 보조업무자에게 마인드 교육은 매우 중요하다. 학원에서 일하는 보조자나 아르바이트생에게 전문성이나 태도 교육을 정말 많이 해야 한다. 간혹 명문대 출신의 보조자들이 학원생들을 무시하는 태도를 보이거나 혹은 시간 때우기 식의 태도를 보이기도 한다.

따라서 학원은 고객을 대하는 태도, 학생들의 학습관리, 멘토로서의 자세 등의 정신교육과 이를 시행할 매뉴얼을 구축하는 것이 매우 중요하다. 1인 학원 시스템일수록 학원에서 일어나는 모든 것은 원장 그 자체가 되기 때문이다. 만약에 1인 학원이 최적화된 시스템으로 운영했다면, 대형학원으로 성장해도 운영 방법이 크게 달라지지 않을 것이다. 그 이유는 중대형 학원은 소형 학원이나 1인 학원의 집합체이기 때문이다.

업무는 정해진 시간과 업무를 정량적으로 설정하는 게 좋다.

예를 들어 영어 전문학원에서 학습을 돕는 보조요원이라면, 단어 시험지나 문법 시험지 출력, 시험 점수 기록, 원장에게 보고할 자료 작성, 필요 시 학부모에게 보내야 하는 문자 전송, 다시 그 내용을 원장에게 보고 등의 업무 절차가 되어야 한다. 이러한 업무 내용은 학원의 관리 시스템에 기록이 남아서 언제라도 확인할 수 있게 하여야 한다. 또한 출근하여 퇴근할 때까지 해야 할 일과 시간을 산출하여 효과적인 업무수행이 되도록 해야 한다.

이때 원장이 비용이 아까워 쉴 새 없이 일을 시키는 경우가 있는데, 이러면 담당자가 자꾸 바뀌게 된다. 학습보조원이 수시로 바뀌면 작업의 연속성 하락, 교육 시간 소모 등의 문제가 발생하므로, 적절한 수준의 휴식과 관리가 매우 중요하다.

학습보조원의 학습관리실 관리

학습관리실 관리는 보조요원의 업무 중 하나이다. 학원에 공간만 있다면 자습 관리 등으로 학생들을 공부시키는 것이 좋다. 그런데 1인 학원에서는 '자습실', '자기주도학습실' 등으로 이름을 붙이는 것은 좋지 않다. 교육청에서 학원인가를 하면서 동시 수용 인원을 산정할 때 강의실 외에 자습실이라는 공간은 법적으로 존재하지 않기 때문이다. 가능한 한 강의실로 만든 후에 자기주도학습실이나 자습실로 사용하는 것이 방법이다.

학습관리실 관리는 다음 자료를 활용해보기를 권한다. 학습관리실에 학생이 공부하러 오거나 질의응답을 시트에 기록하면 원장의 컴퓨터에서 실시간 확인이 가능하다. 구글시트라서 온라인으로 공유할 수 있다.

직접 관리하지 않고 학습 보조하는 조교나 아르바이트생이 관리한다면 관리 상태를 실시간으로 확인할 수 있어야 한다. 먼저 스마트폰에서 gmail에 대한 알람설정을 해두고 시트에는 그림과 같이 '알람설정'을 해두면, 학습관리실에서 수시로 작성하는 것을 알람으로 받아서 확인 후 학생별로 필요한 관리 조치를 빠르게 할 수 있다. 전체 입력된 자료는 보고서 양식에 맞게 만들어두는 것도 필요하다. 이를 통해서 언제든 학습관리실의 현황을 확인할 수 있으며, 일일 및 주간 단위로 확인하면서 관리하면 된다.

일자	원생	학년	입실시간	퇴실시간	자습	질의응답	보강	상담	교재	내용
1/1	이**	고2문	7:00 PM	8:00 PM	O	O			돌파구 수학1 유형편1	지수(거듭제곱근) 7,10,
1/2	한**	고3나	8:00 PM	10:00 PM	O				모의고사 기출 확통	
1/3	김**	고2문	4:50 PM	5:55 PM	O		O		수학의 바이블 수학1	로그 P.57-3,
1/3	권**	고3나	4:45 PM	6:00 PM	O					
1/3	신**	고1	5:00 PM	6:00 PM	O					
1/3	이**	고2문	5:30 PM	6:00 PM	O	O			돌파구 수학1 유형편1	지수 20,24, P.22-유제06-3,유제08-2,
1/4	이**	고1	4:00 PM	6:00 PM	O	O			절대개념수학(상)/쎈수학(상	P.31-16,/P.13-52,53,
1/4	한**	고3나	9:00 PM	10:10 PM	O	O			빅데이터 미적분1	수열의극한 135,
1/5	김**	고2문	12:00 PM	1:00 PM	O				듀얼수학 수학1	시수 P.8-14,
1/6	양**	고2문	12:55 PM	10:00 PM	O	O			성취도평가/수학의 바이블 수	지수 13,22,23/지수로그함수 P.42-12,P.61-3,/함수의극한 P.39-2,P.41-2,P.43-3,P.53-18,
1/6	양**	고3나	2:00 PM	3:00 PM	O				빅데이터 수학2	집합 P.30-73,
1/6	이**	고2이	2:00 PM	3:00 PM	O	O			수학의 바이블 수학2	함수의극한 P.35-1,2,
1/6	신**	고3나	2:30 PM	3:00 PM	O				빅데이터 수학2	집합 P.30-76,
1/6	권**	고3가	4:10 PM	6:00 PM	O	O			숨마쿰라우데 기하와벡터	이차곡선 P.29-1,
1/6	강**	고2이	7:00 PM	7:05 PM		O			수학의 바이블 수학1	지수로그함수 P.42-12,P.48-13,
1/6	고**	고3나	7:50 PM	8:05 PM		O			듀얼수학 수학1	지수 P.16-56,58,
1/6	안**	고2이	8:07 PM	8:40 PM	O	O			절대개념 수학1	지수 P.27-10,12,
1/6	정**	고2이	8:00 PM	9:00 PM	O				성취도평가	지수
1/6	김**	고2이	9:00 PM	9:05 PM	O				성취도평가	지수
1/8	한**	고3나	7:30 PM	10:00 PM	O	O			빅데이터 수학2	집합 18,

도구 확장 프로그램 도움말	알림 규칙 설정	도움말 ×
새 양식 만들기	다음의 경우 sh...,-.,@gmail.com 주소로 알림 받기...	
맞춤법 검사 ▶	◉ 변경사항이 있을 경우	
자동 완성 ▶	○ 사용자가 설문지를 제출한 경우	
알림 설정 ▶ 알림 수정	알림 방법...	
접근성 댓글 알림	○ 이메일 - 하루에 한번	
	◉ 이메일 - 수시로	취소 저장

일일 학습관리실 이용현황
2024-03-23

학년별 이용현황
계	중등	고1	고2이	고2문	고3가	고3나
0	0	0	0	0	0	0

이용형태 요약
계	자습	질의응답	보강	상담
0	0	0	0	0

전일 학습관리실 이용현황
2024-03-22

학년별 이용현황
계	중등	고1	고2이	고2문	고3가	고3나
0	0	0	0	0	0	0

이용형태 요약
계	자습	질의응답	보강	상담
0	0	0	0	0

주간 학습관리실 이용현황

학년별 이용현황
계	중등	고1	고2이	고2문	고3가	고3나
30	6	7	12	5	0	0

이용형태 요약
계	자습	질의응답	보강	상담
56	29	27	0	0

지난주 학습관리실 이용현황

학년별 이용현황
계	중등	고1	고2이	고2문	고3가	고3나
36	3	13	14	6	0	0

이용형태 요약
계	자습	질의응답	보강	상담
71	37	34	0	0

3월 월간 학습관리실 이용현황
2024년 3월

학년별 이용현황
계	중등	고1	고2이	고2문	고3가	고3나
133	22	45	42	20	3	1

이용형태 요약
계	자습	질의응답	보강	상담
244	122	117	5	0

지난달2월 학습관리실 이용현황
2024년 2월

학년별 이용현황
계	중등	고1	고2이	고2문	고3가	고3나
129	12	38	59	12	1	7

이용형태 요약
계	자습	질의응답	보강	상담
235	115	114	6	0

학원관리실의 사용

1인 학원 원장은 대체로 보고서와 같은 자료 축적에 느슨한 편이다. 그런데, 학원이 성장하면서 구성원이 늘어나면 관리에 많은 시간이 필요하다. 따라서 학원에 매뉴얼 등의 자료가 필요하다. 자료가 축적되면 누구든 사용하면서 쉽게 적응할 수 있다. 학원을 성장시키길 원한다면 반드시 시스템화가 필요하다.

전문성을 높이는 상담 시스템

1인 학원의 시장조사는 달라야 한다. 예를 들어 주변의 상권 분석이 학원 운영에 큰 영향을 미치지는 않는다. 반면에 학교에 대한 조사는 직접 영향을 미친다.

학부모들은 1인 학원을 '1인 학원=작은 학원'으로 인식하고 전문성이 떨어지는 학원으로 생각할 가능성이 높다. 그럴 때 학교별로 학교 특징을 조사한 자료와 내용을 가지고 있으면 상담 시 매우 유리하다. 이를 통해 학부모에게 작은 규모는 전문성이 부족할 것이란 인식을 바꾸어줄 수 있다. 결국은 입소문 마케팅에도 효과적으로 적용된다.

학교 현황 파악

모든 것의 기본은 지역학교에 대한 현황 파악이다. 지역학교의 현황을 정확히 알고 있으면 맞춤 교육을 할 수 있다. 특히 학교별 시험 기간, 학교 교육과정, 여기에 더하여 학원과 동일 과목의 학교 교사 이름까지 파악해두면 좋다. 시간이 지나면 학교 교사의 가르치는 스타일, 학생들에게 나누어주는 프린트 스타일 등도 파악할 수 있어,

수행평가 등에 대한 학습 컨설팅까지 가능해져 지역 전문가가 될 수 있다. 다음처럼 표를 만들어 관리해도 좋고, 부동산중개업소처럼 지도 위에 학교와 교사를 표시하는 방법도 좋다. 이러한 자료를 상담실에 붙여두면 학교를 관리한다는 인식을 준다.

Sample : 노원구 5개 일반고 비교분석

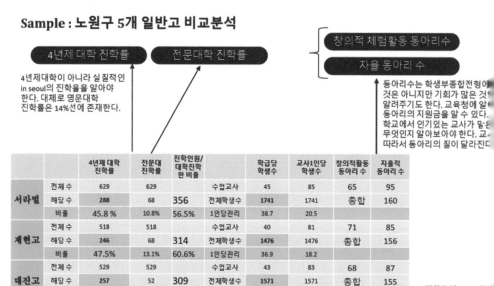

4년제 대학 진학률

4년제대학이 아니라 실질적인 in seoul의 진학율을 알아야한다. 대체로 명문대학 진학률은 14%선에 존재한다.

전문대학 진학률

창의적 체험활동 동아리수

자율 동아리 수

동아리수는 학생부종합전형인 것은 아니지만 기회가 많은 것을 알려주기도 한다. 교육청에 알■ 동아리의 지원금을 알 수 있다. 학교에서 인기있는 교사가 맡은 무엇인지 알아보아야 한다. 교■ 따라서 동아리의 질이 달라진다

		4년제 대학 진학률	전문대 진학률	진학인원/ 대학진학 한 비율		학급당 학생수	교사1인당 학생수	창의적활동 동아리 수	자율적 동아리 수
서라별	전체 수	629	629		수업교사	45	85	65	95
	해당 수	288	68	356	전체학생수	1741	1741	총합	160
	비율	45.8 %	10.8%	56.5%	1인당관리	38.7	20.5		
재련고	전체 수	518	518		수업교사	40	81	71	85
	해당 수	246	68	314	전체학생수	1476	1476	총합	156
	비율	47.5%	13.1%	60.6%	1인당관리	36.9	18.2		
대진고	전체 수	529	529		수업교사	43	83	68	87
	해당 수	257	52	309	전체학생수	1571	1571	총합	155
	비율	48.6%	9.8%	58.4%	1인당관리	36.5	18.9		
청원고	전체 수	644	644		수업교사	48	94	75	123
	해당 수	260	145	405	전체학생수	1753	1753	총합	198
	비율	40.4 %	22.5 %	62.8%	1인당관리	36.5	18.6		
불암고	전체 수	439	439		수업교사	39	78	51	99
	해당 수	161	92	253	전체학생수	1258	1258	총합	150

진학율이 62.8%로 높은 학교라 하더라 내용을 보면 4년제 진학율이 가장 낮을 있다. 전문대와 함■ 포함하여 높아진 것 수도 있다.

학교 구분		개수	주요 학교 이름
초등학교	국립		
	공립		
	사립		
중학교	국립		
	공립		
	사립		
고등학교	국립		
	공립		
	사립		

학부모 상담용 학교비교표

학교 시크릿 정보 파악

'학교 시크릿 정보'는 학부모가 상담받을 때, 자신만을 위한 특별한 정보를 제공받았다는 인식을 준다. 학교 현황을 파악하면서 특별반 등의 운영시스템이 있는지도 파악하는 것이 중요하다. 이러한 정보는 학교 홈페이지나 학생들을 통해서 얻을 수 있다. 이런 시크릿 정보를 자료집으로 만들어 상담할 때 보여주면 '아! 이 학원은 학교에 대하여 철저하게 파악하고 알고 있구나!'라고 생각하여, 학원이 전문성을 갖추었다고 인식하게 된다.

아래는 노원구의 고등학교에 대한 심화반 분석 자료이다. 학부모들은 입학상담 시에 이런 전문적인 정보에 매우 만족해한다. 무엇보다 '학원이 공부하려는 아이들에게 특화되어 있다'는 생각을 만들어

학교별 심화반, 자습실등을 분석하여 부모에게 제공
: 지역 전문성 우위

노원구 학교별 심화반/자습운영

고등학교	반 구분, 선발방식, 운영
서라벌	야자 : 2일(화목)/3일(월수금)/4일(자율) 신청받아서 진행, 강제 야자 아님 수학수업 : 배치고사, 중간, 기말을 기준으로 a/b/c/d 수준별 수업 * 수학 영재반(20명) 학기초에서 시험+면접으로 선발함 야자 대신에 별도의 다른 프로그램을 진행
재현고	야자 : 세종반(80명) 전교 30등까지 자리 배치 별도 - 일반반(100명) - 이탈이 많음 필수금 자율+화또는 하루 추가 수학수업 : a/b/c로 구분/ a가 반에서 10명 정도 * 세종반 학생들을 대상으로 방과후 프로그램이 있음 (수학은 현행과정)
대진고	야자 : 경건반 상위 50명 선발하지만 자율임. 신청자에 한해서 자리 배정 수학수업 수업 없음 * 수학 / 과학 영재반(40명) : 자체시험과 면접으로 선발 / 별도 동아리처럼 관리를 받음 / 연계된 대학에서 강의나 실험등을 지원해줌 / 과중인 학생들의 비중이 높은 편
청원고 (2015기준)	- 중학교 생활기록부 + 면접 + 입학시험으로 30명 특별반 편성 - 대기자를 선정해 놓고 기존의 학생이 나가면 들어오는 형식으로 반이 운영됨. - 이과 위주의 심화 수업으로 문과 지망 학생들은 중간에 나오는 상황 - 매주 화요일 방과후 심화 수업이 진행됨.

고등학교	반구분, 선발방식, 운영
영신여고	국제반(영어기준, 중학내신 15%) - 모의고사 수학, 50명 - 과목록 - 수학,영어 / 논술,영어 영재반(수학 영재반) 1학기 국제반 선발 이후, 시험+면접 방과후 수학 프로그램이 따로 있음 야자시간에 수업을 받음
대진여고	- 강제야자 (성실반 40 성적순 + 20명 성적순) - 수학과학 영재반 (40명) : 3월시험+면접선발, 1년 단위 연
혜성여고	- OPES반 (21명) - 중학교 내신 + 반배치고사로 선별 - 한 학기 마다 변동 - 야자 장소 별도 제공 및 강제야자 (학원 시간 일부 배려) - 수학 수준별 수업 (A, B, C 또는 A, B, C, D): 내신성적, 교 생님이 일어나 심화수업 진행
용화여고	야자 : 담임의 성향에 따라 강제 또는 자율 수학수업 : 상/중/하로 나누어서 수업함, 교재 동일하고 담임 (레벨 수시로 변동) * 수학 영재 수업(20명):중학생+면접으로 선발함/주말
청원여고	- 심화반 (정독반) : 입학 반배치고사로 30명선별, 학기가 끝 시 선발 (고3 나가면 60명으로 늘려다고 함)

노원구 지역 자율자사고 심화반 분석

	반구분, 선발방식, 운영
신일고	- 수학영재 20명(시험선발) - 수학심화반 (25~30명) 별도 방과후 프로그램 - 학교내 자습실 운영, 강제 자율학습을 강화하여 자습을 중요시함
선덕고	야자 : sky반 / 일반반으로 구분하여 주4일 야자(담임재량으로 1일 선발을 중학성적+자체시험 수학수업 : 중학성적 기준으로 상/중/하로 나누어서 수업 * 수학 인재반(20명) : 양식에 맞추어 지원+면접 / 주말에 선행 또는 논술특강등을 함.

노원구 남녀공학 심화반 비교분석

	반구분, 선발방식, 운영
상명고	- 중학교 내신+입학고사로 상위반 구 - 학교 내신 받 모의고사 성적을 기 - A(19명), B(17명), C(20명) - 주1일 강제야자 - 방과후 프로그램이 상위반은 별도 명, 대학입시포함 여러 혜택이 있
물일고	야자 : 자율신청 / 최근에 자리가 남 수학수업 : 중간,기말 성적으로 상/하 학습을 강화시 적용되고 있음 - 수학 영재반(선정후 선발방식으로 수업내용이 부실해서 결석률이 높 필요한 수학수업을 아이들중심으로 스템이 있는지 의심 / 역시 상위권 학생들 대학 교수와 방과후에 활동진행 2학년때는 수학과학융합반으로 운영 야자는 선택을

학교별 심화반 특징 조사

주어 성향 좋은 학생들이 학원을 더 많이 찾게 한다.

학교에 대한 데이터 구축에서 기출문제 데이터는 매우 중요하다. 족보닷컴이나 기타 여러 사이트에서 기출문제 자료를 수집한다. 이 때 수집에 그치지 말고, 기출문제를 분석하고 자료화하여 입학상담, 학부모 간담회, 설명회 등에서 활용하면 매우 효과적이다.

이렇게 시험지를 분석하여 블로그에 올리면 좋은 홍보 자료가 된다. 이 분석 결과를 통하여 우리 학원만의 시험대비 과정, 학습관리 과정을 보여주어 학원에 시험 분석 전문가가 있다는 것, 학생들이 좋은 성과를 내는 체계적인 시스템이 있다는 것을 학부모에게 보여줄 수 있다. 학부모의 학원에 대한 신뢰가 쌓이는 것은 물론이다.

실제로 학원에서 학교 시험지를 분석한 자료들을 블로그에 올려서 홍보하는 자료들을 살펴보면, 대부분 시험 문제의 주관식·객관식 분포, 난이도 등을 분석한 후에 이에 대한 공략법을 다룬다. 마지막으로 우리 학원이 이러한 부분에 최적화되어 있다고 주장한다. 물론 이런 방식에 문제가 있는 것은 아니다. 하지만 구구절절 설명할 필요 없이 우리 학원에서 주는 교재와 시험지에서 출제되는 경향이 높고, 우리는 시험에 나올 문제에 확실하게 대비한다는 인식을 주는 것이 가장 설득력이 높다.

여기에서 학원의 차별점을 보여주려면 학원이 사용하는 교재에서 기출문제와 유사한 문제를 찾아서 보여주는 것이다. 이는 자연스럽게 시험 준비를 잘하는 학원이라는 인상을 주기 때문이다. 그리고 기출문제와 학원 교재의 유사한 문항이 무엇인지를 비교하는 자료는 꾸준하게 만드는 것이 좋다. 시험 기간 후에 학생들의 성적을 조사하면서 함께 비교 자료 만드는 것을 놓치지 말아야 한다.

서라벌_2022년도 2학년 문과 미적분 중간고사 내신분석_Coo...

번호	유형	배점	난이도	개념	유사문항	★
3	객관형	4.2	하	인수정리를 이용한 연산	클론23번유사문항	
4	객관형	4.2	중	나머지정리 활용	실전반 시험 203회차 16번 유사문항	
5	객관형	3	하	나머지정리 활용		
6	객관형	3	중	다항식 활용		
7	객관형	3	중	다항식 활용	실전반4-2주차12번 문항과 동일	★
8	객관형	3	중	복소수 연산		
9	객관형	3	중	복소수 연산	자유자재수학304번유사문항	★
10	객관형	4.5	중	이차 방정식		
11	객관형	3.2	상	이차 방정식	실전반 4-1시험지 19번 유사문항	
12	객관형	4	중	이차 방정식	클론367번 유사문항	
13	객관형	4	상	이차함수	클론 236번 유사문항	★
14	객관형	4	중	다항식 활용		
15	객관형	3.3	중	근과 계수의 관계	자이스토리 문항유사	
16	객관형	3	상	이차함수	실전반 4-3회차 14번 유사문항	★
17	객관형	3.2	중	이차함수		
18	객관형	4	하	이차함수		
19	객관형	4	중	다항식 활용	실전반 파이널 2회차 13번 문항과 동일	
20	객관형	5	상	이차함수		
1	서술형	8	상	복소수 연산		
2	서술형	8.6	중	복소수 연산		★
3	서술형	10	중	복소수 연산		

하	5	19	다항식 활용	6	21.8
계	23	100	복소수 연산	5	32.6
			이차 방정식	3	11.7
			이차함수	5	19.2
			인수정리 이용한 연산	1	4.2

문항수, 배점 (난이도)

- 상: 문항수 5, 배점 23.2
- 중: 문항수 13, 배점 57.8
- 하: 문항수 5, 배점 19

문항수, 배점 (단원)

- 나머지정리 활용: 배점 7.2, 문항 개수 3/3
- 다항식 활용: 21.8, 6
- 복소수 연산: 5
- 이차 방정식: 11.7, 5
- 이차함수: 19.2, 5
- 인수정리를 이용한…: 4.2, 1

자료 관리 측면에서 부연 설명을 하면, 내신 분석 자료를 관리할 때에 엑셀 등의 파일로 개별 관리하는 것보다는 구글시트를 이용하여 온라인에서 관리하는 것이 자료 축적 면에서 더 유리하다. 그렇게 축적한 자료는 스마트폰에서 언제든지 확인할 수 있다. 또 기출문제와 학원 문제를 비교하는 자료는 구글 슬라이드를 이용하는 것이 공유할 때 더 편리하다. 별도로 만들기보다는 기존에 만든 파워포인트 자료를 구글 드라이브에 업로드하면 온라인 공유가 간편하다.

STEP 2

디지털 상담 시스템 :
정확성과 효율을 높여라

• • •

상담관리에 관한 디지털 분석 시스템

학원을 경영하는 사람들은 대부분 상담에 자신 있어 한다. 그런데 상담을 잘하는 것도 중요하지만, 상담을 통해서 '통찰력'을 갖추는 것도 중요하다.

상담은 학원을 찾아오는 고객(학부모, 학생)에 대한 이해를 먼저 해야 한다. 고객은 크게 말 그대로 소비를 하는 소비자(customer)와 전문가를 찾는 클라이언트(client)가 있다. 이때 클라이언트는 자신의 문제를 해결하기 위해서 변호사 등의 전문가를 찾는 고객을 말한다. 그렇다면 학원을 찾아오는 고객은 소비하러 오는 것인지, 아니면 자신의 문제를 전문가를 만나서 해결하러 온 것인지에 따라 대응이 달라질 수밖에 없다. 만약에 고객이 클라이언트라면 학원에서 진단 및 분석을 통하여 문제를 해결하는 방향과 방법을 제시하는 것이 필요하다.

전문적인 상담일지 양식

먼저 학원에서 상담할 때, 아무 노트나 꺼내서 상담해서는 안 된다. 학부모는 체계적인 형식을 갖춘 상담일지에서 신뢰성을 느낀다. 의사가 연습장에 나의 진찰을 기록한다면 신뢰가 생길까? 학원도 마찬가지이다.

상담일지는 학원마다 적절한 양식을 사용하면 된다. 상담일지는 상담에 필요한 요소를 반드시 포함하여 상담 시 필요한 것을 모두 체크할 수 있어야 한다.

상담일자, 상담자를 기록하는 난을 반드시 만들어두어야 한다. 학생과 학부모의 기본정보인 학생의 이름, 학교, 학년, 전화번호, 학부모 전화번호, 학교성적(내신등급 등), 고등학생의 경우 모의고사 등급, 학원에는 어떻게 찾아왔는지(소개, 입소문, 광고 등) 등을 기록할 난을 둔다. 학원에 따라서 학습 진단(레벨테스트)를 정리하여 기록하는 난을 두기도 한다.

상담란에는 질문할 항목을 가볍게 적어두고 양식 없이 상담 내용을 기록하는 편이 편리하다. 보통 상담란에는 학원을 옮기려는 이유, 학원에 바라는 사항, 기존에 사용한 교재, 목표 대학, 학원 수강 과목 외 과목의 성적과 등급, 본인이 사용할 수 있는 시간(학습 저조 시 공부시킬 시간으로 활용) 등을 질문 리스트에 포함한다. 꼭 순서대로 물을 필요는 없다. 대화의 맥락이 끊기지 않도록 질문 리스트를 적절히 사용하며 상담한다.

중요한 것은 정식으로 배정하기 전에 '가배정(假配定)란'을 두는 것이다. 상담하면서 입학할 반을 추천하며 방향을 제시하면, 생각이 많은 학부모에게 안정감을 주어 학원에 등록하려는 마음이 생기게 한다.

학생의 시간표 조사

1인 학원의 경우는 무엇보다 시간표가 중요하다. 강사가 많을수록 시간표를 편리하게 작성할 수 있지만, 1인 학원은 시간표의 자유도가 적다. 따라서 상담할 때 학생이 다니는 과목별로 시간을 조사한다. 이 시간표를 토대로 우리 학원의 시간표에 입학이 가능한지, 조절이 가능한지를 확인한다. 학생의 여유시간을 체크해두면, 추후에 시간표 조절이 편리하다.

학부모와 상담하면서 다른 학원의 시간표를 파악할 때에는 오해가 없도록 주의해야 한다. 즉 다른 학원의 시간표를 파악하는 이유는 입학의 편의를 위해서지만, 학부모에게는 아이의 부족한 부분을 보충할 시간을 파악하는 모습이 되어야 경계심 없이 상담할 수 있다. 시간표 조사 방법은 다음과 같다.

(1) 학생이 다니는 다른 학원의 시간을 조사한다. 학원이 아니라 어떤 과목인지를 조사해야 한다. 과목과 시간만 알아도 어느 학원에 다니는지 알 수 있고, 이 정보는 학생 관리에 도움이 된다. 시험 기간에 시간을 자주 바꾸는 학원 때문에 발생하는 퇴원에도 대비할 수 있다.

(2) 너무 과도한 개인정보 조사가 되지 않도록 한다. 아무리 느슨한

감각을 가진 학부모라도 과도한 개인정보 조사는 취조의 느낌을 준다.

(3) 반 배정을 위한 조사여야 한다. 1인 학원의 시간표는 이미 만들어져 한정적일 수밖에 없다. 만약 안 맞는다면 시간표 조절이 가능하지를 체크한다. 다른 학원의 시간표를 바꿀 수 있는지 여부도 체크한다. 시간이 안 맞을 때는 다른 요일을 권장한다. 학부모는 자신의 자녀가 수강하는 다른 학원의 시간까지 파악하고 관리하는 학원을 더 신뢰하는 경향을 가지고 있다.

교시	월요일	화요일	수요일	목요일	금요일	토요일	일요일
11 : 00							
12 : 00							
13 : 00						과학학원	
14 : 00						과학학원	
15 : 00						과학학원	
16 : 00							
17 : 00		수업가능	수업가능	영어	수업가능		
18 : 00				영어			
19 : 00	국어학원						
20 : 00	수학학원						
21 : 00							
22 : 00							

시간표 조사 자료

상담 리스트를 통한 분석 시스템 구축

학원에서 사용하는 다양한 프로그램들이 있지만, 실제로 학원의 상담과 예비생을 관리하는 프로그램은 거의 없다. 판매되는 학원관리 프로그램은 예비생의 정보를 기록하게는 하지만, 1인 학원 원장에게 고객 분석법이나 통찰을 제공하지는 않는다. 대형 학원과 달리 1인 학원에서는 마케팅 담당 직원을 두기 어렵다. 외부에 전문가와 계약을 맺어 마케팅하기도 하지만, 이들이 수시로 학원의 시스템에 관여하며 도움을 줄 수는 없다.

따라서 원장은 상담일지를 정리하여 입력해두면, 자연스럽게 학원의 상담 상태와 앞으로의 방향을 알려주는 시스템이 필요하다. 이러한 시스템은 '직접 구현'하는 것이 가장 좋다. 시스템 구축을 위한 다양한 도구(tools)가 있지만, 유료이거나 사용 방법이 복잡해 권하고 싶지 않다. 무료이면서 성능이 좋은 구글시트를 추천한다.

구글시트(google spreadsheet)는 학원에서 쉽게 활용할 수 있다. 이러한 시스템은 간단한 기술로 구현이 가능하고, 필요한 것은 꾸준함 뿐이다. 학원 경영에 관한 '통찰적인 사고'는 무엇보다도 데이터를 꾸준하게 구축할 때 가능해지기 때문이다.

그렇다면 먼저 원장은 데이터를 이해해야 하는데, 이것도 간단하다. 행(row)은 사례이고, 열(column)은 변수이다. 이것만 명확히 하면 데이터를 다루는 방법을 쉽게 이해할 수 있다. 다음에서 구글시트를 활용하여 어떻게 상담결과 분석 시스템을 구축하는지를 살펴보자.

상담결과 분석 시스템의 구현

상담일지를 입력하는 시스템을 직접 구현하기 전에 당부하고 싶은 것은 스스로를 '컴맹'이라고 규정하면서 '나는 절대 못 한다'라고 생각하지 말라는 것이다. 안내에 따라 해보면 생각만큼 어렵지 않다.

크롬 브라우저를 켜고, 검색창에 '구글시트'를 입력하면 금방 검색이 되거나 혹은 자신의 구글 계정으로 들어가도 쉽게 찾을 수 있다.

학원의 '상담 분석 시스템'을 구현은 엑셀과 구글시트를 준비하면 시작이 가능하다. 1인 학원에서 시스템을 구축하려면 큰 비용이 드는데, 구글시트를 활용하면 비용을 절감할 수 있고, 우리 학원만의 상담을 분석하는 시스템을 갖출 수 있기 때문에 매우 유용하다.

1인 학원 상담 분석 시스템 개발 따라하기

먼저 설명한 것처럼 데이터인 시트는 '열(column)부분'을 변수로 사용하기 때문에 이곳의 이름을 정하는 것이 가장 중요하다. 입력할 사항들이 바로 정보이기 때문이다. 입력을 위해서는 입력할 그룹별로 생각하면 쉽게 이해하고 정리할 수 있다. 혹시라도 이 방법을 따라서 만들다가 힘들면 이해만 하고 제공되는 양식을 사용하면 된다.

○ **정보입력** 부분은 상담일, 학생명, 학교, 학년, 선택과목(문이과)으로 정한다.

	A	B	C	D	E
1	기본인적사항				
2	상담일	학생명	학교	학년	문/이

○ **성적정보** 부분은 성적(내신, 모의고사, 수준(학원 파악))으로 구분한다.

N	O	P
성적		
내신	모의	수준
3등급	1등급	▼
미확인		▼
5등급	5등급	하 ▼

○ **상담입력** 부분은 등록여부, 상담자(부/모/학생), 방문(내원/전화), 연락처, 상담자, 비고(간단한 특징 기록)으로 정한다.

F	G	H	I	J	K	L	M
등록		상담인					
등록	부	모	학생	내원	연락처	상담자	비고
☐	☐	☑	☑	내원 ▾	010...8138	원장	시험관리를 필요로 함. 실수많음
☑	☐	☐	☑	전화 ▾	010...9411	실장	온다고 하고 여러번 펑크냄
☑	☐	☑	☐	내원 ▾	010...3278	실장	학생 의지 부족
☐	☐	☐	☑	내원 ▾	010...0539	원장	공부할 의지가 없고, 엄마는 급함
☐	☐	☑	☐	내원 ▾	010...7615	실장	
☐	☐	☑	☐	내원 ▾	010...1678	원장	학생이 학원 이동 원치 않음

○ **학습유형** 파트는 기존에 공부한 곳(학원, 공부방, 과외, 자습, 비고)으로 구분한다.

Q	R	S	T	U
		학습유형		
학원	공부방	과외	자습	비고
☐	☐	☐	☑	인강으로 공부함
☐	☐	☐	☐	
☑	☐	☐	☐	**** 학원 다녔음
☑	☐	☐	☐	***학원 다님
☑	☐	☐	☐	내신 위주 학습원함
☑	☐	☐	☐	**** 학원 다님

○ **학원 변경 사유**는 변경 사유, 사유 구분으로 구분하고, 학원 인지 경로는 추가 메모와 입학 동기로 구분하여 기록하는 게 좋다. 특히 사유 구분과 입학 동기는 별도로 정리하면 우리 학원의 특징을 이해하는 데 큰 도움이 된다.

특히 이 부분을 매번 입력하는 것은 번거롭다. 위 그림에서 연필 부분을 눌러서 그 내용을 기록하거나 수정할 수 있다. 이러한 부분은 엑셀에서는 '유효성 검사'라는 이름으로 되어있고, 구글시트에서는 '데이터 확인'이라는 이름으로 되어있다. 미리 항목을 적어두고 마우스로 골라서 입력하는 방식을 활용할 수 있는 방법이다. 아래 그림에서 설명을 해두었으니 따라 하면 금방 익숙해질 수 있다.

먼저 이렇게 마우스로 쉽게 선택해서 입력하는 방법은 2가지로 만들 수 있다. 드롭다운은 직접 입력하는 것이고, 드롭다운(범위)는 미리 입력해둔 것을 선택하는 방법이다. 드롭다운 방법은 그림에서 보는 바와 같이 '다른 항목 추가'를 누르면서 하나씩 입력하면 되고, 생각 날 때마다 입력해도 된다.

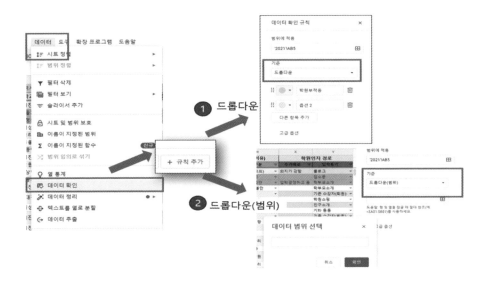

두 번째 방법인 드롭다운(범위)는 내용을 다른 시트나 공간에 미리 입력해두고 '데이터 범위 선택' 기능을 통해서 선택만 하면 된다. 아래의 표에 이 양식에서 사용된 내용을 정리하였다. 이 내용은 어디까지나 샘플이니 자신의 학원에 맞게 작성하면 된다.

입학 동기	학원변경 사유
학원 인지 경로	강의 질 불만
블로그	강사 교체
입소문	강사 행동 불만
학부모 소개	관리 부족
친구 소개	과제 관리 미흡
오프라인 광고	성적 향상 관리 미흡
학원 쇼핑	성적 하락
설명회	질의응답 부족
졸업생 소개	시간표 문제
타 학원 소개	학원 부적응
타 학원 선생님 소개	수능 대비(모의)
형제를 따라	선행 희망
기존 수강자(퇴원)	진로 변경
	학원 서비스 불만
	전문학원 희망
	다수반 불만

이것을 모두 입력하고 나면 그래프가 그려지는 데이터만 생성된다. 그다음에는 데이터를 그래프로 시각화해서 확인하고 분석하면 된다. 여기서는 결과를 보면서 학원에서 어떤 부분을 체크해야 하는지 알아보자.

다음에서 설명할 자료는 실제 학원의 6개월 정도의 상담 자료를 이용하여 분석한 결과이다. 먼저, 상담신청 현황이다. 왼쪽의 그래프를 보면, 학원에 전화보다는 내원 상담신청이 좀 더 많다. 오른쪽 데이터는 학원에 내원하여 상담한 경우에 더 많이 등록하였다.

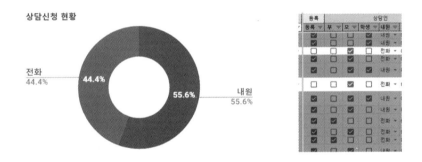

실제로 대부분은 학원에 방문(내원)하며 상담할 때 더 많이 등록한다. 방문했을 때 좋은 인상을 받으면 등록을 결정하기가 더 쉽기 때문이다. 학원 방문을 유도하기 위해 다양한 노력을 해야 하는 이유가여기에 있다. 1인 학원에서 학생, 학부모에게 방문을 유도할 때에 '레벨테스트'를 너무 강조하면 안 된다. 학생들이 부담을 느낄 수 있기 때문이다. 학원에 방문하여 학생의 학습 상황과 결과를 직접 확인하며 상담하는 것이 학생의 약점을 파악하고 실력을 올리는 것에 더 효과적임을 강조하며 학원 방문을 유도하는 것이 필요하다.

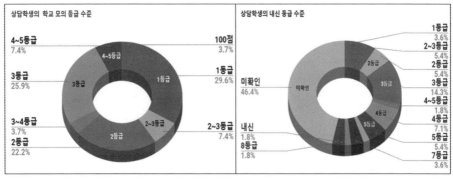

상담 학생에 대한 수준 체크

　　그다음으로 상담받는 학생에 대한 수준 체크이다. 고등부 학생의 예인데, 그래프를 살펴보자. 이 학원의 경우는 모의고사 등급은 1, 2등급이 많은데, 내신 성적은 3, 4등급이 많다는 것을 즉시 확인할 수 있다. 즉, 이 학원의 고등부 학생은 수능대비를 하기 때문에 이러한 현상이 나타났다고 볼 수 있다. 이 자료가 입력된 지역은 중계동으로 서울의 주요 학군이 아니라면 모의고사 성적은 낮고 내신성적이 높은 형태의 결과도 나타날 수 있다.

　　이번에는 기존 학원에 대한 불만 부분을 확인해보자. 그래프는 도넛차트라는 방법을 사용하였다. 우리 학원을 찾는 이유는 기존 학원에 대한 불만을 해결하기 위해서다. 그래프를 보면 기존 학원에서의 불만은 '관리 부족', '강의의 질에 대한 불만', '성적 하락', '질의응답 부족' 등으로 파악된다. 이중에서 성적 하락은 누구의 책임이라고 확정할 수 없다. 잘 가르쳐도 학생이 실수하면 해결이 되지 않기 때문이다. 그러나 관리, 강의 질, 질의응답 부분은 약간의 노력만으로 충분히 만족감을 선사할 수 있다.

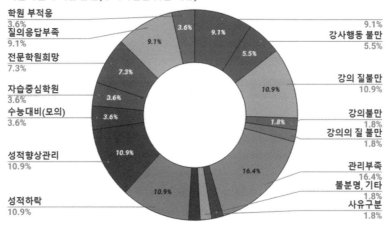

기존학원에 대한 불만(우리학원을 찾은 이유)

학원 부적응
3.6%
질의응답부족
9.1%
전문학원희망
7.3%
자습중심학원
3.6%
수능대비(모의)
3.6%
성적향상관리
10.9%
성적하락
10.9%

강사행동 불만
9.1%
5.5%
강의 질불만
10.9%
강의불만
1.8%
강의의 질 불만
1.8%
관리부족
16.4%
불분명, 기타
1.8%
사유구분
1.8%

기존 학원에 대한 불만

그래프에서 통찰(insigt)를 얻으려면 그래프를 다양하게 그려 보는 게 좋다. 엑셀이나 구글시트에서 몇 번의 클릭만으로도 즉시 만들어지기 때문에 다양한 형태의 그래프로 시각화하여 통찰을 얻는 것은 매우 중요하다.

그렇다면 학생이 우리 학원을 찾는 이유를 좀 더 쉽게 보여주는 그래프는 무엇일까? 바로 방사형 그래프이다. 일종의 게임 캐릭터의 능력치를 보여주는 그래프와 비슷한 모양인데, 원장이 상담 받은 학생의 인식을 쉽게 파악할 수 있어 상담에 효과적이다.

아래 그래프를 보면 단번에 관리 부족, 강의 질 불만, 질의응답 부족, 성적 향상 관리, 성적 하락 부분에서 기존 학원에 불만을 가졌다는 점을 알 수 있다. 결국 이러한 불만을 해결해주는 학원은 우리 학원이라고 인식했기 때문에 찾아왔다는 점을 명확하게 알 수 있다. 따라서 이러한 점만 신경을 써도 학생과 학부모는 큰 불만 없이 학원에 다닐 수 있기 때문에 고객관리의 측면에서 방향을 명확히 알 수 있다.

기존 학원 불만 분포 유형

방사형 그래프로 표현한 기존학원 불만 유형

그렇다면 원장이 꾸준하게 이렇게 관리한다면 어떤 것을 알 수 있을까?

아래의 자료는 1인 학원의 시스템에서 이러한 형태의 분석을 적용한 학원의 실제 자료를 가져온 것이다. 먼저 자료를 자세히 살펴보자.

상담자료 기간 분석-코로나 이전, 코로나 기간, 현재

자료를 보면 코로나 이전에는 강의 불만, 성적 하락, 관리 부족을 해결하러 찾아 경우가 가장 많았다.

그런데, 코로나 기간이 되면서 여전히 강의 불만 문제와 함께 질의 응답 문제와 선행 희망 문제를 해결하기 위해서 찾는 경우가 많았다. 코로나 기간에는 온라인 수업 등으로 인하여 이해도가 떨어지는 경우가 많았고, 이로 인한 불안 심리가 높아져 선행학습의 비중이 높아졌다고 분석할 수 있다. 선행학습은 대체로 중학생들이 요청하는데, 데이터에 입력된 것을 보면 학원의 상담의 비중도 중학생과 고1의 비중이 높아져 있었다.

현재의 모습을 보면, 질의응답 부족 문제, 관리 부족 문제, 성적 향상 관리 등으로 찾아오는 모습을 볼 수 있다. 이 데이터가 말해주는 것은, 이때에는 학원생이 약 1.3배 정도 증가하여 대중적인 모습을 갖추었다는 것이다.

상담분석 시스템의 통찰에 의한 실천행동

상담 자료를 꾸준하게 작성하고 관리하면, 우리 학원은 학생과 학부모에게 어떻게 인식되고 있는지 또 무엇 때문에 찾아오는지를 알게 된다.

따라서 위에서 분석한 자료를 바탕으로 블로그 홍보 글을 작성한다면 입시, 진학, 진로 등의 글을 작성하지는 않을 것이다. 자료를 제대로 분석했다면, '우리 학원이 얼마나 관리를 잘하는지', '아이들을 체계적으로 공부하게 만들고 점검하는지' 등을 홍보하게 될 것이다. 또한 학원에는 '질의응답을 위한 공간'을 마련하여 학부모가 상담하러 왔을 때 '아! 우리가 원하던 학원이다'를 생각하도록 만들 것이다.

또한 성적 향상 관리를 위한 시스템 정비를 시작할 것이다. 성적 향상 관리 방법은 아주 간단하다. 자주 시험을 보고 성적을 기록하여 체크하면 된다. 일반적으로 성적이 저조한 학생들은 시험을 보는 경험이 적고, 대충 대충 하는 경향이 강하다. 이때 이러한 학생들에게 시험 관리 등을 꼼꼼하게 하면, 불만이 많은 아이들은 부모에게 이러한 불만을 이야기할 것이다. 그럴수록 학부모는 '내가 이 학원에 보내길 정말 잘했다'라고 생각할 것이다.

STEP 3

학생 관리 시스템:
누적 데이터로 성장하라

• • •

1인 학원의 경우 학생이 학원에 등록하고 다니기 시작하면, 성적 관리를 우선순위에 둔다. 특히 시험이 있는 중·고등부를 대상으로 하는 학원은 가장 기본이며 중요한 부분이므로 당연하다. 하지만 학원이 더 성장하고 단단해지려면, 학생과의 끈끈한 동맹이 이루어져야 한다. 끈끈한 동맹은 학생들의 기분을 맞춰주는 등 친밀감만으로 만들어지는 것은 아니다. 아무리 선생님과의 관계가 좋아도 성적 관리와 이와 연관된 학습 태도나 과제 관리가 되지 않으면 학원과의 동맹 구축이 어렵다. 학생에 대해 구체적인 데이터를 바탕으로 분석하고 관리할 때 빈틈없는 동맹이 구축될 수 있다.

레벨테스트 관리 시스템

레벨테스트 부분은 누구나 잘하고 있기 때문에 중요한 부분만 설명하겠다. 학원에서 레벨테스트는 아무 장소에서나 하지 말고 반드시 지정된 장소에 하는 것이 좋다. 그리고 레벨테스트를 시행하는 책상은 좋고 깨끗해야 학생에게 좋은 인상을 줄 수 있다. 시험지는 미리 준비해둔다. 학생이 오면 부랴부랴 프린트해서는 안 된다. 그리고 시험지의 표지는 학원이나 원장의 이미지를 넣어서 만드는 것을 추천한다.

간혹 친분이 있는 2~3명의 학부모가 방문하여 레벨테스트와 상담을 함께 진행하기를 원하는 경우가 있는데, 절대 함께 상담하면 안된다. 설득하여 무조건 개별 상담을 해야 한다. 좋은 분위기 속에서 상담하고 함께 입학했어도, 퇴원할 때 대부분 함께 나간다. 혹은 더 많은 아이를 데리고 퇴원하는 경우도 발생한다. 개인별로 상담하면서 학생과 학부모와 끈끈한 관계를 만드는 것이 중요하다.

레벨테스트 점검하는 개념도

레벨테스트를 보고 학생의 점수만으로 상담하면 정확한 상담이 어렵다. 반드시 시간도 함께 체크해야 한다. 아래의 개념도를 보자. 시간과 점수라는 변수로 체크하는 방법이다.

레벨테스트를 통해 4가지의 상태를 볼 수 있는데, 1) 시간이 적게 걸리고 고득점이면 베스트이다. 2) 시간이 많이 걸려서 나온 고득점은 상담 시에 학원의 관리가 필요함을 강조해야 한다. 이 경우 학교에서 시험을 보면 시간이 부족해서 성적 하락 가능성이 있다는 내용의 상담을 해야 한다. 3) 시간이 오래 걸리면서 성적이 낮은 경우에는 학생이 이해도가 부족한 것이다. 학부모의 답답함을 모두 들어주면서 학습 관리와 공부 방향을 제시하여 학원 등록으로 이끌어야 한다. 4) 시간은 적게 걸리면서 점수가 낮다면 그냥 찍은 것이다. 학습 의지도 매우 부족한 상태다. 학원은 공부 못하는 학생을 잘 관리하여 성적을 향상시키는 곳이다. 학습 의지가 없는 학생의 의지를 만들어주기는 매우 어렵다. 누군가는 이 점에 대하여 반대할 수 있으나, 결국은 시간과 에너지 낭비가 발생하는 경우가 많다. 입학하더라도 조건부 입학을 하고 관리에 엄격해야 한다.

학원 입장에서 레벨테스트는 학생들을 수준별로 반 배정하는 도구가 아니다. 엄밀하게 이야기를 하면 학원에서 원하는 반에 학생들을 배정하는 기술이 바로 레벨테스트이다. 위에 제시한 방법을 사용하여 학생을 학원에서 관리하기 편하고 성적 올리기에 좋은 반에 배정해야 하는데, 성적만으로 반을 배정하는 것은 매우 불편한 일이 된다. 따라서 반을 배정할 수 있는 다양한 요소를 준비해서 학생에게 최적화된 반으로 배정해야 할 것이다.

학생 수준별 관리 시스템

학원에 입학하면 첫 수업 후에는 학부모 상담을 하는 경우가 많다. 학부모는 자녀가 학원에서 처음 수업을 받으면, 아이가 학원에 잘 맞는지 여부와 선생님의 수업 방식에 대한 궁금증이 많다. 경험이 부족한 원장 혹은 선생님일수록 아이를 처음 만나면 정말 열심히 수업한다. 옆에서 지켜보면 '영혼을 끌어모아서' 수업하는 경우가 많다. 그런데 문제는 이렇게 열과 성의를 다한 수업에 불만족한 경우가 많다는 것이다. 그리고 수업만 하다 보니 학생의 상태가 파악이 안 되어 상담할 때 제대로 상담을 못 하는 경우가 생긴다.

따라서 첫 수업은 시험으로 평가하는 것이 좋다. 이미 수업하는 반에 신입생이 들어와도 그 반은 시험을 보도록 한다. 그렇게 하여 학생의 정확한 수준을 한 번 더 파악하고, 시험에서 틀린 문제 해설을 하면 더 집중하게 된다. 그런데 여기에도 노하우가 있다. 다음 자료는 실제 신입생들이 들어와서 첫 수업에서 시험을 본 자료이다.

학생들이 첫 수업에 시험 본 시험지의 점수자료

그런데 자세히 보면 점수가 여러 개로 쓰여 있다. 실제점수, 부분추가점수, 예측점수가 적혀있다. '실제점수'는 일반적으로 시험 본 후에 채점한 점수이다. '부분추가점수'는 예컨대 수학이라면 학생이 푼 문제의 과정을 살펴보고 부분점수를 주는 것이며, 국어나 영어라면 읽은 지문을 이해하고 고민한 내용에 기반하여 부분점수를 부여하는 것이다. '예측점수'는 학생이 조금이라도 푼 모든 문제에 점수를 주는 것이다.

이런 평가한 것을 가지고 학부모와 상담할 때, 맨 아래 박스의 글("당장은 이 점수를 만들어보겠습니다", "앞으로 이 점수를 만들어 보겠습니다")을 활용하여 상담한다. 예를 들면 마지막에 있는 권*상 학생의 경우, 현재 점수는 60점이다(실제점수). 그런데 문제를 푼 것을 보니 실수를 줄이고, 집중하면 9점을 더 획득할 수 있어서 69점이 가능하다(부분추가점수). 그런데 우리 학원에 다녀서 제대로 공부하면 일단 풀려고 시도한 것을 모두 맞출 수 있어서 예측점수인 80점이 가능하다는 것이다.

이를 바탕으로 학부모에게는 '당장은 부분추가점수 수준을 먼저 만들어보겠습니다.'라고 이야기를 하고, 그런 후에 지속적이고 체계적으로 지도하여 '앞으로 예측점수까지 확실하게 만들겠습니다.'라고 목표를 제시할 수 있다. '더 나아가 시간 내에 풀지 못한 것도 해결하여 더 좋은 결과를 얻을 수 있도록 노력하겠다.'고 상담한다면, 막연하게 '100점, 1등급 만들겠다.'는 말보다 신뢰를 얻을 수 있을 것이다.

수업 후 첫 수업 보고서 작성

첫 수업에 대한 결과 보고서를 작성해두면 상담할 때 편해진다. 차후에도 학부모 관리에 있어서 좀 더 체계적으로 대응할 수 있다.

첫 수업 결과 보고서는 상담일지를 정리할 때 함께 관리하면 된다. 이름, 날짜, 수업 진도를 기록하고, 학생의 수업 자세, 적극성, 상태 등을 작성한다. 그리고 원장이 알아야 할 학생의 특징과 관심 사항을 기록한다. 추가로 학생의 부모에게 전할 말을 기록한다. 이렇게 정리하여 두면 수업 중에 걸려오는 전화 상담에도 평균 이상 수준의 상담을 진행할 수 있다.

첫 수업 결과 보고서			
이름		일자	
수업 진도	수업 내용 기록		
학생에 대한 피드백	강사 입장에서의 학생에 대한 수업 피드백, 자세, 적극성 등을 기록하고, 수준에 대한 기록		
원장의 관심 사항			
학부모에게 전할 말			

학생성향 분석을 통한 내부역량 분석 시스템

'학생성향 분석을 통한 내부역량 분석'이 무엇인지 이해를 돕기 위해서 아래의 자료를 먼저 살펴보자.

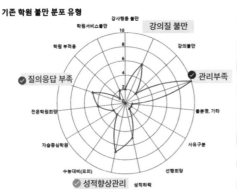

기존 학원 불만 분포 유형

[상담 분석 결과]
상담자가 상담때마다 기록한 상담데이터의 분석결과 자료

[학생성향 정기검사]
학원내에서 선생님의 입장에서 학생들에 대하여 개별체크자료

학생성향에 대한 조사 결과와 상담 분석 자료의 비교

먼저 학생성향을 분석한 결과를 나타낸 것이 우측의 도표이다. 이
결과를 보면, 수강생에게 '질의응답 관리', '시험훈련', '과제 점검'이
필요하다고 분석되었고, 학원에서는 이러한 점을 집중 점검하고 해
결해왔다.

같은 시기에 시행한 좌측의 상담분석표를 보면, 학생들은 기존 학
원에 불만이 있었던 '관리부족', '성적향상관리', '질의응답 문제'를
해결하러 상담을 받았다는 것을 알 수 있다.

이렇게 학원에서 성공적인 경영을 위해서는 주기적으로 학생들의
성향을 체크하고 확인하고, 상담분석을 확인해야 한다. 이를 통해서
우리 학원이 잘해나가고 있는지 혹은 학생과 학부모가 우리 학원에
대하여 어떤 부분에서 서비스를 받고자 하는지를 알 수 있다.

학생성향 체크표의 작성 방법

학생성향 체크표를 학원의 시스템에 적용하려면 기본 원리를 알아야 한다. 먼저 학생성향을 파악하는 기본 목표는 '퇴원 방지'이다. 아무리 신입생이 많이 들어와도 퇴원을 막지 못하면, 학원에는 위기가 오기 마련이다. 따라서 기본적인 파악은 성적 상승, 성적 유지, 성적 하락에 따라서 퇴원인가 유지인가를 확인하는 작업부터 하게 된다.

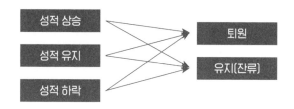

이를 기준으로 학습이해도, 수업참여 태도, 내신수준, 타과목 내신 성적, 과제이행도, 학습관리 필요부분, 선행학습 가능여부평가, 목표 대학, 학습평가(주관적 평가), 피곤도(학생에 대한 선생님의 개인적인 선호도)를 확인하는 것이 필요하다.

아래의 표는 학생성향 체크표인데, 이를 참고하여 자신의 학원에 맞게 체크표를 만들 수도 있다. 아래는 중·고등부를 중심으로 만든 것이므로 이에 근거하여 학원의 수강생에 맞게 질문(열에 배치된 내용) 구성을 다시 하면 된다.

여기에서 중요한 점은 각 학원의 원장은 자신이 최고의 전문가이므로 학생성향을 파악하는 변수에 대한 항목은 원장이 직접 구성하는 것이 가장 좋다. 기준은 본서를 통해서 제공하고 있으니, 기준표를 작성해보면서 학원에서 파악해야 할 사항을 정리해본다는 생각으로 만들어볼 필요가 있다.

퇴원위험	학습이해도	수업참여태도	내신수준	타 과목 성적수준	과제이해정도	학습관리필요도	선행가능도평가	목표대학	학습평가	피곤
성적하락퇴원	이해력이 좋음	지각 자주함	1등급 가능	상위권	100% 완료	질의응답 관리필요	선행능력 가능	sky	10	매... 좋은 학생
성적상승퇴원	이해력 낮음	결석 자주함	2등급 가능	중상위권	대체로 풀어옴	본인이 질문이 많음	선행능력 부족	서성한	9	내 맘... 드는 학생
성적하락유지	애매한 상태	자주 졸음	3등급 수준	중위권	과제를 다 못함	보충수업 필요	선행하면 안됨	중경외시	8	보통
성적상승유지	반복 설명 필요	집중 안함	4등급 수준	중하위권	과제를 안 함	시험훈련 필요	선행보다 현행	건동홍	7	별로... 학생
상관없이유지	아는 척함	뒤에만 앉음	5등급 수준	하위권	과제가 있는지도 모름	고난도 문항 연습 필요	선행보다 심화	in seoul	6	공부... 안함
상관없이퇴원	무조건 모른다고 함	이해 하려고 노력	최상위권	극상위권	노력을 안함	개념정리 필요		4년제	5	좀 피... 한 학
	적절한 수준의 이해	잘 따라옴	최하위권	극하위권	하는 척만 함	학습상담 이 필요		전문대	4	학부... 불편
		지루해 함	별도 관리 필요			과제 점검 필요		의대	3	진... 수준
		집중도 좋음						교대	2	별로 안 친
									1	적당... 친한

이 표를 기준으로 하여 표를 구성해보면 아래와 같다. 입력하는 방법은 데이터 확인 기능을 통해서 마우스를 이용하여 선택하는 방법을 사용하면 입력오류가 없이 잘할 수 있다.

학생성향 분석과 입력(데이터 확인 기능)

이러한 입력과정을 거쳐서 다시 자료를 분석하고 확인하는 게 필요하다. 누군가는 시각화를 하지 않아도 내용이 보일 것이다. 그러나 시각화를 하면 상황인지가 더 편해진다.

퇴원 위험도 평가

먼저 주요 확인 사항이었던 퇴원 관리이다. 이 데이터로부터 우리 학원의 퇴원 위험을 평가할 수 있다. 그래프를 보면 '성적이 상승한다면 유지'하겠다는 학생이 28.8%에 해당한다. 이 학생의 수가 많으므로 성적이 떨어지지 않도록 과제 관리, 시험 관리 및 시험이 다가오면 더 많은 공부를 시키는 것이 중요하다.

'성적이 하락하면 퇴원'할 것 같은 학생은 19.5%로, 이 학생들은

'나 좀 어떻게 해봐'라고 말하고 있다고 봐야 한다. 이러한 경우는 학부모와의 소통이 중요하다. 학부모에게 공부시키고, 보충학습시키는 등의 노력한 것들을 문자(sms) 등을 이용하여 보내주는 것이 좋다.

또한 관심을 가져야 하는 학생들은 '성적이 상승했는데 퇴원'할 것 같은 아이들이다. 이 학생들은 1인 학원에 와서 실력을 올린 후에 더 큰 학원으로 가려고 하는 학생들이다. 경영자로서 이러한 학생과 학부모에게는 '학원을 퇴원한다면 성적 유지가 어렵다'는 생각을 심어줄 필요가 있다. '이렇게까지 해야 하나?'라고 생각할 수 있지만, 이런 학생들은 말의 영향력이 매우 큰 편이다. 그래서 다른 아이들까지 퇴원시킬 수 있다는 점을 기억하고 철저하게 관리할 필요가 있다.

그렇다면 '성적에 상관없이 남겠다'는 학생들은 어떻게 해야 할 것인가? 이 학생들은 충성도가 높은 학생들이다. 그렇다고 안심하고 아무 관리를 안 하면 안 된다. 우리 학원을 빛내는 학생들이라고 생각하게 만들고 자부심을 심어주어야 한다. 이 학생들은 수강 기간이 긴 학생들이다. 상품권을 주는 등 장기 수강 학생에게 상을 주는 시스템을 구축해야 한다.

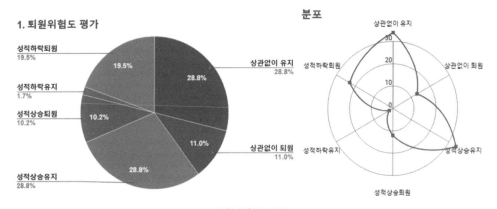

퇴원 위험도 평가

학습 관리의 필요성

상담 관리와 연계하기 위한 학습 관리의 필요성을 파악하는 것이 중요하다. 이것은 상담 외에도 학부모 관리에 유용하다. 1인 학원에서 일일이 학부모별로 상담 전화를 하는 것은 매우 어렵다. 따라서 학습 관리의 필요성이 있는 것으로 분류된 학생들을 데이터에서 파악해 문자 등으로 관리하는 게 좋다.

예를 들면 '질의응답 관리 필요'에 해당하는 학생들은 학생과 학부모에게 "이번 주는 토요일에 질의응답이 있고, 문자로도 질문하면 언제든 응답하니 관심을 가져주길 바랍니다." 등의 문자를 보내는 식이다. 그러고는 학생들이 질문하지 않아도 직접 찾아서 문제를 풀어주거나 관리한 후에 학부모에게 책의 몇 페이지 부분에서 질의응답을 관리하여 공부시켰다고 문자를 보내는 것이 좋다. 이러한 부분은 원장이 아닌 아르바이트생들도 충분히 가능하므로 시스템화시키는 것이 더 필요하다.

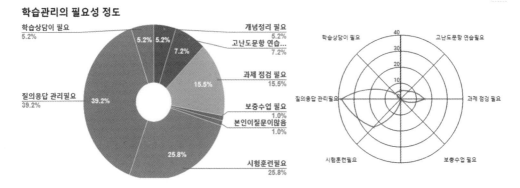

학습관리의 필요성 정도

수업참여 태도에 대한 관리

수업참여 태도 부분에서 관심을 가져야 하는 학생은 자주 조는 학생과 결석을 자주 하는 학생들이다. 수업시간에 자주 조는 학생은 성적이 떨어질 수밖에 없다. 학부모가 과하게 이 학원, 저 학원을 보내면서 관리가 잘 안 되어, 자리만 채우는 학생인 경우도 많다. 결석을 자주하는 아이들은 '잠재 퇴원생'으로 관리하는 게 필요하다. 집중을 안 하는 아이들은 대체로 학습 분위기를 망치는 경우가 많고, 자주 정신교육을 해도 대부분 성적이 떨어진다. 결국은 퇴원의 수순을 밟게 되어있으니, 보충수업을 통해서 관리하는 것이 필요하다.

보충수업은 실제 수업을 하기보다는 학습 보조원(아르바이트생) 등을 활용하여 배운 내용을 확실하게 공부하게 하고, 문제를 풀고 채점까지 시켜야 한다. 수업이 문제가 아니라, 공부를 안 하는 게 문제이기 때문이다.

결석으로 인한 보충수업은 수업 영상을 녹화하여 제공하는 방법으로도 해결할 수 있다. 이때 영상을 집에서 보는 것이 아니라 반드시 학원에서 보도록 해야 한다. 학부모는 집에서 영상을 보는 것을 공부로 생각하지 않고 보충으로 생각하지 않기 때문이다.

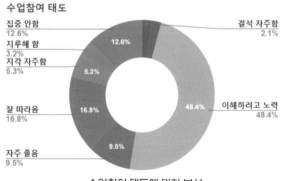

수업참여 태도에 대한 분석

과제수행 정도

과제수행 정도는 수업참여 태도와 함께 체크하고 확인해야 한다. 과제수행 정도에서 중요하게 체크해야 할 학생들은 '과제를 다 못함'과 '대체로 풀어옴'에 해당하는 학생들이다. 과제를 안 하는 학생들은 차후 강력하게 퇴원 조치도 필요하다. 그러나 '과제를 다 못함'에 해당하는 학생은 2가지의 부류가 있다. 하고는 싶은데 다 못하는 아이와 '하는 척만 함'에 해당하는 학생들이다.

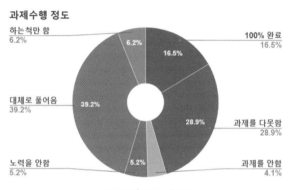

과제수행 정도 체크

과제를 다 못하는 학생들은 학원에 불러서 과제를 점검하는 것이 퇴원 방지에 효과적이다. 실제로 실력이 부족한 경우에는 많은 도움이 된다. 그러나 하는 척하는 학생들은 아는 문제를 몇 개 풀고 나머지 문제는 질문이나 별표 등을 체크하면서 잘 모르겠다고 표시해두는 경우가 다반사이다. 나중에 부모가 아이에게 "이것 왜 다 안 풀었어?"라고 물으면, 대부분 "배워도 잘 모르겠어, 그래서 숙제를 못해"처럼 대답하여 학원에서 가르치는 것에 대한 불신을 만드는 경우가 많다. 하는 척만 하는 아이들은 과제를 정밀하게 확인하여 '풀기 싫은 것을 못 푼다고 체크한 것들'을 모두 풀도록 하는 식으로 따로 관리하여 퇴원을 막는 게 중요하다.

선행 가능 수준 평가

이는 중학생이 많은 경우에 중요해지는데, 학생들이 수준과 별개로 선행이 가능한 상태인지를 점검하는 것이다. 선행능력 가능, 선행능력 부족, 선행보다는 심화, 선행보다는 현행으로 구분하여 관리한다.

선행능력이 가능하다면 대체로 상위권이고 성실한 경우가 많다. 그러나 선행능력이 부족하다면 대체로 학생은 공부를 안 하고 학부모가 극성인 경우가 많다. 이런 경우의 학생은 테스트를 자주 하는 게 좋다. 현재의 수준을 자주 점검하고 과제 이행도를 체크하여 사진을 찍어두고 별도로 밴드 등에 사진 자료를 올려두는 것이 필요하다. 추후 상담 시 실질적인 근거를 마련해두는 것이다. 아래 자료에서는 약 48.7%가 선행을 하는 것이 괜찮다고 봤고, 21% 정도는 선행능력이 부족해서 시키지 않는 게 좋다고 보았다.

대화가 잘 통하는 학생 중에는 선행을 대체하는 것에 동의하는 경우가 많은데, 선행을 심화로 대체하거나 현행으로 대체가 필요한 경우이다. 심화로 대체하는 경우는 상위권 학생인 경우가 많고, 현행으로 대체하는 경우는 하위권인 경우가 많다. 선행을 대체하는 학생들의 인원수가 많지 않은데, 진행 과정이나 성취 정도를 학부모에게 문자로 자주 안내해주는 것이 퇴원 방지에 효과적이다.

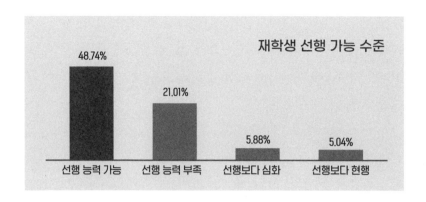

자료의 저장과 관리 시스템

자료 구축에 효과적인 시스템은 구글 드라이브와 구글 스프레드시트다. 1인 학원에서 엑셀의 사용은 사실 편리하지 않다. 하드디스크에 저장해야 하고, 자료를 보관하고 관리하기 쉽지 않다. 물론 MS의 원드라이브나 네이버의 클라우드 등도 효과적이긴 한다. 그 외에 NAS(Network Attached Storage)와 같은 클라우드를 사용하는 방법도 있다. 그러나 무료이면서 쉽고 편리한 것은 구글 시스템이다. 추가적인 프러그인(plugin)도 많아서 익숙해지면 학원의 시스템으로 발전되기 쉽다. 최근에는 MS에서도 구글과 비슷한 방식의 무료 서비스를 많이 출시했지만, 아직은 편리함에서 구글이 더 낫다.

보통 스프레드시트는 학원의 자료를 정리하는 데 도움이 되고, 프레젠테이션은 설명회 후에 학부모에게 자료 공유 시에 도움이 된다. 특히 구글 폼은 사용하기에 매우 편리하여 활용도가 높다. 구글 사이트를 이용하여 학부모에게 각종 서비스를 구현할 수 있고, 웹페이지에 설명을 간단히 만들어서 학부모에게 공유하기에 매우 편리하다. 이러한 서비스에 구현이 안 되는 것들은 추가적인 앱을 이용하여 구현하면 된다.

먼저 온라인 클라우드는 누군가와 자료를 공유할 때 보안 부분에서 도움이 된다. 공유기능을 통해서 함께 볼 수도 있지만 차단도 가능해서 자료를 관리하기 편하다. 그리고 반드시 알아야 할 것은 모든 자료는 원장이 오프라인에 반드시 백업해두는 습관이 필요하다. 간혹 NAS(Newtwork Attached strorage)를 이용하여 클라우드를 관리하는 경우가 있는데, 사실 비용이 생각보다 많이 들어가고 설정하는 것도 생각보다 만만치 않다. 따라서 가능한 구글이나 원드라이브, 네이버 등에서 제공하는 클라우드를 사용하는 것이 여러 면에서 효율적이다.

요즘은 온라인 오피스들이 생각보다 잘되어 있다. 한글(hwp)에서 도구-한컴독스(https://www.hancomdocs.com/ko/plans)에 직접 로그인이 가능한데, 이곳에서 2GB 분량의 온라인 클라우드를 제공하고 있다. 한컴독스을 사용하여 학원의 시험지를 관리하는 것도 좋은 방법이다. 다만 무료로 사용할 때에는 저장 공간이 작으므로 백업을 필수로 해두어야 한다. 용량이 차기 전에 지워가면서 저장 공간을 확보하며 사용하면 효과적이다.

MS 오피스(https://www.office.com/)와 구글 오피스(https://drive.google.com/)도 활용이 정말 편리하다. 게다가 모두 무료이다. 구글 시스템에서 문서, 스프레드시트, 프레젠테이션, 설문지는 잘 알지만 구글 사이트라는 도구는 모르는 경우가 많다. 홈페이지 제작 도구인

데, 배우는 데 10분도 걸리지 않는 편리한 도구이다.

여기에서 제시하는 학원의 매뉴얼과 시스템은 가장 기본적이며, 비용이 들지 않는 시스템만을 소개했다. 필자도 학원을 운영하면서 이 시스템을 이용하여 많은 비용을 절감했고, 학원에 잘 맞는 특징적인 시스템을 구현하여 학원의 운영에 많은 도움이 된 것들이다.

학원 활용도가 높은
디지털 학습 콘텐츠 리스트

• • •

요즘 디지털 학습 콘텐츠가 다양하게 쏟아져 나오고 있다. 태블릿을 통한 디지털 학습은 유·초등에서는 많이 보편화된 것이 현실이다. 교육 기업에서 제공하는 동영상 강의를 듣고 학습하는 형태나, 동영상을 보조 학습 도구로 활용하는 학원도 늘고 있는 추세이다. 뿐만 아니라 과목별로 학습의 흥미를 유발하거나 반복 학습을 도와주는 어플도 다양하게 출시되어 학원에서 이를 잘 활용한다면 학습 효과 및 학습 관리 측면에서도 효율적이다.

디지털 콘텐츠를 활용하는 방법도 다양하다. 본 수업에 활용하거나, 수업 전과 후에 활용하는 방법, 과제로 제공하는 방법 등으로 다양하게 활용할 수 있다.

시중에 과목별로 다양한 콘텐츠들이 쏟아져 나오고 있고, 유료로 제공하는 것도 있지만 무료로 활용할 수 있는 콘텐츠들도 있다. 각기 콘텐츠마다 가지고 있는 특징과 장단점이 있으므로 잘 살펴보아야 한다. 콘텐츠가 좋다고 해서 우리 학원에 무조건 효과가 있는 것이 아니다. 특히나 요즘은 학생별 맞춤 학습을 중시하고 있기 때문에 학원에서 활용하는 목적에 맞는 것을 큐레이션 하는 것이 중요하다.

아래에 제시하는 과목별 콘텐츠와 앱들은 학원에서 활용도가 높은 콘텐츠를 엄선하여 정리한 것이다. 자세한 내용을 알고 싶다면 큐알 코드를 제공하니 함께 살펴보기를 추천한다.

수학

콘텐츠	특징	큐알 코드
일일수학	1. 학년별 진도에 맞춘 연산문제지를 무료로 사용 가능 2. 문제지와 답안지 출력 가능 3. 시험지에서 정답지로 이동하는 큐알 코드 제공	
수학비서	1. 무료 2. 출처 필터까지 제공하는 문제은행 3. 한글 파일로 제공하는 문제은행 4. 모든 문제의 유사문항을 제공하는 문제은행	
한눈에 보는 수학연대기	1. Math Think Tank 2. 수와 연산, 기하, 실생활 응용 등 여러 요소를 포함한 퍼즐을 통해 사고력 기르기 및 문제해결 사고의 다양성을 기르는 수업 제공 3. 고교학점제, 문이과통합은 물론 변화하는 어떠한 입시도 준비할 수 있는 연계프로그램 제공	

EBS인공 지능 DANCHOO	1. AI가 문제풀이 결과를 실시간으로 반영하여 학습자 수준에 적합한 문제 추천 2. 학습 이력 데이터(영역/과목 등급, 단추 문제풀이 성적, 강좌 수강 이력) 기반 매칭률 분석을 통한 강좌 추천 3. 문제 검색 이력의 히스토리화로 재학습이 필요한 문제 간편 조회 기능 4. 비로그인(비회원) 학습자의 학습 수준 자가진단 지원을 위한 샘플 문제 추천	
매쓰프로	1. 매일 준비해야 하는 수업자료 제공 2. 원생 모집 관련 트렌디한 상담자료 제공 3. 내신대비 콘텐츠 제공 4. 반복적으로 틀리는 취약 유형 제공	
매쓰플랫	1. 개인화된 학습 데이터 분석: 학생들의 학습 데이터를 분석하여 개인별 약점을 신속하게 파악하고, 맞춤화된 문제 제공 2. 학부모와의 소통 강화: '매쓰플랫 성적표' 기능을 통해 학생들의 성취도 수준을 학부모에게 제공 3. 다양한 문제 제공: 다양한 유형의 수학 문제를 보유하고 있으며, 학생의 수준과 필요에 맞는 문제를 선별하여 제공 4. 사용자 친화적 인터페이스: 직관적이고 사용자 친화적인 인터페이스를 제공하여, 학생들과 학부모 모두가 편리하게 사용 가능	

영어

콘텐츠	특징	큐알 코드
암기고래	1. 무료 이용 가능 2. 다국어 지원: 영어, 스페인어, 일본어 등 8개 국어의 단어를 학습 가능 3. 사용자 맞춤형 단어장 생성: 사용자가 직접 단어장을 만들어 학습 가능 4. 학습 진도 관리: 개인의 학습 진도 관리 가능. 앱을 나갔다가 다시 들어와도 이전 학습 내용을 유지할 수 있어 편리	
몽키영어	1. 11단계 리딩 마스터 프로그램으로 초등학교 고학년부터 수업 가능 2. 4가지 유형으로 분류하여 취약 유형 분석 및 집중 학습 가능 3. 자동 채점, 자동 분석으로 잡무를 획기적으로 줄임 4. 개별 문항 별 해설 강의가 있어서 자기주도 학습 및 개별 클리닉 가능 5. 쳇GPT를 활용한 수업 전용 화면으로 수업 준비 시간을 획기적으로 줄임 6. 6단계 시스템으로 리딩을 체계적으로 훈련 시킬 수 있음	
미티영	1. 다양한 콘텐츠 제공: 다양한 주제의 영상 콘텐츠를 제공하여 관심 분야의 영어회화 학습 가능 2. 정기적인 콘텐츠 업데이트: 매주 금요일마다 새로운 콘텐츠를 업데이트 3. 자막 기능 활용: 영상에 한국어 및 영어 자막을 제공하여 사용자가 편리하게 영어회화 학습 기회 제공 4. 학습 진도 관리: 시청한 영상 기록을 저장하여 다음에 이어서 학습할 수 있도록 지원	
에이드영어	스마트 하이브리드 케어시스템으로, 예습부터 학원수업과 첨삭 코칭 그리고 복습까지 모든 것이 한 번에 관리되는 통합솔루션	

국어

콘텐츠	특징	큐알 코드
오르비	상위권 수험생들을 위한 인터넷 강의, 수험서, 입시정보, 커뮤니티 서비스 제공	
국풍온	1. 온라인으로 강의와 관리시스템 제공. 전문강사 없이 학생관리만으로도 국어학원 운영 가능 2. 학습관리프로그램과 스마트러닝시스템 제공 3. 개념과 문제풀이 인강, 온라인 오답노트, 무제한 학습콘텐츠, 약점 보완문제 제공	
국어하다	1. 어휘력과 문해력을 매일 10분 학습으로 향상시켜주는 국어학습 플랫폼 2. 문해력을 키울 때 텍스트의 논리적 모순을 찾아내는 훈련제공 3. 설명문, 논설문, 수필 등 다양한 장르의 글이 실려 있어서 문해력 향상에 큰 도움이 됨 4. 본문 학습 전에 나오는 주요 어휘를 반드시 숙지하는 어휘학습 제공	
토핑	1. 독서부터 학습까지 관리해주는 온라인 통합독서 콘텐츠 2. KBS선정도서, 워크북, 동영상 학습 제공 3. 학생기자 활동 기회 제공	

퀴즈 제작 어플

콘텐츠	특징	큐알 코드
kahoot	1. 재미있는 학습 경험: 퀴즈게임 형식의 학습으로 재미와 흥미 제공 2. 손쉬운 활용성: 구글 계정만 있으면 손쉽게 퀴즈를 만들고 활용할 수 있고, 기존에 만들어진 퀴즈를 가져와서 사용할 수도 있음 3. 개별 및 팀플레이 지원: 개별 학습뿐만 아니라 팀 단위로 퀴즈를 풀 수 있는 옵션을 제공하며, 이를 통해 협력 학습을 촉진	
Fyrebox	1. 손쉬운 퀴즈 제작: 프로그래밍 지식 없이도 누구나 쉽게 퀴즈를 만들 수 있도록 설계 2. 다양한 활용 분야: 웹사이트, 랜딩 페이지, 소셜 미디어 등 다양한 플랫폼에서 퀴즈를 공유 가능 3. 실시간 통계 및 보고서 제공: 참여자의 답변을 실시간으로 확인할 수 있으며, 엑셀 파일로 내보내기 기능을 제공	
Interacty	1. 다양한 인터랙티브 콘텐츠 제작: 퀴즈, 메모리 게임, 매칭 게임, 퍼즐, 대화형 이미지, 플립 카드, 타임라인 등 다양한 형태의 인터랙티브 콘텐츠를 제작 2. 사용자 친화적인 생성 도구: 교사와 학생 모두 직관적인 인터페이스를 통해 콘텐츠를 생성 3. 실시간 통계 및 보고서 기능: 참여자의 답변을 실시간으로 확인할 수 있으며, 엑셀 파일로 내보내기 기능을 제공	

유형별 학생/학부모 상담 및 코칭 전략

• • •

코칭이란 대체 무엇일까? 코칭을 통해 어떠한 기대효과를 누릴 수 있을까? 코칭을 제대로 적용하는 방법은 존재하는가? 그렇다면, 코칭의 정의는 대체 무엇일까? 코칭을 네이버에서 검색하면 "개인이 지닌 능력을 최대한 발휘하여 목표를 이룰 수 있도록 돕는 일"이라고 정의하고 있다.

코칭학의 관점에서는 코칭이란 "학업역량 인지능력은 끊임없는 자극 활동을 통해 과정과 결과를 도출해 내는 자각 활동"이며, "이때 발생하는 시행착오를 재진단 후 재분석과 재관찰 그리고 재점검과 재수정·변경을 반복하여 목표로 하는 그 지점까지 도달해나아가는 과정"이라고 정의할 수 있다. 결국, 코칭이란 '아이들 개개인의 변화를 구체화하여 자신감을 향상시키는 것이 핵심'이다.

- 자신감과 자존감을 키우는 것
- 그 힘을 토대로 목표 있는 내가 되는 것
- 그 목표를 위해 힘껏 달려나가는 것
- 그 과정에서 적당히 시행착오를 겪고 극복하는 것
- 이 과정에서 옳고 그름을 판단해내는 것
- 그러고는 달려나가는 총량을 서서히 늘려가는 것
- 이를 통해 자연스레 학업역량이 향상되는 것

코칭은 티칭과 컨설팅을 포함한다. 코칭이 무엇인가를 일방적으로 알려주는 행위를 일컫지 않는다. 같은 이야기를 아이들이나 어른들에게 동일하게 전달되도록 적정 수준의 자극을 주는 과정이다. 또한, 협의된 목표를 위해 유사한 수준의 꿈틀거림이 주도적으로 나타날 수 있도록 하는 과정이며, 결과를 수치로 증명해야 하는 과정이기도 하다.

코칭을 '듣고 공감하는 것이 최고의 코칭'이라 규정지어서는 안 된다. 또한 그저 티칭 학습모형과 공부 지도만이 코칭의 영역이라 말해서도 안 된다. 물론, 학습 코칭도 코칭 영역이지만, 이 외에도 루틴 관리, 시간 관리, 멘탈 관리 등의 영역도 포함하며, 진학과 전공 선택 등의 입시컨설팅 영역까지도 코칭 영역이라고 할 수 있다.

이렇듯 코칭은 어느 누군가의 삶 이곳저곳을 파고들고 관여하는 행위이다. 그러나 이때 유형 진단과 분석을 통한 근거제시와 대응방안이 뒤따르지 않으면, 교육전문가가 아닌 그저 좋은 사람이나 어른 정도로만 치부될 수 있다.

코칭학적 관점에서의 유형 구분

무엇보다 중요한 것은, 코칭을 공부하면 유형·적성영역을 이해하게 되어 학생들의 진로, 진학, 문해력, 자기주도력, 맞춤 공부법, 관계의 이질감, 사춘기 시그널, 멘탈관리 및 학부모 맞춤 상담 관리법 등 유형별로 컨트롤할 수 있다는 것이다.

요즘 MBTI가 MZ 세대 사이에 널리 퍼져있어 본인이 어떤 유형인지 스스로 인지하고 있기에, 변화를 기꺼이 맞이할 수 있는 자세와 태도가 준비되어 있다고 본다. 무엇이 장점이고, 또 어느 부분이 약점인지 인지하고 있기 때문에 현장에서 아이들을 코칭하는 것이 수월하다. 뿐만 아니라 코칭 언어를 자연스럽게 사용할 수 있어 교감이 확장되는 것 또한 사실이다.

어쨌든 아이들 개개인의 유형별 특징과 문제의 지점을 정확하게 진단·분석하지 않는다면, 그들을 설득하거나 이해시키는 것은 결코 쉬운 일이 아니다.

- 이 아이의 유형은 파악했는가?
- 이 아이의 유형 파악 후 적성영역은 이해했는가?
- 그렇다면, 우선 어떤 미션이 주어져야 하는가?
- 해당 미션 제시 후 어떤 부분부터 리터치하고 점검해야 하는가?
- 이 아이와 어느 정도의 강약으로 소통해야 하는가?
- 목표는 어떻게 협의해야 하는가?
- 목표달성을 위한 문해력과 자기주도력의 수준은 어디부터 터치해야 하는가?

- 목표달성을 위한 문해력과 자기주도력의 수준은 어디까지여야 하는가?
- 목표달성을 위한 문해력과 자기주도력의 수준은 어떻게 끌어올려야 하는가?
- 목표달성에 따른 스케줄과 시간관리, 즉 루틴관리는 어떻게 설계해야 하는가?
- 목표달성에 따른 학습관리의 수준과 강도는 어느 정도여야 하는가?

위 내용과 관련하여 4가지의 기본유형 영역별 특징과 재능을 이해하는 시간을 충분히 가져볼 것을 권한다. 4가지의 기본유형은 총 288개의 세분화된 유형영역으로 확장하는데, 이 부분은 아래 〈학생용 & 학부모용 코칭 진단지〉 작성 후 상세설명을 하고자 한다.

다음 자료는 Sixth-Sense Coaching TEST이다.

학생과 학부모를 대상으로 작성하게 하고 유형별 상담을 진행하면 되는데, 각 유형별 특성을 안내하고 있으니 참고하여 진행하면 된다. 자세한 코칭이 필요하면 별도로 교육을 받아야 한다.

Sixth-Sense Coaching TEST

휴대폰	
이 름	

1	A	많은 친구와 함께 있는 것이 좋다
	B	혼자 있는 것이 좋다
2	A	새로운 것을 빨리 배우고 석능하는 편이나
	B	익숙해지기까지 시간이 필요한 편이다
3	A	공부할 때 그날 하고 싶은 것 위주로 먼저 하는 편이다
	B	미리 공부 계획에 따라 공부하는 편이다
4	A	친구들에게 내 의견을 먼저 제시하는 편이다
	B	다른 친구들의 의견을 묻고 듣는 편이다
5	A	급할 때 아이디어가 잘 떠오른다
	B	시간이 넉넉할 때 아이디어가 더 잘 떠오른다
6	A	궁금한 것이 있을 때, 먼저 묻는 편이다
	B	궁금한 것이 있어도, 참고 기다리는 편이다
7	A	명령적인 편이다
	B	순응적인 편이다
8	A	사교적인 편이다
	B	신중한 편이다
9	A	말하는 것이 편하다
	B	듣는 것이 편하다
10	A	나서서 주목 받는 것이 좋다
	B	나서는 것보다, 지켜보는 것이 좋다
11	A	실수를 겁내지 않고, 용감하게 도전하는 편이다
	B	실수를 하지 않으려고 좀 더 참고 노력하는 편이다

1	E	정확한 것이 좋다
	F	친절한 것이 좋다
2	E	내가 하고 싶은 것을 주로 말하는 편이다
	F	다른 사람이 하고 싶은 것을 들어주는 편이다
3	E	논리적인 근거가 있어야 의사결정을 하는 편이다
	F	그때그때 상황을 봐서 의사결정을 하는 편이다
4	E	나의 주장을 통해 문제를 해결한다
	F	다른 사람들의 의견을 접한 후 문제를 해결한다
5	E	필요한 말은 한다
	F	필요한 말도 한번쯤은 참는다
6	E	사실을 밝히려 한다
	F	좋게 생각하려 한다
7	E	급할수록 논리적이 된다
	F	급할수록 감정적이 된다
8	E	결과를 중시하는 편이다
	F	과정을 중시하는 편이다
9	E	이해가 되야 행동한다
	F	느낌이 와야 행동한다
10	E	말과 행동이 빠른 편이다
	F	말과 행동이 느린 편이다
11	E	승부는 무조건 이겨야 한다
	F	승부는 이기는 것보다, 함께 즐기는 것이 중요하다

A	B
_____ 개	_____ 개

E	F
_____ 개	_____ 개

사춘기는 왔는가?	☐ 아직 안 왔다 ☐ 지금인 듯 하다 ☐ 이미 왔다 갔다	**1개월 평균 독서량은?** (숙제로 읽은 책, 제외) _____ 권
좋아하는 교과목을 모두 체크해 주세요!!	☐ 국어 ☐ 영어 ☐ 수학 ☐ 과학 ☐ 사회 ☐ 역사 ☐ 도덕 ☐ 음악 ☐ 미술 ☐ 체육	**가장 인상 깊게 읽었던 책 제목은?** **취미는?**
좋아하는 선생님을 모두 체크해 주세요!!	☐ 학교 : ☐ 학원 :	**그 동안 있었던 모든 장래희망을 작성하시오!!** **결정된 직업은?**

선호하는 독서장르 (해당사항 모두 체크)
☐ 판타지 ☐ SF ☐ 추리 ☐ 역사 ☐ 디자인 관련 도서 ☐ 경영/경제 관련 도서 ☐ 정치 관련 도서
☐ 문학영역 (☐ 고전소설 ☐ 현대 창작소설 ☐ 시 ☐ 수필) ☐ 예술 (☐ 음악 ☐ 미술 ☐ 기타)
☐ 다큐 (감동 | 실화 | 픽션 | 논픽션) ☐ 로맨스&드라마 (사랑 | 연애) ☐ 인물 ☐ 만화 ☐ 웹툰
☐ 체육 관련 도서 ☐ 수학 관련 도서 ☐ 과학 관련 도서 ☐ 경제 관련 도서 ☐ 자기계발 관련 도서

Sixth-Sense Coaching TEST

휴대폰	
이 름	

1	A	여유가 생기면 활동적인 시간을 갖는다
	B	여유가 생기면 조용히 안정을 취한다
2	A	새로운 것을 빨리 배우고 적용한다
	B	변화에 익숙해지기까지 시간이 필요하다
3	A	일단 일을 시작하고 상황에 따라 대응할 때가 많다
	B	세부적인 대책을 세운 후 일을 시작해야 마음이 편하다
4	A	내 의견을 먼저 제시하는 편이다
	B	타인의 의견을 듣고 내 생각과 비교하는 편이다
5	A	급할 때 아이디어가 잘 떠오른다
	B	시간이 넉넉할 때 아이디어가 더 잘 떠오른다
6	A	궁금한 것이 있을 때, 먼저 묻는 편이다
	B	궁금한 것이 있어도, 먼저 묻기보다는 기다리는 편이다
7	A	주도적이며 도전적이다
	B	진지하고 세심한 편이다
8	A	사교적이며 감정표현을 잘한다
	B	생각이 깊고 신중하다
9	A	말을 하다 보면 새로운 생각이 떠오르고 결정이 쉬워진다
	B	신중하게 생각하고 결정한 후 말하는 것이 편하다
10	A	일 처리가 빠르고 순발력이 있는 편이다
	B	일 처리가 느리지만 꼼꼼한 편이다
11	A	겁이 없고 용감한 편이다
	B	실수를 하지 않으려고 노력하는 편이다

1	E	정확하고 공정한 것이 좋다
	F	다정다감하고 친절한 것이 좋다
2	E	나의 관점을 주장하는 편이다
	F	타인의 관점을 배려하는 편이다
3	E	이성과 논리적으로 의사결정을 한다
	F	감정과 감성적으로 의사결정을 하는 편이다
4	E	내 생각을 상대방에게 주장하는 편이다
	F	상대방의 생각을 듣고 그에 맞춰 대응하는 편이다
5	E	필요한 말은 한다
	.F	필요한 말도 한번쯤은 참는다
6	E	불합리한 결정에 대해, 따지는 편이다
	F	불합리한 결정이더라도, 좋게 생각하려 한다
7	E	(화가 날 때 또는 급할 때) 논리적으로 된다
	F	(화가 날 때 또는 급할 때) 감정적으로 된다
8	E	능력과 성과 중심으로 행동하는 것을 선호한다
	F	가치관과 사람 중심으로 행동하는 것을 선호한다
9	E	이해가 되야 행동한다
	F	느낌이 와야 행동한다
10	E	강한 의지와 실행속도가 빠른 사람을 선호한다
	F	따뜻한 마음을 가진 사람을 선호한다
11	E	승부욕이 강하다
	F	다정다감하다

A	B
_____ 개	_____ 개

E	F
_____ 개	_____ 개

> ➤ 부모 관점에서 바라본 우리 아이의 장점과 단점,
> 그리고 어떤 아이가 되었음 하는지를 자세하게 작성해 주세요 //

우리 아이의 **단점**	
우리 아이의 **장점**	
우리 아이, **이런 아이가** **되었으면** 합니다 //	

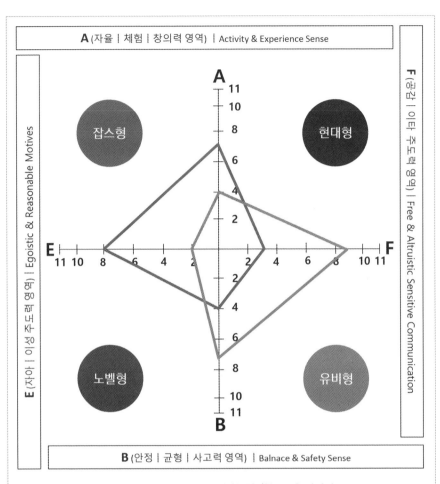

A(자율 | 체험 | 창의력 영역) | Activity & Experience Sense

E(자아 | 이성 주도력 영역) | Egoistic & Reasonable Motives

F(공감 | 이타 주도력 영역) | Free & Altruistic Sensitive Communication

잡스형

현대형

노벨형

유비형

B(안정 | 균형 | 사고력 영역) | Balnace & Safety Sense

□ 학업역량 종합 진단분석 식스센스 코칭진단지 학생용/학부모용 작성법

1. 학생용은 아이가, 학부모용은 부모 본인이 직접 자가평가한다.
2. A항과 B항으로 구성된 질문에서 둘 중 하나를 선택한다.
3. E항과 F항으로 구성된 질문에서 둘 중 하나를 선택한다.
4. ABEF 각 질문별 체크된 개수를 체크한다.
5. 총 22문항 外 별도 질문에 대한 해당내용을 자세하게 체크한다.
6. 체크 완료 후 그래프로 도식화 한다.

□ 진단결과 그래프 (예시)

〉 학생용 (ABEF) : 7, 4, 8, 3 (**노벨적 잡스형** | 잡스형 기반 노벨형으로 확장)
〉 학부모용 (ABEF) : 4, 7, 2, 9 (**현대적 유비형** | 유비형 기반 현대형으로 확장)

노벨형

노벨형은 이성과 논리영역이 발달한 유형으로, 정확성과 계획성 등 사실을 기반으로 한다. 보통 사실은 활자를 통한 정보영역을 의미하며, 따라서 독서력과 독해력, 어휘력을 강력하게 발휘한다. 정확한 것을 선호하므로 찾고, 관찰하고, 탐구하고, 연구하는, 즉 팩트 중심으로 정리하고 정립하는 능력인 사고력 영역이 자연스럽게 확장된다. 그러다 보니, 노벨형은 공부와 연구영역을 가장 쉽고 편하게 접하고 이행한다. 하지만 정확성과 속도감을 필요로 하는 순간에는 해당 정보가 다소 부족할 경우 대처능력이 미흡해 보일 수도 있다. 이것은 관찰력, 탐구력, 연구력 기반의 재능영역을 포함하고 있어서 완벽주의적인 성향을 보이기 때문이다. 사용하는 언어 또한 틀리지 않은 언어, 즉 정보와 사실 기반의 언어를 구사하기에 다소 냉소적으로 보일 가능성이 높다.

잡스형

잡스형은 체험과 경험 기반의 행위적 감성영역이 발달한 유형이다. 정확성보다는 체험, 경험 기반의 학습된 정보에 기인하며, 계획성보다는 즉흥적 판단과 결정, 이행능력을 보인다. 다소 감정 기복은 있으나 속도감 있는 리더십을 발휘한다. 언어적 표현력은 과정 중심보다는 결과 중심적인 빠른 언어를 구사한다. 본인을 인정해주는 주변 사람들의 언어를 칭찬과 응원과 지지로 받아들여, 곧바로 실행력으로 증명하는 창의적 능력이 발달되어 있다. 소위 게으른 천재형 또는 주도적 방관형 혹은 엄청난 집중력과 연구력을 보이는 다재다능한 영재형으로 보일 가능성이 높다. 잡스형은 듣고 싶은 것만 골라 듣고 이해하는 경향이 큰데, 이것은 필요성에 의해 좌우되는 학습화 현상으로 이해해야 한다. 그러다 보니 누군가의 말을 잘 안 듣고, 고집이 강해보이기도 하며, 관심사 밖의 이슈들에 대해서는 은근 귀찮아하는 유형으로 비춰질 가능성이 높다.

현대형

현대형은 대인관계 기반의 언어적 감성영역이 발달한 유형이며, 정확성보다는 언어적, 관계적, 상황적 흥미성 중심으로 인지하고 시도하는 경향이 크다. 그러다 보니 계획성과 집중력이 다소 부족하여, 소위 엉덩이 힘이 약한 유형으로 비춰진다. 반면에 대인관계와 언어능력, 긍정성이 발달되어 있어 성격이 좋아 보인다. 특히나 공감, 교감능력이 발달하여 자기주도력보다는 친구들 혹은 참여하고 있는 그룹 중심의 활동을 통해 에너지를 발산하는 유형이다. 또한, 언어능력 중 스피킹 영역은 발달하여 있지만, 독서력이 발휘 안 되는 취약점이 높은 유형이다. 어휘력 확장 시, 흥미 중심의 독서 장르부터 시작해서 토론으로 확장 후 논술과정으로 이어지는 체계적인 루틴이 만들어진다면, 어느 누구 못지않은 학습력을 발휘할 수 있다.

유비형

유비형은 심리적 안정감 기반의 인지적, 공감적 감성영역이 발달한 유형이다. 반복적인 경청과 행위를 통해 자신감을 얻고 이행하며, 살짝 말과 행동 모두가 느린 유형이다. 이 유형은 감성적이고 감정적인 성향이 보이는데, 속도감 있거나 임팩트 있는 강한 톤의 언어에는 다소 느리게 대처하고 대응하는 경향이 보인다. 이는 창의력 영역보다는 사고력 기반의 재능이 발달하여 나타나는 현상이다. 천천히 단계적으로 스텝을 밟아나가야만 자신감을 보이고 표현력이 향상된다는 것을 간과하면 안 된다.

참고로 위 4가지 유형 중 2가지의 유형이 같이 선명하게 보이는 경우가 있다. 예를 들자면 노벨형과 잡스형이 보인다면 '자기주도력 유형'으로, 현대형과 유비형이 보인다면 '그룹주도력 유형'으로, 잡스형과 현대형이 보인다면 '창의력 유형'으로, 노벨형과 유비형이 보인다면 '사고력 유형'으로 구분한다면 보다 정확한 유형 그룹을 이해할 수 있다.

또한, 위 4가지 유형 모두가 골고루 확장된 유형이 보이는 경우가 있는데, 이를 '다빈치형'으로 규정할 수 있다. 참고로, 코칭의 목표가 무엇이냐고 묻는다면 "다빈치형으로 꿈틀거리게끔 하는 것"이라 말할 수 있다.

- 유형별 달란트 확장성은 어떻게 발달되는가?
- 확장성이 멈춰 서 있는 경우에는 어떻게 코칭해야 하는가?
- 유형별 최적화된 소통법은 무엇인가?
- 유형별 최적화된 관리법은 무엇인가?
- 유형별 진로 결정법은 가능한가?

바로 이 고민이 우리 아이들의 맞춤 진로와 진학, 입시, 학습법 그리고 관리법 등 전공적합 여부를 좌우하며, 이는 학부모님들과의 맞춤 상담법을 좌우하는 핵심 부분이 된다.

유형별 학부모 상담 및 코칭법

상담과 코칭을 한다는 것은 아이가 대상이냐 학부모가 대상이냐에 따라 달라진다. 다음은 학부모에 초점을 맞춰 상담하고 코칭하는 기술이다.

노벨형 학부모 상담법

이성과 논리, 정확성과 계획성을 보유하고 있는 노벨형의 학부모들은 경험치에 의한 누적된 노하우 및 근거 없는 자신감과 확신의 언어를 신뢰하지 않는다. 통계 결과에 초점을 맞추는 것이 기본 신뢰의 근거이다. 따라서 진단 및 분석의 과정과 절차의 과정을 거쳐 근거를 제시하는 것이 핵심이다. 배려의 언어보다는 정확한 표현을 통해 계획적인 로드맵을 제시하는 상담 및 코칭이 중요하다. 이것이 교사와 학원의 퀄리티를 인정하는 핵심 포인트인 것이다.

- 노벨형 학부모 상담 유의점

노벨형 학부모에게 "이런 상황에서는 그럴 수도 있다", "이런 때에는 이런 것도 괜찮다" 등의 표현은 상황을 모면하려는 가능성을 은연중에 제시하는 모호한 표현이므로 철저하게 배제해야 한다. 노벨형 어른들은 제시와 상황이 이성적·논리적이라 판단했다면 선택하는데 주저함이 없다. 또 그 선택을 정확한 계획으로 표현해주면 믿음과 신뢰가 가는 학원이라고 느끼고 받아들이는 유형이다.

잡스형 학부모 상담법

잡스형 학부모는 체험과 경험 기반의 속도감 있는 판단능력과 표현능력 그리고 리더십을 보유하고 있다. 느릿느릿한 전개보다는 빠른 전개의 상담과 코칭, 즉 과정 중심보다는 결과 중심적 언어를 선호한다. 꼼꼼하게 데이터를 들여다보며 비교 분석보다는, 현재 이 아이의 장점과 문제점 그리고 개선점에 대해 직접적으로 표현하는 것이 효과적인 상담 및 코칭이다. 무엇보다 길지 않게 임팩트 있는 언어를 구사하는 것이 중요하다.

- 잡스형 학부모 상담 유의점

잡스형 학부모에게 유의해야 하는 것은 부모 탓, 환경 탓하는 부정 언어의 나열이다. 물론 부모 탓이 50%이고, 환경 탓이 50%일 가능성이 높다. 그러나 그 탓만 하게 되면 상담 및 코칭이 아니라 부모 자신을 비난하는 것으로 인식하기 때문에 부정적인 영향을 미칠 우려가 있다.

현대형 학부모 상담법

긍정적 언어 능력을 보유하고 있는 현대형 학부모는 정확하고도 꼼꼼한 상담 및 코칭보다는 유쾌한 상담 및 코칭을 선호한다. 발전 가능성과 성장 잠재력에 대한 근거를 제시하고, 우리 아이가 그 목표에 도달하는 것을 긍정적으로 상상하는 유형이다. 물론 없는 이야기를 만들어내어 전개하라는 의미는 아니다. 상담과 코칭을 긍정적으로 받아들이는 성향이기 때문에 상담 및 코칭 전개 시 회원 유입이 가장 용이한 유형이다.

- 현대형 학부모 상담 유의점

현대형 학부모가 가장 신뢰를 느끼지 못하는 상담 및 코칭 언어는 무엇일까? 진지하고 속도감 낮은 언어로 전개되는 상담 및 코칭이다. 진지하다는 것은 팩트 중심의 언어일 가능성이 높기 때문에, 속도감이 저하되는 것은 당연한 현상이다. 따라서 뭔가 맞는 이야기 같지만 오히려 정확하고 선명하게 인식이 안 되어 순간 집중력이 떨어진다. 이로 인해 자연스럽게 신뢰도가 낮아지는 현상이 발생한다. 재미없으면 유익하지 않다고 인식하는 유형임을 기억해야 한다.

유비형 학부모 상담법

유비형 학부모는 감성적 인지와 공감, 심리적 안정감 중심의 착한 인성이 특징이다. 결과 중심의 강한 임팩트 있는 언어보다는 과정 중심의 순서와 절차에 입각한 단계적 언어를 선호하는데 어찌 보면 노벨형과 유사하게 느껴질 수는 있다. 확연하게 다른 것은 바로 팩트 중심이 아닌 사람 중심의 상담 및 코칭이 핵심이고, 철저하게 아이 중심으로 상담하고 코칭 하는 것이 관건이다.

- 유비형_학부모_상담 유의점

유비형은 단호하고도 강한 임팩트 있는 언어를 쉽게 받아들이지 못한다. 확신에 찬 자신감 있는 상담 및 코칭을 전개한다는 것은 코치자의 입장과 피코치자의 관점이 확연하게 다를 수밖에 없다는 것을 의미한다. 즉, 과정 중심으로 천천히 전개하여 이끌고 가더라도 결국 종착지는 여기까지다,라고 하는 긴긴 로드맵을 선호하고 신뢰한다. 유비형 학부모는 빠르게 아이가 변화할 수 있다는 것을 오히려 받아들이지 못한다.

학원 경영 부스터 3
이지은 원장 : 관리 시스템 구축과 콘텐츠 도입으로 성장한 스토리

> **"학원이 성장할 수 있었던 가장 큰 원동력은 학생 관리 시스템이었습니다."**

저는 원생 80명까지 1인 학원을 운영하다가 학원을 확장 오픈했습니다. 강사를 채용하여 운영하고 있지만, 인적관리가 너무 힘들다 보니 예전이 더 편했다는 생각도 듭니다.

▶ 시간표 커리큘럼

수강시간의 절반은 성장학습이라는 이름으로 자기주도 시스템을 넣었습니다. 문법과 독해는 레벨별 공통수업으로 진행하고, 듣기, 어휘는 수준별 학습을 진행했습니다. 학부모님들은 과외와 학원 중간 정도의 꼼꼼한 맞춤 관리에 만족도가 높았습니다. 한정된 시간 내에 많은 클래스를 소화하니, 수익에서 많은 도움이 되었습니다.

▶ 어학 프로그램 도입

내신 프로그램, 어휘 프로그램, 말하기 더빙 프로그램 등 좋은 프로그램은 다 사용해보고, 우리 학원에 맞는 프로그램을 골라서 사용했습니다. 내신점수가 부족한 학생들은 성장학습 시간에 추가로 30분 더 프로그램을 활용하여, 12개월 내내 내신 수업을 병행했습니다. 선생님이 꼭 옆에 붙어있지 않아도, 밀착관리가 되니 효과가 좋았습니다. 학생들 성적은 당연히 향상하고, 학부모님들은 학생의 부족한 부분을 채우기 위한 추가 수업을 더 해주니 만족도 역시 높았습니다.

▶ 보강시스템 구축

1인 원장으로서 보강할 시간은 없었습니다. 어린 새내기 강사 시절 처음 만났던 스승님께서 (나의 첫 원장님) "수업시간에 최선을 다해 지도했다면, 보강할 필요 없다. 그 정도로 온 에너지를 쏟아라."라는 임팩트 있는 가르침으로 무한 보강이란 단어를 별로 좋아하지 않습니다. 우리 학원 선생님들에게도 이 가르침을 전달하고 교육하고 있습니다. 보강은 레벨 수준에서 조금 벗어나 강사의 도움이 필요한 학생들에 한해서 진행했습니다.

모든 수업은 녹화를 진행합니다. 답지 부르는 부분부터 농담하는 부분까지 모든 걸 녹화합니다. 결석생은 녹화본으로 수업을 받습니다. 학생들이 녹화본 시청하다 건너뛰는 것을 방지하기 위해, 암호 미션도 중간중간 촬영해 놓습니다. 아이들은 엄청난 집중력으로 모든 수업을 똑같이 수행합니다. 그리고 수행 결과표를 저에게 작성해서 보내주면, 그 결과 그대로 일일 알림장을 발송합니다. 수업시간과 똑같은 보강 러닝타임, 꼼꼼한 일일 알림장에 학부모님들은 감동합니다.

▶ 모든 강의 촬영

저의 제일 큰 재산은 정규수업, 특강수업, 내신수업 등 모든 수업의 녹화본입니다. 레벨테스트에서 다른 영역의 점수는 너무 좋은데, 문법 점수만 낮은 학생도 저는 정규반에 과감하게 등록시킵니다. 그리고 학생에게 딱 맞는 문법책을 하나 선정하여, 보강수업 진행합니다. 기존의 녹화본을 활용하여 무료로 진행하며, 제가 특별히 터치하는 것은 없습니다. 모든 필기와 풀이 내용을 촬영한 영상을 시청하면, 학생은 성장하여 있습니다. 이런 시스템 덕분에, 평촌 학원가에서 많은 고등학교 내신을 소화할 수 있었습니다.

▶ 관리 시스템 활용

시스템에서 가장 많이 사용한 부분은 출결 부분과 학생들의 유동성 파악, 상담 관리였습니다. 출결 부분에서는 학생들의 등원, 하원, 결석은 물론 보강 문제를 전체적으로 개선할 수 있었습니다. 독서 학원의 특성상 시간표가 있다 해도 약간의 오차가 발생할 수 있는데, 정확한 시간이 기록되기 때문에 학부모와의 마찰 없이 정확한 수업 시수 안내가 가능했습니다. 또, 학생들이 언제 입회가 많은지 그리고 변동이 많은지를 그래프로 파악할 수 있어 학원의 보릿고개 같은 10월을 현명하게 보낼 수 있었습니다. 또 방학특강 때 어느 정도 유입되고, 유출되는지도 숫자로 체크되어 학원의 1년 목표를 설정할 수 있었습니다.

학원이 성장할 수 있었던 가장 큰 원동력은 학생 관리 시스템이었습니다. 학생들이 많아질수록 시스템을 사용하니 학생들의 관련 통계가 바로 업데이트되었고, 자료를 다른 선생님들과도 쉽게 공유할 수 있었습니다. 학생들의 장단점을 알고, 취약한 부분을 보강할 수 있었고, 각 가정에서 일어난 대소사도 공유할 수 있어, 학부모와 학생들과 신뢰가 형성되어 장기 재원도 가능하게 되었습니다.

▶ 콘텐츠 도입

일반적으로 수업할 때 독서논술학원의 경우 학부모에게 피드백을 줄 수 있는 것이 글쓰기와 첨삭을 보내는 것이 전부였습니다. 그런데 콘텐츠를 도입하니 아이들의 독서를 조금 더 체계적으로 지도할 수 있게 되었습니다. 진단 테스트를 통해 학생이 어느 정도의 독서력을 가졌는지 체크할 수 있었습니다. 그 진단을 기본으로 아이들에게 영역별, 분야별로 도서를 선정해줄 수 있었고, 부족한 부분은 테라피라는 코스로 보충할 수 있었습니다. 첨삭의 경우도 개인의 편향된 관점으로 할 수 있는데, 본사 첨삭을 부가해서 사용하니 보다 객관적인 요소가 가미되어 다양한 부분에서 학생의 글을 바라볼 수 있게 되었습니다.

▶ 휴, 퇴원생 관리 노하우

신규 학생만큼 중요한 것이 휴원생, 퇴원생 관리라고 생각합니다. 학원을 그만두는 경우에는 미리 결심이 서서 연락을 주는 만큼, 잡으려는 시도는 크게 영향을 미치지 않는다는 것을 깨달았습니다. 다시 다닌다고 해도 몇 달 안 돼서 그만두는 경우가 빈번하기 때문입니다.

하지만 휴, 퇴원생을 잘 보내주는 것이 학원 입장에서는 중요합니다. 많이 성장해서 떠나는 경우에는 비슷한 아이들을 다시 보내주는 경우도 있고, 학원에서 충족하지 못해 떠나는 아이를 통해서는 우리 학원의 문제점을 파악할 수 있기 때문입니다. 퇴원생의 경우에는 학부모와 꼭 연락을 취해 안부 인사라도 남기려고 했고, 우리 학원이 아닌 다른 학원에 가서도 꼭 연계해서 할 수 있도록 당부를 드렸습니다.

환불은 학원 환불 규정이 따로 있어 문제가 되지는 않았습니다. 입회 시 학원에서 발생할 수 있는 보강, 환불 건에 대해 충분히 숙지할 수 있도록 하였고, 장기 재원생들의 부모님들은 저와 친목이 있는 만큼 조금 손해를 보더라도 최대한 배려했습니다.

저는 방과후학교 선생님, 공부방, 교습소를 운영하며 크게 클레임이 있었던 적이 없습니다. 문제가 될 만한 소지를 가진 것은 미리 예방하고 자 노력했고, 그럼에도 발생한 문제에 대해서는 해명을 하기보다는 사과를 먼저 했습니다. 그분들이 듣고자 하는 말은 진심이 담긴 말입니다. 학원도 서비스업이라고 생각합니다. 사람과 사람의 소통에는 진심이 늘 통합니다. 그래서 저는 진상 학부모는 없다고 생각합니다. 결국 그들도 저와 같은 사람이고, 막상 소통해보면 그분들의 말도 항상 이해가 되기 때문입니다.

▶ 조교 선생님 적극 활용

어린 조교 선생님들은 손도 빠르고, 센스도 너무 좋습니다. 조교 선생님들도 학창시절에 저와 함께 공부했기에, 제 말투나 스타일을 너무 잘 압니다. 학생 특이사항, 상담사항, 동기부여 편지, PPT 자료 만들기 등 조교 선생님이 1차 작업 진행하고, 2차로 제가 최종 수정합니다. 많은 학생에게 따뜻한 동기부여 메시지와 질 좋은 자료를 배부할 수 있습니다.

"학원이 성장할 수 있었던 가장 큰 원동력은
학생 관리 시스템이었습니다.
학생들이 많아질수록 시스템을 사용하니
학생들의 관련 통계가 바로 업데이트되었고,
자료를 다른 선생님들과도 쉽게
공유할 수 있었습니다."

Part 3

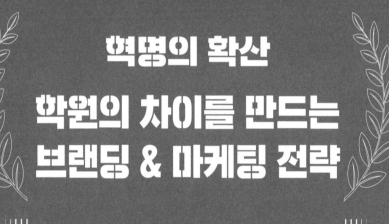

혁명의 확산

학원의 차이를 만드는
브랜딩 & 마케팅 전략

**1인 학원
성공 경영
부스터**

학원이 브랜드가 되어야 하고 브랜딩을 해야만 하는 이유는 아무리 좋은 교육자가 훌륭한 교육프로그램을 갖추고 있다 해도, 선택되지 않으면 무용지물이기 때문이다. 소비자들에게 기억되고 인지되고 선택되기 위해서는 브랜딩을 해야 하고, 학원사업을 지속적으로 영위해나가기 위해서도 브랜딩을 해야만 한다.

어떤 학원인지를
한 줄로 표현하라

• • •

잘 되는 학원 따로 있다

잘 되는 학원에는 여러 가지 안전장치 및 기술요소들이 있는데, 그 중 3가지만 추려보고자 한다.

첫째, 마음을 여는 기술이다. 잘 되는 학원은 누가 찾아온들 따뜻한 차 또는 시원한 차를 물어보고 대접한다. 굳이 차가 아니라도 상관없다. 여기서 키워드는, '물어보고'이다. 가장 기본인 손님 대접에 소홀하지 않는 마음가짐, 자세, 태도가 잘 되는 학원의 첫 번째 노하우이다.

둘째, 생각을 여는 기술이다. 잘 되는 학원은 누가 찾아와도 궁금해하며 질문을 많이 한다. 질문에는 긍정적인 질문과 부정적인 질문이 있는데, 여기서 긍정적인 질문이란 '유추와 유도'가 들어 있는 질문을 말한다. 아이의 유형과 적성 그리고 진로와 진학에 대한 판단이 서도록 하는 유추와 유도형 질문이 많아야 듣는 사람의 생각이 자연스럽게 열린다. 생각이 열리면 그 생각의 옳고 그름도 자연스럽게 판단되어 학습 동기부여가 되는 기회를 만든다.

셋째, 행동을 여는 기술이다. 잘 되는 학원은 약속과 규칙을 강조한다. 약속과 규칙에 따른 이행 강령은 모두에게 공정한 기준과 잣대로 적용된다는 사실을 강조한다. 이때 그 규칙에 어긋나게 되면 강제 조항까지 있음을 알린다. 이것은 아이들이나 학부모 모두에게 책임감을 심어주는 도구가 되며, 그 기준에 합당한 이행력이 곧 실력으로 증명된다는 것을 인식시킨다.

우리 학원만의 약속과 규칙은 무엇인가? 이것을 정립하고, 실행하게 하는 것이 잘 되는 학원의 첫걸음이다.

안 되는 학원 따로 있다

안 되는 학원에도 뭔가 그만한 이유가 있다. 좀 더 정확하게 말하면 경영자의 운영 방식에 원인이 있다. 스스로 점검해보면서 개선해야 할 부분을 찾아보자.

첫째, 아는 것만 보고 보는 것만 행하는 경영자이다. 공부 잘하는 전형적인 모범생 스타일의 교육 경영자이다. 기준은 서 있으나 유연함이 부족하다. 새로움에 거부감을 갖고 외면하는 것이 문제가 된다. 그러다 보니 고객들의 요청과 요구에 소홀할 가능성이 높다.

둘째, 일당백의 자신감으로 가득 찬 창의적이고 도전적인 경영자이다. 해봐야 알고 느끼고 인지하는 성향으로, 신속하고 유연한 것은 장점이다. 하지만 시행착오의 횟수가 잦기 때문에 지구력과 지속성에서 문제가 생길 가능성이 높다.

셋째, 좋게 보이는 것을 수시로 적용하는 경영자이다. 긍정성이 강점이라 할 수 있지만, 교육철학이 흔들려서 정체성에 혼란이 올 수밖에 없다. 아이들이나 학부모들에게 수시로 변화와 변경에 대한 소통이 빈번해지다 보면 정작 교육 본질적 핵심을 놓칠 가능성이 높다.

결국, 안 되는 학원은 학원만의 교육철학이 제대로 정립되어 있지 않다. 그러다 보니 시행착오가 다양하고 많아질 수밖에 없다. 교육사업은 도전하며 채워나가는 사업이 아니라, 채워진 상태에서 증명해가는 사업이라는 것을 명심해야 한다.

잘 되는 학원의 핵심 키워드

책임과 사명

중고등 시절, 그 수많은 선생님 중 아직까지 연락하고 있는 선생님이 있는가? 얼마 전 강사 교육 중 강사들에게 "누군가에게 은사님으로 기억되고 싶으냐"는 질문을 했더니 모두들 그렇다고 답변을 한다. 그래서 "선생과 스승의 차이는 무엇인가"를 하나 더 질문했다. 대답이 없다.

세상의 모든 스승의 공통점은 단 하나, 바로 내게 '깊은 관심과 애정'을 주셨던 분이다. 이것은, 책임과 사명이 없으면 절대로 되지 않는다. 그렇다면 "당신은 지금 아이들에게 '깊은 관심과 애정'을 나눠주고 계십니까?"라고 또 질문했다. 모두들 조용했다. "이것이 바로 여러분들의 현실"이라고 직언했다.

책임과 사명이라는 단어는 쉬워 보이지만, 결코 쉽지 않은 단어이다. 세상 모든 교사가 '선생'은 될 수 있어도 '스승'이 될 수는 없다. 책임과 사명이라는 단어를 품고 있느냐 아니냐가 이런 차이를 만든다. 교육 진정성이란 바로 이런 것이다. 아이들을 바라보는 관점이 유연하지 않으면 아이들에게 결코 관심을 가질 수 없을 것이며, 그 관심이 부족하다면 애정 어린 관여를 할 수 없다.

브랜딩 서비스

식당에서 돈을 쓰고 기분 상했던 경험을 떠올려보자. 그때 왜 기분이 나빴는지, 그 상대방은 내게 꼭 그리했어야만 했는지를 떠올려보자.

- 식당이 더러워서 기분 나쁜 경우
- 식당 종업원이 불친절해서 기분 나쁜 경우
- 식당 음식 맛이 형편없어서 기분 나쁜 경우

이런 이유 말고도 다시는 그 식당을 찾지 않겠다고 생각한 경험을 한번 이상씩은 있을 것이다. 음식 자체의 맛의 질이 문제라면 이것은 경영자의 문제이고 본질적인 문제이다. 그러나 불친절함과 청결함의 문제라면 이것은 서비스의 문제다.

본질에는 문제가 없는데 서비스에 문제가 있다면 고객들은 과연 다시 찾을 것인가? 서비스에는 문제가 없는데 본질에 문제가 있다면 고객들은 다시 찾을 것인가? 이 2가지를 구분해야 한다. 본질에 문제가 있다면 고객들이 다시 찾을 가능성은 희박하다. 본질에 문제가 없다면 고객들은 다시 찾을 가능성은 높다. 본질은 문제가 없지만 서비스에 문제가 있다면 고객들은 고민할 것이다.

무엇보다 고객이 본질에 의심하지 않도록 해야 한다. 여기에 더하여 서비스에 감동받을 때 고객은 스스로가 중요 고객이 되어 줄 것이다. 여기에서 본질이 브랜드라면 서비스는 브랜딩이 되는 것이다.

브랜드의 정체성을 만드는 전략

어떤 학원인지를 한 줄로 표현하라

교육을 업(業)으로 삼고 있는, 교육자라 칭하는 우리에게는 책임과 사명이 존재해야 한다. 내 학원을 한 줄로 표현한다는 것은 책임과 사명을 어떤 문구, 문장, 캐치프레이즈로 표현하느냐를 말한다. 다시 말하면, 교육철학의 정립 없이는 어떤 교육을 추구하는지를 구체적으로 표현할 수 없다는 것이다. 참고로, 교육철학이라는 것은 "어떠한 대상을 어떻게 로드맵화하여 이끌어가고자 하는가"를 의미한다.

예시 1

기초학력이 부족한 아이들 대상으로 적정 수준까지의 향상을 도모하는 학원이라면 "문해력이 답이다 OOO학원", "개념부터 꽉 잡는 OOO학원", "말문이 트이는 OOO학원", "모르면 알 때까지 붙잡아놓는 OOO학원" 등 학원이 추구하고자 하는 교육철학을 통해 표적고객을 구체화하는 것이 핵심이다. 참고로, 기초학력이 부족한 아이들 대상의 학원이란 상대적으로 상위권 층의 아이들은 철저하게 배제해야 하는 것을 의미한다.

예시 2

특목고 진학을 목표로 하는 학생 대상의 학원이라면 "상위 1%의 목표, 1%의 학습, 1%의 관리 OOO학원", "최상위권 로드맵 OOO학원", "최소 3년 앞서가는 OOO학원" 등 그들이 필요로 하는 키워드를 사용하는 것이 핵심이다. 참고로, 최상위권 층을 타깃 고객으로 한다는 것은 중상위권과 상위권 층 아이 중 선명한 진로가 구체화되어 있는 학생으로 구성하는 것이 목표여야 한다. 하위권에게는 철저하게 진입 문턱을 높이는 것이 중요한 전략이다.

예시 3

입시학원이라면 교과전형, 종합전형, 논술전형, 정시전형 중 어떠한 대상층을 전문으로 운영하느냐에 따라 표현이 달라져야 한다. "재수없는 OOO학원", "Let's Go SKY OOO학원", "의치한수 전문클리닉 OOO학원", "생기부 집중케어 OOO학원" 등 내신 혹은 수능 대비가 전문인지, 생기부까지 관리하는지를 구체화하는 것이 핵심이다.

이유 있는 커리큘럼을 설계하라

교육철학을 정립하고 타깃 고객 대상층을 결정했다면, 이때부터는 '진단과 분석', '목표관리', '학습관리', '점검관리'에 대한 프로세스를 정립하고, 어떤 진단 도구를 활용하여 어떤 분석을 제공할 것인가를 결정해야 한다. 이후, 각각의 아이마다 목표지점을 구체화하여 단기 학습관리계획과 중장기 학습관리계획을 구분하고, 이를 구체화하는 로드맵을 확정하는 단계로 진입해야 한다. '성적 향상'을 목표로 운영하는 학원이 대부분 실수하고 시행착오를 겪게 되는 지점이 있다. 그것은 성적향상 이후부터 아이들 스스로가 목표 도달에 따른 자만심으로 인해 목표가 상실되면서 나타난다. 커리큘럼 로드맵 설계의 빈틈이 보이면 학원의 신뢰도 및 충성도가 낮아지게 된다.

그러므로, 우리 학원만의 특별한 커리큘럼 정립을 위해서는 타깃 학생별 학습관리의 진입과 책임지고자 하는 순간까지를 설계하는 것이 핵심이다. 이렇게 설계하고 확정해 놓아야만 중장기 고객으로 이어지고 확장되는 계기가 마련된다. 이유 있는 커리큘럼 운영은 도달해야 하는 목표점이 있다는 것을 학생이나 학부모가 스스로 인지한다는 것이고 학원에 다녀야 하는 이유를 제공한다.

소통에도 전략은 존재한다

입소문만큼 최고의 마케팅은 없을 것이지만, 입소문만큼 어려운 마케팅도 없을 것이다. 그렇다면 입소문은 어떻게 만들어질까? 이것은 아이들에 대한 관심이 학부모와 학생들에게 진심으로 진정성 있게 전달되고 있는가에 달려있다. 진심으로 아이들 한 명 한 명을 애정하지 않는다면 진정성은 결코 발휘가 안 될 것이고, 표현도 생각처럼 그리 나오지 않는다. 우리도 경험해서 알듯이 아이들이나 학부모도 즉각적으로 느낀다.

아이들의 상태와 상황을 학부모와 소통한다면 어떻게 교감을 나누는 것이 좋을까?

주로 전화나 안내문 같은 음성과 활자로 소통하는 것이 대부분이니 나누어서 생각해보자. 음성 소통은 '어떤 주기로 할 것인가 아니면 수시로 할 것인가'를 정하면 된다. 활자의 경우에는 문자로 할 것인가? 아니면 커뮤니티를 활용할 것인가? 를 결정 후 개인별 전달사항과 단체별 전달사항 등을 구분한다. 전달사항을 사전에 확정 후 미리 아이들과 학부모들에게 전달해 놓아야 한다.

갑자기 전달되는 내용은 불안감을 조성하기도 하며 집중도가 떨어진다. 불규칙한 전달로 인해 불안정한 상태로 수신되는 것을 사전에 방지하기 위해서는 음성이든 활자든 전달하는 시간 역시 사전에 정해놓아야 한다.

또한, 정기적인 세미나 및 간담회 등 오프라인에서의 접촉은 신학기 전과 방학 전 그리고 학기별 중간고사 후 등 연간 2~6회 정도가 적절하다. 이때 정확하게 구분해야 하는 것은 '재원생들을 위한 것인지 비재원생을 위한 것인지'를 결정하는 것이다. '섞어서 제맛을 낼수 있을 것'이라는 상상은 철저하게 금지해야 한다.

빅마우스 효과를 도출하는 가장 좋은 방법은 소통과 교감 대상자의 선별이다. 이성과 논리가 앞서고, 감수성 깊고, 조용하고, 활동력 많지 않은 노벨형과 유비형의 학부모가 빅마우스일 가능성은 거의 없다. 그러므로 이성보다는 감성, 논리보다는 활동성(활동력은 참여율로 판단하는 것이 좋다), 감수성보다는 관계성과 적극성, 조용한 분보다는 조금은 말이 앞서는 분들, 즉 잡스형과 현대형의 학부모가 이에 해당되므로, 이들과는 철저하게 문자보다는 전화나 대면 소통을 통해 교감을 나눌 것을 추천한다

마케팅 7의 법칙을 원칙적으로 이행하라

7가지의 프로그램 또는 전달사항을 7가지의 형태와 7일 간격 그리고 7회 정도의 반복적 노출을 하는 것을 '마케팅 7의 법칙'이라고 한다.

7가지의 프로그램 또는 전달사항이라고 한다면 위에서도 언급한 것처럼 캐치프레이즈, 타깃 고객별 커리큘럼, 대상별 세미나 및 간담회를 홍보의 핵심주제로 두고 어느 공간에 노출할 것인가부터 고민해 본다면 생각만큼 어렵지 않다. 어떤 공간에 현수막, 전단지를 노출할 것인가를 결정하고, 오프라인뿐만 아니라 온라인 공간에 모두 노출하는 것을 생각한다면, 마케팅 7법칙을 만드는 것은 쉽고 단순하다.

효과와 효율의 법칙

효과라 한다면 고객만족을 의미하며, 효율이라 한다면 쌍방만족을 의미한다. 고객만족은, 고객의 편의와 감동 등 재방문율과 재등록률을 목표로, 어떠한 내용과 방법으로 채울 때 가장 만족하는가와 어떻게 전달할 때 가장 만족하느냐로 판가름이 난다. 궁극적으로는 비용 대비와 시간 대비 그리고 인적배치 대비 등을 고려하여 쌍방만족인

효율성을 논하는 것이 목표가 되어야 한다.

효율성을 확인할 수 있는 방법은 무엇일까? 유추와 추론이 아닌 직접적인 통계가 필요하다. 마케팅 7의 법칙을 최소한 3회 이상의 반복을 통해 통곗값이 도출되어야 그때부터 효율적인 노출 관리, 홍보 관리, 마케팅 관리라고 할 수 있다.

신도시라면 온라인 노출을 선호하고 구도시라면 오프라인 노출을 선호하는 경향이 있다. 이렇게 지역별로 환경과 요소가 다르기 때문에 온라인 노출이 더 효율적인지 오프라인 노출이 더 효율적인지를 확인하는 것은 쉬운 일이 아니다. 따라서 마케팅 후 결과 통계를 통해 그 효율을 유추하는 작업을 지속적으로 하여 효율성을 검증해야 한다.

브랜딩의 기본과
학원 맞춤 마케팅 프로세스

• • •

소수정예, 밀착관리, 우수한 강사진, 올케어 내신, 사고력과 문해력, 입시 성공 등은 ㅇㅇ학원이라고만 검색하면 나오는 수많은 전단지와 카드뉴스에 등장하는 홍보문구다. 학원 이름만 바꾸면 우리 학원에서 제작한 홍보물이라고 해도 무방할 정도로 핵심 키워드가 비슷하다. 문제는 소비자들의 입장이다. 아파트 게시판, 상가 내 게시판, SNS에서 접하게 되는 학원정보가 비슷해서 어떤 학원을 선택해야 할지 모른다. 왜 학원들은 다 같은 내용으로 홍보를 하고 있을까?

홍보물로 살펴보면 영어학원, 수학학원, 국어학원 모두 공통점이 있다. 판매하고 있는 상품을 내세웠다는 것이다. 학원은 교육서비스를 판매한다. 그래서 판매 중인 수업의 특징을 나열하여 얼마나 체계적인 수업을 하고 세심한 관리를 하는지 내세우는 것이다. 학원이 다른데 같은 내용이 나오는 이유는 간단하다. 가르치는 내용의 범위가 입시라는 틀 안에 있기에 한정적이고, 수업에 사용하는 학습 콘텐츠가 자체 제작이 아니라면 동일하기 때문이다. 게다가 수업을 제공하는 강사들의 풀 또한 정해져 있고, 강사 출신인 원장은 자신만의 노하우라고 착각해서 교수법을 특별하게 포장하기 때문이다.

이 세상에 새로운 건 없다. 아무리 창의적이라 해도 있는 것들의 변형이거나, 새롭다고 생각하지만 단지 내가 접해보지 못해서 새롭다고 여기게 되는 것일 뿐이다. 교육사업의 상품도 마찬가지다. 과목으로서 판매하고 있는 교육서비스가 특별히 새로울 수 없는 게 당연하고, 교육자 또한 본인이 겪어보지 못한 교육을 한다는 것은 어렵기에 비슷한 방식으로 수업을 제공할 수밖에 없다.

학원이 브랜드가 되어야 하고 브랜딩을 해야만 하는 이유는 이런 문제점들로부터 시작된다. 아무리 좋은 교육자가 훌륭한 교육프로그램을 갖추고 있다 해도, 선택되지 않으면 무용지물이다. 소비자들에게 기억되고 인지되고 선택되기 위해서는 브랜딩을 해야 하고, 학원사업을 지속적으로 영위해나가기 위해서도 브랜딩을 해야만 한다.

학원 브랜딩의 정의

사업을 할 때 필요한 능력 중 하나가 재정의하는 능력이다. 무엇이든 있는 그대로 혹은 별 생각 없이 받아들이고 사용하는 것보다 우리 상황에 맞게 재정의를 해보면 구체적으로 이해할 수 있다. 브랜딩도 단어만으로 유추할 수 있는 의미가 있기는 하지만, 무엇인지 알 것 같다가도 모호함으로 빠져들게 된다. 그래서 브랜딩을 학원사업에 맞게 재정의를 하는 것이 필요하다.

학원사업에 맞는 학원 브랜딩, 즉 학원의 정체성을 만드는 키워드는 '약속관리'라고 할 수 있다. 브랜딩을 말할 때 빼놓을 수 없는 게 소비자다. 우리 브랜드가 소비자에게 어떻게 인지되어야 할지에 대한 전략을 짜고 실행하는 게 브랜딩이라면, 브랜드 입장에서 각인시키고 싶은 이미지가 있다고 해도 그것을 어떻게 이해할 것인지는 소비자가 정한다. 학원에서 '브랜딩을 한다' 혹은 '약속관리를 한다'는 것은 원장이 학원의 대표로서 고객과 한 약속이 지켜지도록 구성원들과 소통하고 공유하여 주파수를 맞추겠다는 것을 의미한다. 내부 브랜딩으로 시작해 외부 브랜딩으로 이어지도록 하는 전략이다.

약속관리의 핵심은 원장의 자기다움인데, 자기다움이란 원장이 학원을 개원할 당시 어떤 마음가짐으로 시작했는지, 교육에 대한 철학이나 신념, 타협할 수 없는 가치 등을 의미한다. 1인 원장 학원이라 구성원이 없는데도 약속관리를 해야 하는지, 의문이 들 수도 있다. 학원 운영을 하면서 어려운 일 중 하나가 바로 원장인 내가 정한 원칙이나 룰을 제대로 지키는 것이다. 상황에 따라 유연하게 대처한다고 타협을 하게 되는데, 이런 경우가 늘어나면 고객이 경험한 우리 학원은 일관된 이미지로 인지되지 않는다. 구성원이 늘어나면 그에 따라 증가하는 이해관계 때문에 일관된 이미지를 인식시키기 어려운 것이고, 구성원이 없을 땐 원장이 자유롭게 의사결정을 할 수 있어 원칙을 지킨다는 게 어려운 것이다. 결론적으로 고객에게 도달하는 학원 브랜드의 이미지가 일관되지 않다. 이에 대한 해결책이 약속관리다.

학원장만의 고유한 특징을 내세운다면 아무리 같은 환경에서 살아온 비슷한 연령대와 성별의 사람이라 하더라도 같은 사람은 없기 때문에 그 자체로 다름을 보여줄 수 있다. 그래서 자기다움이 곧 차별화되는 다름이 되는 것이다.

학원 브랜딩 BASICS

스타벅스, 애플, 나이키 등의 브랜드 이름을 들으면 이미지와 더불어 떠오르는 로고나 색상이 있다. 스타벅스의 녹색, 애플의 한 입 베어먹은 사과 모양의 로고, 나이키의 스우시 (swoosh) 로고와 슬로건 Just do it이 그런 것이다. 브랜드가 소비자들에게 다가갈 때 필요한 최소한의 요소가 바로 이름과 로고, 색상과 서체다.

브랜딩을 위한 로고와 이름

브랜딩 효과를 보기 위해서는 로고 제작 시 기억되기 쉬운 디자인의 엠블럼과 서체를 선택해야 한다. 또 이미 제작한 로고를 활용할 때에도 유의해야 할 점이 있다.

로고는 브랜드를 식별하는 데 가장 시각적으로 영향을 많이 끼치는 요소라서, 사이즈를 조절할 때 비율을 유지해야만 한다. 가로세로 비율이 안 맞으면 본래의 이미지가 훼손되기 때문이다. 안내문이나 홍보물 제작 시 마지막에 로고를 삽입하면서 남은 여백에 맞게 로고 사이즈를 맞추는 것은 잘못이다. 로고의 비율을 유지하면서 사이즈를 조절하고, 로고 주위에 여백을 지켜주는 게 중요하다.

(O)   (X)

로고 비율 예시   로고 주위 여백 지키기

　로고 이미지가 훼손되지 않고 다양한 쓰임으로 활용되길 바란다면 기본 디자인을 응용하여 제작하는 것도 방법이다. 엠블럼만 사용하거나 엠블럼과 워드타입(브랜드명을 디자인 서체로 제작)을 사용한다면, 가로 버전과 세로 버전을 제작하면 활용도가 높다. 또한, 로고가 사용될 배경의 색에 따라 사용하도록, 흰 바탕에 사용할 색상의 로고와 어두운 바탕에 사용할 밝은 색상의 로고를 별도로 제작할 수 있다.

출처: WIXBlog (https://ko.wix.com/blog/post/types-of-logos)

브랜딩의 시작과 끝은 네이밍이다. 학원 이름은 보통 원장의 교육 철학이나 추구하는 교수법을 나타내거나 존경하는 역사적 인물, 또는 본인의 이름을 걸고 짓기도 한다. 이렇게 탄생한 '브랜드'를 지키고 유지하기 위한 브랜딩과 홍보를 혼동해서는 안 된다.

홍보는 말 그대로 '알리는 일'인데, 잠재 고객에게 노출을 시켜야 인지도가 쌓이는 것은 맞지만 브랜딩은 아니다. 이름은 노출시킬 수는 있지만 '어떤' 학원인지는 홍보물 하나로 이해하기 어렵다. 브랜딩이라고 하기 위해서는 홍보물의 시각적 이미지나 서체 스타일, 문체 등을 한 브랜드에서 내보내고 있다는 느낌이 들도록 일관되게 만들어야 한다.

좋은 예로 배달의 민족이 있다. 배달의 민족에서 쓰는 서체가 뭔지 모르는 사람도 글자 스타일과 내용을 보면 단번에 '배민'이라고 인식한다. 이상하게 현실적인데 센스있는 말장난 같은 카피와 서체의 일관된 사용이 소비자로 하여금 배민이라는 브랜드를 인지하도록 돕는다.

색상과 서체

브랜드를 대표하는 색상을 선정하는 것은 로고만큼이나 시각적으로 중요한 요소이다. 색상은 브랜드명과 콘셉트 또는 이미지를 잘 나타내는 색으로 선정해야 한다. 해당 색상이 의미하는 바를 별도로 정리해 두는 것도 중요하다. 기존 학원 대표 색상이 있지만 해당 색상의 의미가 없거나 모른다면 생성형 AI를 활용하는 방법도 있다. 대표 색상의 코드를 입력하고 해당 색상을 교육브랜드에 맞게 의미 정리를 생성형 AI에게 요청하면 된다.

색상을 활용할 때의 유의사항은 구성원들이 각각 디자인물을 제작할 때 학원 대표 색상의 색상 코드를 이용해야 한다는 것이다. 흰색이나 검정색을 제외하고는 코드를 이용해야만 정확히 같은 색상으로 구현이 된다. 예를 들어 같은 주황색이라도 색상 코드 ABABAB와 색상 코드 F6AD26는 비슷해 보이지만 미세하게 다르다. 임의로 비슷해 보이는 색상을 활용하면 소비자에게는 일관된 색으로 인지되지 않을 수 있어 같은 브랜드라는 생각을 하기 어렵게 만든다.

서체와 문체 일관되게 유지하기

일관된 서체를 사용하는 것은 브랜드의 이미지를 강화하고, 고객과의 연결을 개선하는 중요한 전략이기 때문이다. 학원에서 배부하는 소식지, 각종 안내문, 시험지, 결과지 등에서의 일관된 서체 사용은 같은 학원이라는 인식을 높이고, 브랜드에 대한 신뢰감을 구축하는 데 도움이 된다.

학원 현장에서 서체를 지정해서 동일한 서체를 사용하는 경우를 찾기 드물다. 미리캔버스나 캔바 등 템플릿에 설정되어 있는 서체를 그대로 사용하거나 직접 안내문 따위를 작성할 때에 주제나 분위기에 따라 다양하게 바꿔 사용하곤 한다.

하지만 이는 고객에게 같은 학원에서 받은 메시지라고 받아들이지 못하게 하는 요소이다. 그래서 학원 브랜드의 가치나 키워드를 잘 반영할 수 있는 서체를 지정해서 사용하는 것을 권하는데, 사용하기 전에 상업적 무료 이용이 가능한 서체인지 확인을 꼭 해야 한다.

서체는 크게 두 가지 스타일로 나뉜다. 세리프체라고 하는 명조계열과 산세리프체라고 하는 고딕계열의 스타일이다. 고딕계 서체는 주로 모던하거나 무난함, 가독성에 중점을 둘 때 사용을 하고, 명조계 서체는 비교적 딱딱하고 정교한 느낌을 주고자 할 때 사용을 한다.

간혹 화려하거나 예쁜 서체를 많은 학원에서 사용을 하는데, 포인트를 주기 위해 사용하기엔 적합하지만 글 전체에 적용하기엔 가독성이 떨어져서 권장하지 않는다.

마케팅 관점에서의 브랜딩

학원을 이미 운영하고 있다면 내가 판매하고 있는 수업이라는 교육서비스가 현재 시장에서 소비자들이 필요로 하는 상품인지 또 어떤 상품을 원하는지 파악하는 것도 마케팅이라고 할 수 있다. 평소 학부모와의 학원 소개나 입학상담을 통해 듣는 고객의 니즈에 맞게 커리큘럼을 설계한다거나 수정한다면 그 또한 마케팅이며, 수요가 많은 우리 학원의 기존 수업을 더 많은 소비자에게 알리고자 하는 홍보행위도 마케팅이다.

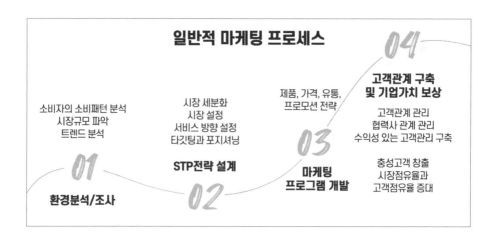

일반적인 마케팅 프로세스는 위와 같다. 마케팅이라고 했지만, 단계별로 해야 하는 일을 살펴보면 사업할 때 공급자가 팔고자 하는 것을 팔리게 하기 위한 일임을 확인할 수 있다. 학원에 대입해 보면 아래와 같다.

마케팅은 창업 단계에서만 하는 게 아니라는 점을 명심해야 한다. 마케팅은 개원 후 지속해서 운영하기 위해서도 항시 필요하다. 학교 수나 학생 수는 물론이고 강사 풀, 상권, 교육열과 수요도 등이 끊임없이 변하기 때문이다.

학원 마케팅이 어렵게 느껴지는 이유는 위 프로세스 중 3, 4단계에서 필요한 홍보와 광고, 학생 관리에 그치기 때문이다. 시장이 어떤지는 관심이 없고, 어떻게 해야 우리 수업을 팔 수 있을지, 우리 학원을 알릴 수 있을지에만 급급한 것이다.

홍보를 하고 광고를 해도 원생 모집이 안 된다면 1, 2단계로 돌아가야 한다. 수요도 조사를 해보니 개원할 당시 획기적이고 수요가 많았던 수업방식이나 프로그램이 더 이상 수요가 없다면, 우리는 판매하고 있는 상품을 보완하거나 변경해야 한다. 점점 학생들의 이해도가 낮아진다는 것을 알아차렸거나 실제로 성취율이 저조하다는 것을 확인했다면, 해당 시장 수준에 맞게 고객층을 타깃팅해야 하고 그에 맞는 수업을 구상해야 한다.

그럼 마케팅과 브랜딩은 어떤 관련이 있을까?

학원에서의 브랜딩은 '약속관리'라고 재정의를 했다. 우리 학원의 콘셉트, 이미지, 메시지가 꿈이라면, 꿈을 이루기 위한 약속을 하고 약속을 지키기 위해 하는 모든 일이 우리 학원의 브랜딩이다.

우리 학원은 꿈을 이루게 해준다는 메시지를 내보내더라도 이런 학원이라 실제로 인지가 되기까지는 고객의 경험이 전제되어야 한다. 경험하기 전까지는 말뿐이고, 가끔 떠오르는 광고의 문구 정도로밖에 여겨지지 않는다. 꿈을 이루어준다고 해서 수강등록을 했는데 수업을 경험해 보니 성과가 있고 학생의 로드맵에 맞게 진도를 설정해준다면 학원에서 내보냈던 메시지와 실체, 그리고 고객이 경험해서 얻은 인식 모두가 일치하게 되는 것이다. 수강등록 후 만족해서 다음 달에 재수강을 한다면 재구매가 이루어진 것이고, 약속관리를 한 덕분에 판매가 됐다고 할 수 있다. 그런 의미에서 브랜딩은 기존 고객들을 위한 마케팅이라고도 할 수 있겠다.

STEP 3

학원 마케팅에 대한
오해와 편견

• • •

많은 분이 마케팅이 어렵다고 한다. 왜 그럴까?

출근해서 퇴근하기 전까지 원장은 마케팅 모드로 전환된다. 마케팅 모드란, 내가 하는 말과 행동이 원장으로서 학원의 가치를 팔고자 하는 태도인 상태를 말한다. 평소의 나와 원장으로서의 나는 분명 다르다. 원장은 자신이 한 말이 학생과 학부모에게까지 어떻게 전달될지 예측이 되기 때문에 말을 조심해서 하고 학원이 돋보일 만한 이야기를 의도적으로 할 것이다. 어떤 말을 언제, 누구에게, 어떻게 하는지가 전부 학원에 득이 되고 실이 된다는 것을 알기 때문에 원장은 원장 모드로 전환하는 순간 마케팅을 하게 된다.

원장만 마케팅을 하고 있는가? 원장이 해야 하는 것은 분명하다. 학원을 운영하며 전체 그림이 보이는 것은 원장뿐이기 때문이다. 사업을 이어나가고 있다는 것은 우리의 교육서비스가 판매되도록 고객을 찾아 거래하고 있다는 것이다. 따라서 원장은 사업을 하며 마케팅을 안 할 수가 없다.

다만, 마케팅을 잘하고 못하고의 차이는 존재한다. 마케팅을 못한다는 것은 수요가 없는데 공급하고 있다거나, 고객이 없는 곳에서 판매행위를 하는 것을 말한다. 여러 대형 학원들 사이에서 경쟁할 자신이 없다고 학원가에서 벗어나 외진 곳에 생뚱맞게 개원하는 것도 마케팅을 못한 예가 된다. 고객이 없는 곳에 매장을 차린 격이다. 나만 잘하면 고객이 찾아올 거라는 희망을 갖고 개원했겠지만, 아쉽게도 학원은 카페나 맛집처럼 일회성으로 찾아갈 만한 이벤트가 될 수 없다.

마케팅을 이해하려면 무엇을 하는 게 마케팅인가를 생각하기보다, 무엇을 안 하거나 못해서 마케팅에 실패하는지를 생각하는 게 쉽다. 마케팅의 코어에는 고객이 있어야 하고 고객에게 맞추지 못한다면 마케팅에 실패하는 것이다.

오해 1: 마케팅은 돈이 많이 들고 어렵다

마케팅을 홍보, 광고와 동일시 할 때 생기는 오해다.

마케팅은 '고객의 니즈와 원츠를 충족시킴으로써 고객으로부터 이익을 추구하고, 전달·판매한 상품을 통해 가치를 창출하는 것'이다. 상품을 판매하기까지의 과정과 행위, 전략이라는 점에서 마케팅은 돈이 드는 게 아니라 돈을 벌어다 주는 것이다. 마케팅은 돈이 많이 든다는 오해를 풀기 위해서는 홍보와 광고를 정확히 구분할 수 있어야 한다.

구분	홍보	광고
의미	알리는 일	팔기 위해 알리는 일 (구매전환)
역할	브랜드 구축 브랜드에 대한 신뢰도 상승 이미지 강화	브랜드 유지 제품 인식 상승 소비자 행동 유도

브랜드를 알리고 상품을 판매하기 위해서는 홍보도 필요하고 광고도 필요한데, 홍보와 광고는 돈이 드는 일이다. 홍보물을 만들고 온라인 채널을 통해 게시물을 발행하는 것, 디자인 비용과 게시 비용 모두 돈이 든다. 홍보의 목적은 브랜드를 알리고 인지도를 높이는 것에 있고, 광고의 목적은 구매전환으로 이어지게 함에 있다. 이때, 홍보를 통해 인지도를 높인다고 해서 구매전환이 되는 것도 아니고, 인지도가 낮다고 해서 구매전환이 불가능한 것도 아니다.

홍보가 필요한 이유는 우리 학원 이름을 알려야 하고 어떤 곳인지 알려야 하기 때문이다. 어떤 수업을 하며 어떤 사람들이 모인 곳인지를 타깃 소비자가 있는 곳에 알려야 인지되는 것이다. 특강을 한다거나 트레이드마크 수업이 있다면 이 역시 알려야 한다. 홍보는 개원했을 때에만 하는 게 아니라 일반 소비자들을 잠재고객으로 만들기 위해 꾸준히 해야 하는 일이고, 고객들로 하여금 계속해서 우리 학원을 선택할 수 있게 알리는 일이다.

광고가 필요한 이유는 소비자에게는 정보와 옵션이 넘쳐나게 많기 때문이다. 예를 들어, TV를 보다가 나오는 광고 하나에 우리는 치킨을 주문한다. 저녁식사를 했기에 굳이 더 먹지 않아도 되는 상황이지만 맛있어 보여서 충동구매를 한다. 이 광고물은 우리가 평소에 알고 있는 치킨 브랜드가 많음에도 불구하고 특정 시간에 하필 보게 된 영상 때문에 해당 브랜드를 구매까지 하게 한 것이다. 학원도 마찬가지다. 넘쳐나는 학원과 각종 교육 플랫폼 사이에서 기억되기도 힘든데 꾸준한 홍보로 알려서 인지되도록 했다면, 적절한 타이밍에 니즈나 원츠를 자극시켜 구매하게 하는 것이 광고다.

오해 2: 마케팅 대행사에 맡겨도 효과가 없다

마케팅을 하려면 고객을 알아야 하고 학원사업에 대해 알아야 한다. 어떤 학생에게 어떤 학습이 필요한지, 우리가 어떤 것을 제공할 수 있는지를 파악할 수 있어야 그에 맞게 알리고 판매하며 서비스 제공까지 이어질 수 있다.

이 중에서 마케팅 대행사가 할 수 있는 것과 해야만 하는 것, 할 수 없는 것은 무엇일까? 원생 모집을 목적으로 마케팅 대행사에 업무를 맡긴 적이 한두 번 정도 있을 것이다. 대행사는 온라인 마케팅을 주로 하는 곳으로, 블로그 세팅부터 트래픽 모으기, SEO 설정까지 휘황찬란한 용어들로 정신을 못 차리게 한다. 숫자와 데이터로 가득한 보고서를 건네주곤 그럴싸한 성과가 났다는 대행사의 말에 뿌듯했을지 모른다.

사실, 블로그만으로는 마케팅을 할 수가 없다. 블로그로 알리는 일, 판매를 유도하는 일은 할 수 있지만, 우리의 고객을 찾는 일, 학원 프로그램을 짜는 일 등은 다 할 수 없다. 게다가, 학원은 동네 장사인데 온라인으로 전국의 불특정 다수에게 홍보하는 일은 비효율적이다. 결정적으로 블로그 '홍보' 기간 동안 모집된 신규 입학생들이 블로그를 보고 등록했는지 학원 앞 엑스배너를 보고 등록했는지 알 수가 없다.

마케팅을 대행사에 제대로 맡기려면 원장이 잘 알아야 하고 잘 활용할 수 있어야 한다. 만약 잘 몰라서 대행사에 맡기고자 하는 것이라면 내가 무엇을 모르고 있고 무엇을 알아야 하는지 정도는 구분할 수 있어야 한다. 제3자의 입장에서 우리 학원의 포지셔닝을 파악하고 싶다거나, 소비자들을 대상으로 하는 수요도 조사를 하고 싶다면 대행사에 구체적으로 요청할 수 있다. 이때 기대해야 하는 건 대행사의 도움으로 유의미한 데이터를 추출하기 위한 설문내용을 설계하는 것 등이 있다.

목적이 뚜렷하고 학원에서 필요한 도움이 무엇인지를 정확히 파악해야만 효과적인 마케팅을 할 수 있다. 이점에서 학원장은 본인의 사업을 지속시키기 위해 마케팅을 할 수 있지만, 아무리 뛰어난 마케터라 하더라도 사업을 할 수 없다. 사업을 영위하기 위한 게 마케팅이라면, 마케팅만으로 사업을 할 수 있는 것은 아니기 때문이다.

오해 3: 우리는 온라인 마케팅을 하고 있다

통용되고 있는 표현이라 틀렸다고 할 수 없지만, 온라인 채널을 활용한 홍보나 광고라고 하는 것이 적합하기도 하고 목적성에 맞게 활용될 수 있다는 점에서 오해라고 소개한다. 흔히 사용하는 블로그, 인스타그램, 네이버 플레이스 등 온라인상에서 이루어지고 있는 '마케팅'은 홍보거나 광고일 것이다. 앞서 다룬 것처럼 홍보용으로 사용한다면 알리는 데 목적을 둘 것이고, 광고용으로 사용한다면 구매를 유도하는 데 목적을 둘 것이다.

온라인 채널별 특징과 효과는 다음과 같다.

SNS 채널	인스타그램	블로그	네이버 플레이스
기능	사진	게시판	정보
특징	'가벼운' 콘텐츠	일방적 정보 전달	존재 알림
효과	쉽게 소비하는 콘텐츠 관심과 흥미 위주 대중의 뉘앙스가 가벼움	필요로 찾는 정보 유저를 설득할 수 있는 공간 대중의 뉘앙스가 무거움	지도에 없으면 존재 하지 않음을 의미함 유입률 상승

학원에서는 각 채널을 어떻게 활용해야 마케팅에 도움이 될까?

인스타그램의 경우, 대다수의 학원장들은 타 학원의 원장이나 교육사업 관계자들과 팔로우를 맺고 게시물을 올릴 때 학원의 자랑거리를 올린다. 게시물을 업로드한 즉시 앱을 끄는 것 또한 SNS를 제대로 활용하지 못하고 있다는 것을 나타낸다. SNS는 소통하고 관계를 맺는 공간이다. 그런데 일방적으로 내가 보여주고 싶은 글과 이미지를 올리고 소통 없이 앱에서 나가버린다면, 내 계정은 다른 사용자들에게 추천되지도 않고, 내 게시물이 노출되는 것도 제한적일 수밖에 없다. 우리 학원 브랜드를 알리기 위해 사용하는 것이라면 많은 사용자에게 노출이 되어야 하는데, 이를 위해서는 좋아요, 댓글, 공유, 저장 등으로 호응을 받아야만 한다.

원 소스 멀티 유스(One Source Multi-Use). 하나의 콘텐츠를 만들어 여러 채널에 업로드하는 것을 의미하는 표현이다. 이 문구 때문일까? 안타깝게도 많은 원장들이 하나의 게시물을 만들어 인스타와 블로그, 심지어 유튜브에도 업로드하고 있다. 무언가 했다는 것에 의미를 둔 것이다. 각 채널별 대상과 특징, 효과를 따져보면 같은 콘텐츠가 각기 다른 채널에 업로드되면 안 된다는 것은 분명한데 말이다. 성의도 없는 데다 목적 없는 SNS 운영이라 효과도 없다. 효과가 없다면 계정 운영을 안 하는 게 더 도움 되지 않을까?

이해 1: 고객의 유형에 따라 다른 전략이 필요하다

마케팅을 할 때 고객 유형을 나눠보면 다음과 같다

유형	소비자	잠재고객	고객
구분	대가를 지불하고 상품이나 서비스를 구매하거나 누리는 사람	한 브랜드의 고객이 될 수도 있는 사람	한 브랜드를 이용해본 사람 (구매이력 있음)

소비자는 소비하는 모든 사람을 말한다. 그중 우리 학원에 수강 등록을 한 사람은 고객이 된다. 소비자 중 우리 학원에 대해 들어본 적이 있거나, 추천을 받아서 검색해 본 사람은 잠재고객이다. 구분을 하는 이유는 어떤 유형이냐에 따라 마케팅 전략이 다르기 때문이다. 앞서 소개한 고객 유형에 더해, 단골과 찐팬까지 그들의 특징과 고객 유형에 따른 전략은 다음과 같다.

유형	특징	전략
잠재고객	우리 학원을 경험한 적이 없다. 학원을 알아보고 있다.	일관된 메시지로 홍보하기 지속적인 노출로 알리고 구매유도
고객	우리 학원을 경험한 적이 있다. 우리 학원을 평가할 수 있다.	재구매를 유도하기 위한 홍보와 광고 유료 형태의 판촉: 설명회, 마켓데이, 보상제도 등
단골	우리 학원에 장기 수강 중이다. 실수나 잘못을 이해해준다.	꾸준한 긴장감으로 관리와 서비스 제공, 질리지 않고 좋다는 인식 필요, 선 넘지 않기
찐팬	우리보다 우리 학원에 대해 더 잘 안다. 홍보대사 같다.	외부직원이라 생각하고 홍보할 '거리' 주기 피드백과 보완의 반복

고객 유형에 대한 이해나 구분 없이 마케팅을 하는 것은 여러 다양한 사람들을 향해 우리 상품을 사달라고 하는 것과 마찬가지다. 필요하지 않은 사람만 모여 있을 수도 있고, 필요하더라도 그 정도가 다르거나 요구사항이 다를 수도 있는데 말이다. 모두에게 팔려는 것은

아무에게도 팔지 않겠다는 것과 같다는 말이 있다. 이를테면, '신규생 모집'이라는 말은 어느 누구의 관심도 끌지 못할 말이다. 누구든 우리 학원에 올 거라면 오라는 말인데, 아무도 자신을 그 학원의 잠재고객이라고 생각하지 않기 때문이다. 반면에 '초3 아들을 둔 어머님~'이라고 시작한다면 적어도 초3 아들을 둔 학부모는 홍보문구를 읽어볼 것이다.

이해 2: 잠재고객이 궁금해하는 것이 중요하다

우리 학원이 얼마나 좋은 곳인지 어필하고 설득하기 위해서는 어느 정도의 자랑이 필요하다. 그래서 흔히 홍보를 할 때 화기애애한 분위기의 수업, 학생들과 웃으며 행사를 즐기는 모습, 특목고나 대학 합격증, 지필고사 점수 등 재원생들의 성과나 학원에서의 '좋은' 분위기를 사진으로 올리곤 한다.

이 자체만으로 잘못된 것은 없다. 하지만 어떤 고객에게 보여주고 있는지는 따져봐야 한다. 주로 신규생 유입과 모집을 위해 학원을 자랑하곤 하는데, 잠재고객은 우리 학원을 이미 경험한 고객들의 모습이 궁금하지 않다. 당연한 모습이기 때문이다. 수업을 잘하고 관계를 잘 맺는 것은 잠재고객이 기대하는 기본값이다. 우리가 식당에 밥을 먹으러 갈 때, 기존에 먹어본 손님들이 맛있었다고 후기를 써 놓으면 참고할 수는 있지만 한편으론 당연히 맛있을 것으로 생각하고 간다. 맛이 없으면 장사를 못 하겠지 하는 생각도 깔려 있기 때문이다. 중요한 건 내가 직접 먹어봤을 때 나도 맛있다고 생각하는지다.

그럼 무엇 때문에 우리는 해당 식당에 가는 것일까? 각자의 니즈에 맞는 요소가 있고 확인되면 의외로 그 작은 요소 하나 때문에 가보려 할 것이다. 주차 공간이 여유롭거나, 반려동물과 함께 출입 가능하거나, 가격대비 양이 푸짐하거나, 주변 식당과 다르게 휴게시간 없이 운영하는 곳 등과 같은 경우이다.

잠재고객에게는 음식 맛 이상의 이익을 보여줘야 하는 것처럼, 학원에서도 수업이나 입시 성과 관련 요소는 기본값이고 등록해야 할 다른 이유가 주어져야 한다. 잠재고객은 커리큘럼을 경험하지 못 해봤기에 좋고 나쁨을 평가할 수 없고 가늠할 수도 없다. 아무리 학원에서 좋은 커리큘럼이라 외쳐도 좋다고 판단하는 건 경험해본 고객의 몫이지 학원은 아니라는 것이다. 그러니 얼마나 우리 학원에서 좋은 수업을 하고 성과를 잘 내고 있고 화기애애한 분위기인지 보여주려고 하지 말고 잠재고객이 보고 싶어 하는 것을 보여줘야 한다.

학원의 잠재고객은 한눈에 보이는 로드맵, 즉 전문가가 아닌 자신들이 봐도 이해되는 체계적인 시스템을 보고 싶어한다. 매월 등록해서 자녀를 보내야 할 곳인데 시스템을 보면 안심이 되고 신뢰가 가는 곳을 원하기 때문이다. 좋은 수업과 관리 체계를 가지고 있다고 한 시간 내내 설명하는 것보다, 시각 자료로 한눈에 알아볼 수 있도록 고객이 궁금해할 만한 내용을 정리해 두면 그것만으로도 고객은 안심한다.

이해 3: 고객의 구매 여정에 마케팅이 있다

소비자가 잠재고객이 되고 잠재고객이 고객이 되는 여정에는 마케팅이 있다. 고객 경험을 극대화시켜 구매 전환과 매출 발생에 영향을 끼치는 마케팅은 철저히 고객 입장에서의 '친절한' 운영시스템에 답이 있다.

쿠팡을 예로 들자. 쿠팡에서 판매하는 상품 중 타 쇼핑몰에서 더 저렴하게 파는 것들이 많다는 것을 알고 있는가? 그런데도 와우 멤버십에 돈을 지불하며 쿠팡을 사용하는 이유가 뭘까? 바로 로켓배송이다. 잠들기 전 당장 필요한 물품을 골라 주문하면 다음 날 일어나기도 전에 배송이 되어있다. 고객으로 하여금 구매하게 하는 것, 이것이 바로 마케팅이다.

그럼 여기서 말하는 마케팅은 무엇일까? 당장 다음 날 필요한데, 일하느라, 육아하느라 준비하지 못한 소비자의 니즈를 충족시키기 위해 구축한 물류와 유통 시스템이다. 게다가, 결제 절차마저도 친절하다. 결제카드를 한번 등록해 두면 다음 결제 건부터는 카드사 앱을 켤 필요 없이 카드결제가 가능하도록 만든 것이다. 단 한 번의 스와이프(swipe)로 주문이 실행된다.

이처럼 마케팅은, 홍보나 광고처럼 알리기 위한 것만이 아니라 고객의 구매 여정에 있는 모든 요소에 대한 전략이다. 학원에서도 학원 관리 프로그램을 이용한다면 수강료 결제가 얼마나 편리한지, 앱 내에서 오류는 없는지, 모바일 최적화가 되어있고 화면 로딩이 빠른지 등을 확인하고 보완하는 게 마케팅이다.

학원에 방문한 학부모를 위해 이동 동선이 잘 짜여있는지, 시설이 위생적이고 쾌적한지, 결제를 위해 원 방문을 하는 동안에 주차문제는 없는지, 그리고 기본적이고도 중요한 학습이 관리가 잘 되고 있는지 등이 모두 마케팅에 영향을 준다. 대부분의 오프라인 매장들에서 애플페이와 삼성페이가 가능하다면 소비자의 기준에서 당연해지기 때문에, 우리 학원도 가능하게 대비하는 것이 마케팅이고, 남들이 하는 것을 따라 하는 게 아니라 소비자의 불편함, 문제가 무엇인지 파악하여 문제를 해결해주고 해소해줄 수 있는 것 또한 우리 학원의 마케팅이다. 그게 수업(상품)이든, 결제방식의 편리함이든, 조직의 분위기든 말이다.

학원 브랜드 마케팅 실전
(온라인 편)

온라인 마케팅의 비주얼

학원명을 잘 지어놓고 로고를 제작한 후, 흔히 쓰는 무료 템플릿 사이트를 활용하는 것은 브랜드를 언브랜딩하는 일이다. 요즘은 대부분의 홍보물이 온라인에 게시되고, 워낙 빠르게 업데이트해야 하니, 직접 디자인을 못 하는 원장 입장에서는 무료 템플릿 사이트가 구세주일 것이다. 디자인의 분위기도 각양각색이고 내용만 입력하면 바로 다운로드가 가능하기 때문이다. 전문가가 만든 것 같고 사용하기 쉽다는 장점은 있지만 자녀를 두 학원 이상 보내는 학부모 입장에서는 모든 학원이 비슷한 이미지라고 느낄 수밖에 없다. 하지만 현실적으로 디자이너를 따로 고용할 만큼의 여유가 안 되니까 계속해서 템플릿 사이트를 사용해야 한다면 딱 두 가지만 지키면 된다

1) 서체와 문체 일관되게 유지하기

2) 디자인 요소와 색상을 학원 콘셉트에 맞게 수정하기

서체는 웬만하면 지정 서체를 사용하는 게 좋고, 온라인뿐만 아니라 출력물에도 동일하게 적용하는 것을 권장한다. 지정 서체는 따로 제작할 필요 없이 우리 학원의 이미지와 잘 어울리는 스타일의 글씨체를 골라서 매번 적용하면 된다. 글씨체만으로도 어떤 학원인지 구분이 가능하기 때문이다. 문체를 일관되게 한다는 것은, 다 다른 홍보물을 누가 읽어도 동일한 인물이 작성한 것처럼 하라는 의미로, 말투에 해당하겠다.

여기서 또 하나 추천하는 것은, 되도록 원장이 직접 모든 글을 쓰라는 것이다. 원장만큼 본인의 학원을 잘 아는 사람도 없기 때문에 아무리 교육해서 직원들이 브랜드를 잘 이해한다고 해도 영혼까지 불어넣은 장본인은 될 수 없다.

문체를 일관되게 하는 과정에서 단어도 일관되게 썼는지 확인할 필요도 있다. 학원에서 자주 사용하는 학생, 학부모, 강사 등의 단어도 아이, 학부형, 선생님 등과 혼용하지 말아야 한다. 처음에 학생이라는 단어를 사용했다면 아이가 아닌 학생으로 계속해서 사용하는 게 일관된 것이다.

디자인 요소의 경우 도형·이미지 등의 배치와 색상만 수정해도 나만의 학원다운 이미지를 만들어 낼 수 있다. 템플릿 중에서도 캐릭터가 있는 디자인의 경우 조금씩 다른 캐릭터들이 많기 때문에 '그림체'가 일관되지 않을 수 있다.

색상은 앞서 언급한 것처럼 학원의 대표 색상 코드를 입력해서 템

플릿의 전체적인 배경색이나 포인트 색상으로 적용하는 게 브랜드 이미지를 강화시키는 데 도움이 된다. 템플릿을 활용하는 범위는 배치에 있다. 전문가가 만든 작업물에는 이미지의 크기와 위치, 텍스트의 크기와 위치, 그리고 여백 등이 모두 알맞게 배치되어 있다. 우리 학원 브랜드 이미지를 훼손시키지 않도록 대표 색상과 서체 등을 바꾸고 배치를 유지한다면 디자인적으로도 세련되고 브랜딩 관점에서도 효과적인 홍보물을 제작할 수 있다.

미리캔버스의 썸네일 템플릿(좌)과 브랜드에 맞춘 이미지, 서체 등 적용한 예(우)

온라인 마케팅의 업무 분장

우리 학원을 알리는 각종 온라인 채널은 잘 사용하면 열 직원 부럽지 않지만, 제대로 사용하지 못한다면 시간만 낭비할 수도 있다. 마케팅의 핵심은 고객과 고객의 구매 여정에 있다고 했다. 우리 고객은 어떤 채널을 사용하는지, 어떻게 학원에 대한 정보를 찾고 있는지, 어떤 채널에 신뢰하고 있는지 파악해서 해당 채널을 각각의 특징에 맞게 활용하는 것이 유의미한 마케팅의 시작이다. 어떤 채널을 사용할지 정해지면 각 채널이 학원 구성원이라 생각해보면 어떨까? 하나의 업무를 여러 직원에게 맡기지 않는 것처럼 여러 채널에 같은 업무를 부여하면 안 된다.

예컨대 인스타그램에 소비자와 관계를 맺도록 소통하는 업무를 준다면, 블로그에는 소비자가 찾고자 하는 정보를 제공하는 안내데스크 업무를 주는 것이다. 하나의 채널만 사용하는 소비자는 없다. 소통할 때 사용하는 채널이 있고, 정보를 찾을 때 사용하는 채널이 따로 있다. 각기 다른 채널에 같은 내용으로 도배한다는 것은 각 채널의 특징을 모른다는 것이다. 특징을 모르면 알고리즘을 타지 못한다는 의미이기도 해서, 온라인 채널의 '노출, 확산' 효과를 보지 못한다. 노출이 안 되고 내가 업로드한 게시물이 확산하지 않는다면 업로드했다는 것에만 의미를 둔 채 시간 낭비만 한 꼴이 된다.

고정 정보와 변동 정보

고객의 구매 여정에 반드시 제공되어야 하는 것은 고정 정보와 변동 정보다. 고정 정보란, 학원에 대한 정보 중 바뀌지 않는 것을 뜻한다. 위치, 커리큘럼, 교육철학, 운영시간 등이 이에 해당된다. 주로 고정 정보는 홈페이지에 게시되어야 하는데, 홈페이지가 없는 학원이 의외로 많다. 블로그를 홈페이지처럼 수정하여 정보 제공을 하는 경우가 많은데, 소비자 입장이 되어보면 우리 블로그가 '친절'하지 못하다는 것을 알 수 있다.

블로그는 포털사이트에서 검색하고자 하는 키워드를 입력했을 때 해당하는 정보만 잘 제공해 주면 되는 온라인 공간이다. 그래서 블로그 메인 페이지로 이동했을 때 보이는 것은 정리되지 않은 게시물들의 합이다. 반면에 홈페이지는 메뉴가 한눈에 보이고 카테고리별로 정리된 내용만 간단하게 제공하기 때문에 소비자들에게 '친절'하다. 홈페이지를 구축하기엔 비용이 많이 드는 데 비해 별도의 기능이 필요한 것은 아니므로 아임웹이나 카페24 등을 활용해서 모바일 버전으로 직접 제작하는 것도 방법이다. 제공되는 기본 서식이 있어 이미지와 텍스트만 바꾸면 비교적 쉽고 빠르게 우리만의 홈페이지를 제작할 수 있다.

고정 정보와 변동 정보의 대상을 생각하면 목적이 분명해진다. 고정 정보는 우리 학원에 대한 변하지 않는 정보인데, 누가 찾아볼지 생각해보면 잠재고객일 것이다. 변동 정보는 강사진이나 수업료, 시간표, 학원 내 이벤트 등의 일정이 포함되므로 재원생과 재원생의 학부모 즉, 고객을 대상으로 한다. 잠재고객에 대한 마케팅 목적은 그들을 고객으로 만드는 것이고, 기존 고객에 대한 마케팅 목적은 재구매 혹은 추가구매를 유도하여 그들을 단골고객으로 만드는 것이다.

돈이 되는 인스타 마케팅

인스타그램이라는 플랫폼을 이해하면 우리 학원에 맞는 인스타그램 브랜딩을 보다 쉽게 할 수 있는데, 인스타그램은 시각 중심의 소통 플랫폼이다. 다시 말해, 보여줄 게 있어야 하고 좋아요, 댓글, 공유하기, 저장하기 등을 유도하는 콘텐츠로 소통해야 한다는 의미다. 일반적으로 패션이나 음식, 핫플레이스 등 우리의 '눈을 즐겁게' 해주는 콘텐츠가 많은 호응을 불러일으킨다. 릴스(Reels)가 생기고 난 이후부터는 각종 챌린지와 댄스, 다른 매체에서 반응이 좋았던 영상들을 짧게 편집한 것과 같이 웃기거나 색다른 콘텐츠에 대한 호응이 많다.

학원에서 인스타를 해야 할까 말아야 할까?

"검색되지 않으면 존재하지 않는다"는 말처럼, 인스타그램을 학원의 온라인상 '근거지'라 생각해야 한다. 우리 학원의 성장 과정 기록을 목적으로 하든, 인지도를 높여서 꾸준히 신규생 유입과 매출 관리의 목적으로 하든 인스타그램은 반드시 필요하다. 이때, 인스타그램을 우리 학원의 직원이라고 간주하고 정확한 역할을 주고 해야 할 일을 부여하는 게 중요하다. 블로그에 올린 내용을 그대로 인스타에 올린다거나, 학부모 안내문·포스터용으로 만든 디자인 물을 살짝 편집만 해서 인스타에 올리는 것은 인스타라는 직원을 잘 활용하지 못하는 것이다. 인스타에서는 인스타만이 낼 수 있는 효과를 위해 운영해야 한다. 인스타를 운영하고자 한다면 오프라인에서 진행되고 있는 수업과는 별개로, '인스타 세상'에서의 우리 브랜드 콘셉트가 있어야만 하는데, 그만큼 대충 계정 만들고 이따금 미리캔버스에서 디자인한 게시물을 올리는 것은 절대 금물이다. 운영한다면 수익화에 대한 목표와 뚜렷한 목적과 방향 등이 있어야 한다.

학원 브랜드명으로 vs. 원장 이름이나 닉네임으로?

상관없다. 학원 브랜드명으로 계정을 만들면, 학원이라는 정체성으로 소통하고 콘텐츠를 올려야 한다. 원장 이름이나 닉네임으로 계정을 만들면, 원장이라는 '사람'에 집중해서 콘셉트를 잡고 콘텐츠의 방향도 정해야 하는 게 핵심이다. 어떤 것을 보여주는 데 더 자신 있고 꾸준히 지속시킬 수 있는지 고민해보자.

콘텐츠의 방향이나 콘셉트는 어떻게 해야 할까?

인스타 피드는 생각보다 가볍다. 구경하는 사용자는 게시물을 스크롤하면서 짧은 순간에 훑어보고 지나치는데, 그래서 너무 무게감 있는 콘텐츠를 발행한다거나 콘셉트를 잡으면 안 된다. 나의 팔로워들은 어떤 '시각적인 게시물'을 보고 팔로우를 하거나 좋아요를 눌러줄까?

다음은 사용자들이 별로 궁금해하지 않거나 관심을 갖지 않는 콘텐츠의 유형을 정리한 것이다

- 학원 교실 사진 (학생들 공부하고 있는 사진)
- 입시, 성적 등의 점수, 성과나 합격 인증 사진
- 특정 행사나 휴가, 학원 이벤트 등에 대한 안내문
- 학생 모집 글
- 수업의 특징, 커리큘럼 정보

팔로워 수나 좋아요 수는 얼마나 받아야 하는 걸까?

팔로워 수는 중요하지 않다. 중요한 건 팔로워 수 대비 얼마나 소통을 하는지와 실제 구매전환율이다. 인지도가 높다고 모두 구매하진 않는 것처럼, 인스타 계정의 팔로워 수가 많다고 해서 학원에 수

강생이 많은 것은 아니다. 팔로워 수가 적지만 모두 우리 학원 수강생들이라거나 대부분이 잠재고객(학부모)일 경우, 로컬비즈니스인 우리 학원에 인지도 면에서 도움이 많이 된다. 팔로워 수가 100명인데 게시물을 올릴 때마다 좋아요 수가 10개 미만이라면, 30~40개가 되도록 목표하는 것은 중요하다. 그만큼 내가 올리고 있는 게시물이 공감하기 어렵거나 재미가 없거나 유익하지 않다는 의미이기 때문이다. 팔로워 수 대비 좋아요, 댓글, 공유 등의 소통이 더 중요하다는 점을 꼭 기억하자.

팔로워 수가 중요한 것은 아니지만 키우고 싶다면 어떻게 해야 할까?

나도 팔로우하기

내가 팔로우해야 할 사람은 동료 원장이 아니라 수강생이거나 학부모여야 한다. 잠재고객과 기존 고객이 나를 팔로우해야 하고, 나도 그들을 팔로우해야 팔로워 수가 늘어날 수 있기 때문이다.

자주 출석체크하기

인스타의 기능을 모두 사용해야 하고 인스타를 사용하는 빈도나 시간이 많으면 많을수록 노출에도 영향을 준다. 내 계정이 노출되어야만 팔로워들은 물론이고 잠재 팔로워들에게도 게시물이 보이는 것이니 업데이트는 자주 해야 한다.

릴스 활용하기

일반 게시물보다 릴스의 도달률이 훨씬 높다. 나의 팔로워들은 물론이고, 팔로우하지 않는 사람들에게도 노출될 수 있는 방법이니 영상을 활용해보자.

내 계정의 콘셉트/정체성을 확실하게 하기

어떤 주제의 계정인지 파악이 되어야 내가 목표로 하는 타깃에게 노출이 된다. 하나의 일관된 콘셉트로 운영해보자.

해시태그 잘 알고 사용하기

해시태그는 해당 키워드로 검색했을 때 같은 키워드로 묶인 게시물들을 보여주는 역할을 한다. 많은 학원에서 해시태그에 인근 학교 이름을 쓴다거나 한 줄 길이의 문장을 쓰는데, 일반 사용자가 절대 검색하지 않을 해시태그라는 것을 기억하자. 인스타 계정의 콘셉트에 따라 조금 더 광범위한 주제의 해시태그를 사용해야 한다.

얼마나 자주 게시물을 올려야 할까?

매일 올리면 가장 좋다. 매일 정해진 시간에 올리기가 힘들다면 '예약하기' 기능을 사용해서 한 번에 일주일 분량의 게시물을 업로드 예약하는 것도 좋은 방법이다. 꼭 게시물이 아니더라도 스토리를 올린다거나 팔로워들과 소통하는 것을 매일 하는 것만으로도 계정은 활성화된다.

인스타 계정은 누가 운영하는 게 좋을까?

원장이 직접 하는 게 가장 좋다. 담당자가 바뀔 경우 톤앤매너(tone & manner)를 동일하게 유지하는 게 어렵기도 하고, 가장 '그 사람다울 때' 매력적인 게 인스타 콘텐츠이기 때문이다. 원장의 생각과 관점이 반영되게, 원장의 말투를 살려서 운영해보자.

STEP 5

학원 브랜드 마케팅 실전
(오프라인 편)

• • •

성공하는 외부 마케팅 전략은 기획에 있다

학원장들이 모여 있는 온라인 커뮤니티에서 자주 볼 수 있는 질문
에는 공통점이 있다. 타 학원이 무엇을 어떻게 하는지를 묻는다는 것
이다. 수강료를 얼마 받는지, 수강료 인상을 하는지, 방학이 언제인
지, 특강은 언제부터 하는지, 학부모 설명회는 평일에 하는지 주말에
하는지 등 각자 학원에서 정하기 나름일 법한 것들을 묻는다.

이것은 마케팅을 하겠다는 것도 안 하겠다는 것도 아니다. 학원을
잘 운영하고 싶어서 묻는 질문임을 감안하면 마케팅을 하겠다는 의
미지만, 남들이 하는 대로 따라한다거나 눈치를 살핀다는 건 마케팅
을 안 하겠다는 의미이기도 하다. 수차례 언급한 것처럼 마케팅의 핵
심은 고객이다. 우리 학원의 고객에게 맞추려면 우리 학원이 어떤 곳

인지 명확하게 정립되어 있어야 한다.

성공하는 외부 마케팅 전략은 기획에 있다. 그러나 대개는 기획이 아닌 계획을 한다. 계획은 해야 할 일, 할 일을 어떻게 할 것인지에 대한 절차를 미리 정하는 것이다. 물론, 계획조차 하지 못하고 즉흥적으로 일을 쳐내야 하는 경우도 허다하다. 이에 반해 기획이라는 것은, 특정 일에 대한 목적이 분명하고 그 목적을 달성하기 위해 필요한 일을 설계하는 것을 의미한다. 설명회를 예로 들면 설명회를 언제 어디에서 해야 할지, 연사를 초빙할지, 어떤 주제로 할지 등을 정하는 것이 계획에 해당된다. 여기에 목적이 분명하게 확인되면 그에 따라 필요한 행동들이 나열되기 때문에 기획이 되는 것이다. 신규생 모집을 위한 설명회라면 설명회 참석자 인원 수에 대한 목표와 설명회가 끝난 뒤 레벨테스트나 상담 예약을 하는 인원 수에 대한 목표가 설정되어야 한다. 또한, 신규생 모집이 목표이기 때문에 잠재고객으로 부터 신청을 받아야 한다면 어디에서 홍보를 해야할 지에 대한 전략이 나와야 한다. 더 나아가 현재 비어있는 강의실과 수업 시간대를 확인하면 신규생의 범위를 좁혀서 오후 4시~6시 사이에 등원 가능한 초등학교 고학년을 타깃할 수 있고, 그 중에서도 학습 이력이 별로 없는 학생들을 타깃팅 한다면 해당 사항이 있는 학부모들의 눈길을 끄는 문구가 나올 수 있다

학원 기획 요소	세부 내역	목적 목표
수업	로드맵 반 별/레벨 별 목표 학습 내역 수업시간 구성 교재 선정	성과(기능적 편익) 재구매(고객 관리)
설명회	주제/일정/장소/기대효과	참여 학부모 인원 브랜드 인지도 & 노출 재원생의 경우 재구매 유도
홍보	채널/경로/내용/대상 타깃	브랜드 인지도 & 노출 신입생 모집

외부마케팅 HOW-TO

학원이 마케팅을 잘할 필요가 있을까? 그저 수업을 잘하고 학생들 입시까지 잘 이끌어주면 그걸로 됐다고 생각하는 강사 출신의 원장이라면 경각심을 가져야 하는 포인트다. 지금은 제품만 내세워서 돈을 버는 시대가 아니기 때문이다. 제품을 내세우면 제품이 곧 그 브랜드로 인지된다. 제품에 문제가 생겼을 때 그 브랜드 이미지에도 타격을 입히는 것이다. 사업을 처음 시작하는 단계에서는 주 수익원인 제품을 내세워야 하기도 하지만 사업체가 작을수록 브랜드 마케팅 없이 제품만을 내세운다면 위기에 취약할 수밖에 없다. 학원도 마찬가지다.

영어학원 전단지 예시

수학학원 전단지 예시

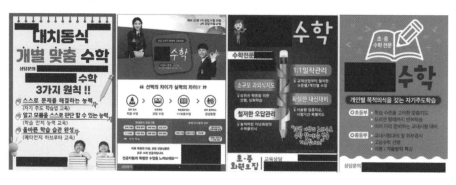

국어학원 전단지 예시

과목은 다르지만 위 전단지들의 공통점이 있다. 모두 학원에서 파는 제품, 즉 수업에 대한 정보를 내세웠다는 점이다. 디자인은 다르지만 수업과 프로그램에 대해 하고자 하는 말이 동일해서 우리 학원 이름을 삽입해도 무관할 정도다. 소비자 입장에서는 어떨까? 이보다 더 많은 양의 홍보물에 노출될 텐데 차별화된다고 느끼는 학원은 없을 것이다. 학원은 많은데 자녀를 보낼 학원을 선택하기 어렵다고 느낄 것이고, 의사결정이나 판단의 비용이 들게 되어 스트레스를 받게 된다. 결국 스케줄이 맞고 셔틀운행을 하는 대형학원으로 보내게 되는 것이다.

소비자가 구매를 하는 과정은 (1) 인지하고 (2) 기억해서 (3) 선택하는 과정이다. 들어보지 못한 브랜드의 제품을 구매하기보다 한 번이라도 들어봐서 익숙한 브랜드의 제품을 사는 게 소비자의 형태와 패턴이다. 그렇다면 제품을 내세우지 않고 어떻게 눈에 띄어 인지되고, 기억되고, 선택 받을 수 있을까? 어떤 가치를 전달해야 할까?

앞에서 홍보와 광고에 대해 설명을 했다. 홍보와 광고는 목적이 다르고 그에 따른 효과가 다르다. 외부 마케팅을 할 때에도 대상과 목적에 따라 다른 홍보나 광고가 필요한데, 위 전단지 예시에서는 학원을 알리기 위함인지 수강 등록을 유도하기 위함인지 판단하기가 어렵다.

잠재고객을 고객으로 만들기 위해서는 학원의 존재를 알려야 하고 인지도를 높여야 한다. 이런 학원이 있고, 어떤 사람들이 어떤 생각을 하고 있는지 보여줘야 비슷한 생각을 하고 있는 잠재고객들의 관심을 살 수 있다. 이 때 주의해야 할 점은 일관된 메시지와 이미지로 꾸준히 알려야 한다는 것이다.

외부 마케팅을 쉽고 효과적으로 할 수 있는 방법이 있다. 다른 학원의 마케팅을 참고하지 않는 것이다. 우리 학원이라는 브랜드를 마케팅하기 위함이니 차별화를 위해서는 더더욱 다른 학원이 택한 방식을 똑같이 하면 안 된다. 어떻게 해야 색다른 아이디어를 얻을 수 있을까?

백화점, 아울렛, 몰 방문하기

나를 대신해서 팔리는 기획, 팔리는 아이디어를 구현해 놓은 곳이 바로 백화점, 아울렛, 몰이다. 소비자들에게 매력적으로 보이게 하는 요소가 무엇인지, 어떤 게 편하고 불편한지, 나도 과연 소비하고 싶은지 아닌지를 따져보며 쇼핑을 하면 학원에서도 적용해 볼 항목들이 보인다. 핵심은 소비자다. 소비자의 이동 동선, 결제하게 되는 과정, 대기하는 이유 등 소비자들의 행태를 관찰해야 하고, 나도 건강한 소비자로서 어떤 선택을 하는지 생각해보는 시간이 필요하다. 필자는 매주 아이디어와 영감을 얻기 위해 백화점, 아울렛, 몰에 번갈아가며 방문했다. 어떨 때는 벽에 부착된 포스터만으로도 아이디어가 떠오르기도 했고, 어떨 때는 너무 대단한 브랜드들이 많아서 위축되기도 했다. 하지만 항상 움직이지 않으면 도태되는 게 사업이다. 유명한 브랜드들도 항상 새로운 무언가를 기획하며 겨우 이미지를 유지하는데, 동네사람들이 다 알지도 못하는 학원을 운영하는 내가 매너리즘에 빠지면 안 될 노릇이다.

지식의 저주에서 빠져나오기

지식의 저주란 "사람이 무엇을 잘 알게 되면, 그것을 모르는 상태가 어떤 것인지 상상하기 어렵게 된다"는 뜻이다(미국 스탠포드 경영전문대학원 교수 칩 히스(Chip Heath)). 누군가에게는 당연한 지식이 또 다른 누군가에게는 막연한 지식이라는 뜻이다. 학원장들이 무심코 넘기는 일상 속 평범함이 실제로는 매우 특별한 경우도 이에 해당하는데, 학원에서 하고 있는 학습법이나 제작해 둔 수업자료들, 조직관리나 운영 관련 노하우가 여기에 포함된다.

몇몇 프랜차이즈 본사에 방문할 기회가 있어 가보면 눈에 띄었던 것은 각종 특허이다. 학습법이나 콘텐츠 관련 특허증이 진열되어 있는데, 이 또한 학원 브랜드 마케팅에 활용할 수 있는 차별화 요소라고 생각한다. 학원 내부에서만 활용하고 외부로 유출되어 누군가가 복제할까 두려워 아끼기만 하면 아무런 가치가 없는 것이 된다. 지키고 싶을 만큼의 소중한 자료거나 학습도구거나 방법이라면, 그 정성과 노력을 극대화시킬 수 있도록 특허를 내는 것도 방법이다. 별 것도 아니라고 생각하면 정말 별 것도 아닌 것으로 남게 되고, 별 것이라 생각하면 세상에 탄생시켜 많은 사람이 알게 할 수 있어 브랜드를 알리는 데 가치가 있다.

소비자의 경험에서 솔루션 찾기

학원 마케팅을 방해하는 큰 요인은 원장의 경험이다. 원장이 자신의 경험을 믿고 구축하는 운영시스템과 그에 따른 마케팅은 소비자를 고려하지 않은 공급자의 입장이다. 전문성을 가장한 고집일 뿐, 소비자 없이는 운영될 수 없고 지속될 수 없는 게 사업체다. 소비자는 학습에 대한 경험이 없고 전문 지식이 없다. 그래서 그들의 입장과 수준에서 문제를 해결해줄 수 있어야 하고 요구에 응할 수 있어야 한다.

일례로, 학생들의 학습수준이 예전 같지 않다고 불평하는 원장들을 꽤 만났다. "여러 번 설명해줘도 모른다", "의지가 없는 학생들을 가르치느라 힘이 든다"며 고객의 수준에 대해 왈가왈부한다. 마케팅을 한다면 오히려 고객의 수준이 파악됐으니 전문가답게 거기에 맞춰 서비스를 기획하고 팔면 된다. 팔 게 많아졌는데 기뻐하지 않고 불평불만을 늘어놓는 건 원장이 본인의 수준에서 시장을 바라보고 있기 때문이다. 답은 항상 시장에 있고 소비자에게 있다. 굳이 힘들게 소비자를 설득할 필요가 없다.

학원사업 한다(X) 브랜드사업 한다(O)

마케팅을 조금 더 즐기면서 하는 방법은 원장이 '학원사업'을 하는 게 아니라 '브랜드사업'을 한다고 생각하는 것이다. 너무 단순하고 쉽게 업의 본질을 정의하게 되면 차별화되기는커녕 스스로 틀 안에 가둬버리게 된다. '학원은 이래야 해'라는 고정관념에서 못 벗어나기 때문에 아이디어가 떠오르지 않는 것이다. 브랜드사업을 한다는 것은 어떤 제품·서비스를 팔든 상관이 없다는 것을 의미하기도 한다. 오직 가치를 제안한다는 것에 집중하게 된다. 학원의 기능적 편익은 성적향상, 성과에 있지만 그것만으로는 잠재고객이 고객으로 전환될 수 없다는 것이다. 오히려 구매할 때 결정적인 역할을 하는 것은 감성적 편익인데, 어떤 희망이나 상상으로 우리 학원에 오면 좋을 것 같은지를 고민해봐야 한다.

마케팅을 이야기하며 브랜딩 이야기와 넘나들고 브랜드 마케팅이라고도 일컬었다. 그만큼 마케팅을 하기 위해서는 브랜드를 알아야 하고 브랜드 이미지가 무엇인지, 내보내고자 하는 메시지가 무엇인지, 어떻게 인지되고 싶은지를 구체화하는 과정이 중요하기 때문이다. 알리고 파는 방법과 수단은 많은데 어떤 내용으로 알릴지 그 알맹이가 없기 때문에 마케팅에서 한계에 맞닥뜨리곤 한다.

브랜딩은 추상적인 개념이 아니다. 브랜드로서 인지되기 위해 하는 실무를 뜻한다. 다양한 사람이 모여 일하는 학원이 하나의 콘셉트로 비치기 위해 서로 주파수를 맞추는 일이 브랜딩이다. 시각적으로 보이는 요소를 통일시키는 것은 물론이고, 업무를 처리하는 방식이나 태도를 일관성 있게 맞춰가는 것도 브랜딩이다. 그래서 학원에서는 '학원을 개원한 원장으로부터 시작된 소비자와의 약속을 지켜나가는 과정'으로 브랜딩을 정의한다.

학원 브랜딩을 통해 내부를 재정비하고 소통을 확장함으로써 더욱 일할 맛 나는 일터를 일구어나간다는 의미도 있고, 내부 브랜딩을 통해 외부 고객들에게까지 닿는 학원의 메시지 효과를 본다는 의미도 있다. 강의로 학생들을 모집하고 학원으로 성장한 원장이 조직과 시스템으로 그다음 단계로 성장하는 여정에서, 브랜딩과 마케팅에 대한 재정의 등을 통해 사업가로 거듭나는 노력이 필요하다.

활용하면 효과 만점
컴비네이션 마케팅 7가지

모든 사업 영역에서 마케팅이 이루어지는 것은 누구나 아는 사실이다. 사업 영역과 대상에 따라 마케팅이 전략이 달라야 하는 것은 당연하다. 하지만 마케팅의 기본 개념과 전략을 알고 있다면 다양한 분야에서 응용이 가능하고 어떤 분야보다 창의성을 발휘할 수 있다. 다음에서 마케팅 방법 7가지를 소개하고, 어떻게 학원에서 활용할 수 있는지를 살펴보겠다.

타이인 마케팅

하나의 광고 속에 타 업종 또는 동일 업종의 여러 광고주가 함께 참여하여 윈-윈 효과를 노리는 전략을 타이인 마케팅(Tie-In Marketing)

이라고 한다. 두 광고주가 하나의 광고를 공유하는 것이기 때문에 비용 대비 노출 효과가 높아 불황기에 특히 각광받는 마케팅 방법이다. 서로 다른 광고주가 잘 어우러져야 효과가 배가 될 수 있다.

아직 우리나라에서는 찾아보기 힘드나 일본에서는 사례가 있다. 세븐일레븐에서만 구입할 수 있는 야마자끼빵을 내놓고, 야마자끼빵의 신제품이 출시될 때마다 세븐일레븐과 함께 광고 활동을 한다. 상대방의 상품이나 브랜드 이미지, 상대방의 시장을 이용하여 고객에게 좀 더 쉽게 다가갈 수 있는 방법이다. 이는 새로운 시장에 진출을 모색할 때 효과적이며, 서로의 고객을 함께 가져갈 수 있어 시너지 효과를 만든다.

학원에서 타이인 마케팅 활용법

피자가게의 전단지를 활용하는 것, 주변 경쟁 학원들과 연합으로 유명인 초청 강연회를 개최하는 것, 재학생의 소개 또는 학부모의 소개로 입회하는 경우 소개자에게 혜택을 제공하는 것, 초등학교 앞 건널목에서 학원 재학생 학부모로 구성된 도우미들이 건널목 지킴이를 하는 것, 시장 또는 슈퍼마켓, 미용실 등에 교육상품권을 무료로 가져갈 수 있게 배치하는 것 등이 타이인 마케팅이다.

대부분 알면서도 못하는 것일 수도 있고, 알지만 하지 않는 것일 수도 있다. 중요한 건, 몰랐다면 모를까 알고 있다면 무조건 시행해보라는 것이다. 위에서 제시된 것 중 하나만이라도 장기간 적용해본다면 좋은 결과가 분명 있을 것이다. 절대로 생각만 하는 로뎅이 되지 말기를 바란다.

디 마케팅

디 마케팅(Demarketing)은 기업이 상품을 많이 판매하기 위해 고객 수를 늘이기보다는 오히려 고객의 수를 의도적으로 줄임으로써 적절한 수요를 조절하고, 장기적으로는 수익의 극대화를 꾀하는 마케팅 전략이다. 2000년대 이후 디 마케팅은 수익에 도움이 되지 않는 고객을 밀어내는 마케팅, 즉 돈이 안 되는 고객과는 거래를 끊고 우량 고객에게 차별화된 서비스를 제공해 인력과 비용을 절감하고, 수익은 극대화하려는 모든 유형의 마케팅 기법으로 범위가 확대되었다.

디 마케팅은 고객 만족을 우선시하는 마케팅 개념에 충실하지만, 다소 위험한 면도 있다. 신규고객 획득 비용은 기존 고객 유지비용의 5배가 들어간다. 따라서 잘못 사용된 디 마케팅으로 고객을 줄임으로써 향후 막대한 마케팅 비용을 다시 들여 새로운 신규고객을 확보해야 한다면, 장기적으로 수익성을 오히려 악화시킬 수도 있다. 이런 점을 고려하여 신중하게 적용해야 한다.

학원에서 디 마케팅 활용법

학원에서는 많은 학생이 모이는 것도 중요하지만, 평가(성적, 인성, 성실성 등)가 좋은 학생이 모이는 것이 더 중요하다. 한 명의 불량 학생 때문에 30여 명이 퇴원한 경우도 있다. 학원에서 디 마케팅은 불량 회원을 얼마나 빨리 정리하는가에 해당한다. 한 명의 악성 회원에게 왜 내쫓느냐는 항의를 받는 것보다는 수많은 학부모로부터 그런 학생 빨리 내보내줘서 고맙다는 의견이 학원의 미래에는 더 소중하다.

리 마케팅

경기상황이 불투명한 불황기에 신제품 개발을 위해 거액의 투자비용을 들이는 것은 쉽지 않다. 그래서 신규 투자를 결정하기 전에 과거 잘못된 마케팅 전략으로 시장에서 실패했던 제품을 다시 살려낼 수 있는 길은 없는지 살펴보기도 한다. 이처럼 한번 실패했던 제품을 마케팅 전략 수정을 통해 다시 시장에 진입시키는 전략을 리 마케팅(Re Marketing)이라고 부른다. 실패했던 제품은 아니더라도 제품의 수명 주기상 쇠퇴기에 접어든 제품을 다시 활성화시키는 것도 리 마케팅의 범주에 속한다.

학원에서 리 마케팅 활용법

학원을 운영하면서 실패는 언제든지 찾아올 수 있다. 수개월 만에 학생이 다른 학원으로 이동하기도 하고, 강사가 학생들을 데리고 나가기도 한다. 실패를 줄이는 첫 번째 방법은 원인을 분석하는 것이다. 왜 그 학생은 다른 학원으로 갔는지, 왜 그 강사는 학생들을 데리고 나갔는지 그러한 현상들에 대한 통계학적 분석을 해본 적이 있는가? 지금부터라도 퇴원생들에 대한 분석을 10가지 정도로 정렬 후 가장 큰 문제점이 무엇인지를 찾아내 그것을 보완하는 일부터 시작해보자. 학원에서의 리 마케팅은 원인을 분석하는 것에서 출발한다고 할 수 있다.

홀리스틱 마케팅

홀리스틱 마케팅(Holistic Marketing)이란 개별 고객의 요구사항을 마케팅의 출발점을 삼아 이들의 개별적 요구를 충족시켜 주기 위한 제품, 서비스, 경험의 상황적 제공물을 개발하는 것이다. 이때, 기업은 고객가치, 핵심역량, 협력 네트워크에 초점을 두고 데이터베이스 관리라는 수단을 이용한다. 또 다양한 고객의 접점을 파악하여 총체적인 접근을 하는 것이 중요하며 이를 통해 고객 점유율, 고객 애호도, 고객의 평생가치 획득을 통한 수익성 있는 성장을 목표로 한다. 앞으로 디지털 시대가 발전함에 따라 더욱 다양하고 다채로운 성격의 커뮤니케이션 채널이 등장할 것은 불 보듯 뻔한 일이다. 이처럼 시대에 맞춰 변화하는 커뮤니케이션 채널을 어떻게 접목하느냐가 이 시대를 살아가는 전략이 될 것이다.

학원에서 홀리스틱 마케팅 활용법

학원에 하루 몇 명 정도의 학부모가 방문하는지 파악해보면, 재원생 학부모는 1년에 한 번 정도나 할까 말까 할 것이다. 대화창구가 없다는 것은 다양한 정보를 얻을 기회도 없을 뿐만 아니라 무엇을 필요로 하는지, 알 수 없는 것은 당연하다.

학원에서 홀리스틱 마케팅의 적용은 바로 학부모들에게 설문지를 통해 그들이 무엇을 생각하고 있는지를 발견하는 것부터 시작하는 것이 좋다. 학원에서 우리 자녀들을 위해 개선되어야 할 것, 학습방식에 대해 어떻게 생각하는지, 담당 강사들에게 바라는 것은 무엇인지 등을 찾아내는 것부터 시작해보자. 아마도 그들의 요구가 학원 경영자가 고민하는 것보다 아주 미미한, 소소한 내용이라는 것을 알 수 있을 것이다. 그것부터 곧바로 시정해서 보여주도록 하자. 홀리스틱이라고 하는 것은 문제점을 발판으로 바꾸어 나아가는 것, 신속하게 대응하는 것, 관심을 표명하는 것이다.

누드 마케팅

누드 마케팅(Nude Marketing)은 투명한 소재를 이용하여 제품의 내부를 훤히 보여주는 디자인으로 소비자들의 신뢰를 높이고 호기심도 불러일으키는 마케팅 기법이다. 투명성이 강조되는 사회현상과 인터넷을 통해 생산자와 고객 간의 직접적인 밀착 관계가 중시되면서 '누드'는 디지털 시대에 성공할 수 있는 마케팅 코드가 되었다. 소비자들과의 밀접한 관계 형성과 신뢰 형성도 기업의 생존을 좌우한다. 기존의 틀을 파격적으로 깨뜨려 주목도를 높이고 제품의 내부를 보여주어 진실성을 표현하는 것이 누드 마케팅의 핵심이다.

학원에서 누드 마케팅 활용법

학원에서 특히 바뀌어야 할 공간이 바로 강의실이다. 폐쇄형 강의실을 바꿔야 할 필요가 있다. 강사는 학생만 의식하면 되니 강의력 자체에 경쟁력을 잃는 경우도 있고, 학생은 그 공간에 자기들만 있다는 생각에 집중력이 흐려지기도 한다.

강의실을 누드형으로 바꾸면 학부모는 우리 자녀의 학습하는 모습을 보며 학원의 교육정책을 신뢰할 것이다. 학생들은 열심히 공부하는 다른 학생들을 보며 무의식적 경쟁을 하게 되어 학습 향상에 도움을 받을 수 있다. 또한 강사들은 자신의 강의가 오픈된다는 사실 하나만으로도 수업에 대한 열정과 열의를 불태울 수 있다. 당장 강의실을 누드형으로 바꿔보는 것은 어떨까? '1타 3피' 이상의 효과를 볼 수 있을 것이다.

퓨전 마케팅

퓨전 마케팅(Fusion Marketing)이란 제품, 기술, 서비스 등과 같은 경영의 제반 활동들이 양자택일의 흑백 논리에서 벗어나 서로 부족한 부분을 메워 상생의 길로 나아가려는 일련의 경영 혁신 활동을 의미한다. 퓨전 마케팅은 그동안 우리가 안 된다고 생각해왔던 편견들을 무너뜨리는 시도이다. 서로 이질적으로 보이는 가치, 제품, 서비스에서 하나를 위해 다른 하나를 포기하는 대신 두 가지를 동시에 취할 수 있는 지혜를 받아들이려는 노력이다.

학원에서 퓨전 마케팅 활용법

조금은 가벼워 보이지만, 피자가게의 전단지에 우리 학원을 알리는 조그마한 광고를 실어보는 것은 어떨까? 피자가게는 전단지 제작에 비용을 절감할 수 있어 좋고, 학원은 피자가게의 홍보 덕을 넉넉하게 볼 수 있을 것이다.

또는 일반 학부모 대상으로 일일 강사 초빙을 해보는 것은 어떨까? 학부모 입장에서는 강의를 통해 금전적 만족을 느껴서 좋을 것이고, 강사 입장에서는 하루 정도 푹 쉴 수 있는 휴가가 생겨서 좋을 것이다. 또 경영자 입장에서는 강의를 한 학부모로부터 긍정적인 학원 평가를 받아 입소문이 날 수 있어 좋지 않을까 한다.

퓨전이라고 하는 것은, 지금 현재 운영하고 있는 모든 것을 섞어보는 것이다. 먼저 내 주변상황을 정리해본 후 학원 상황을 하나하나 정리해보자. 그리고 그것들을 한번 이렇게도 섞어보고 저렇게도 섞어보자. 새로운 것이 분명 보일 것이다.

하이브리드 마케팅

최근 기업들은 디지털 시대 소비자에게 다가서는 방법으로 하이브리드 마케팅(Hybrid Marketing)을 활용하고 있다. 하이브리드 마케팅은 온라인과 오프라인을 접목시킨 마케팅이다. 기존에 오프라인 기반을 갖고 있는 업체는 온라인 요소를, 온라인 시스템이 구축된 업체는 오프라인 요소를 가미해 시너지 효과를 낼 수 있다.

기업이 온라인과 오프라인을 통합해 다양한 서비스와 통로를 제공하는 하이브리드 마케팅을 사용하는 것은 너무도 당연한 시대이다. 앞으로는 하이브리드 마케팅의 힘이 더욱 커질 것이고, 그 형태 또한 점차적으로 발전되고 다양화할 것이다.

학원에서 하이브리드 마케팅 활용법

학원이 점점 전문화되어 가는 요즘 학원 경영자들에게 가장 많이 듣는 질문 중에 하나가 '학습 콘텐츠가 강화된다면 학원에 나올까요?'이다. 특히 온라인 학습 콘텐츠가 다각화되어 가는 요즘 학원 경영자들의 고민은 학원에서 '어떻게 온라인 콘텐츠를 적용할 것인가?'이다.

결론부터 말하자면 오프라인 콘텐츠와 온라인 콘텐츠는 무조건 많이 다양하게 적용해야 한다는 것이다. 학부모들은 온라인에 절대적 신뢰를 보내지 않으며, 오프라인과 연계된 온라인을 선호한다. 학원 홈페이지에 다양한 온라인 콘텐츠를 접목해보자. 고민할 내용이 아니라 실행으로 옮기는 용기가 더 필요하다.

김하나 원장 : 실제 효과를 본
온라인 · 오프라인 마케팅 스토리

금천구에서 영어국어전문학원 조셉에듀학원,
언어몰입관 조셉초등관, 입시관 조셉중고등관 운영
6만 팔로워 <carrot.mom> 인스타그램 운영

"학부모의 니즈에 귀 기울이세요.
니즈가 무엇이냐에 따라 마케팅 전략도 달라지거든요."

현재 진행하고 있는 마케팅과 실제적인 효과를 온라인/오프라인에서의 구체적인 사례로 말씀드립니다. 요즘 신학기다보니 신규생을 확보하기 위해서 온라인 중심으로 마케팅을 진행하고 있는데요. 학원에서 잘되고 있는 프로그램이나 수업 등을 직접 보고 느낄 수 있게 하려고 노력하고 있습니다. 학원의 주력 채널은 블로그나 인스타입니다.

[온라인 마케팅]

인스타

요즘 엄마들은 인스타그램으로 많은 정보를 검색하는 세대입니다. 초

등의 마케팅 대상은 당연히 엄마들 중심이며, 엄마들에게 '우리 아이를 보내고 싶은 학원'이라는 강렬한 이미지를 심어주기 위해 노력하는데요. 피드나 스토리보다는 릴스를 중심으로 제작하여 진행하고 있습니다.

중고등 입시관의 경우는 학생이 학원 선택권을 가지고 있어서 학생을 타깃으로 인스타에서 주로 홍보합니다. 단, 중고등학생들은 피드나 릴스 등을 올려서 자신들의 이야기가 박제되어있는 것을 싫어합니다. 이런 상황에서 인스타 홍보를 어떻게 해야 하나 고민이 되었는데요. 스토리 중심으로 소통하면서, 학생들이 스토리를 공유하고 싶어지게끔 하는 데에 주력하여 제작하고 있습니다. 학원들의 생생한 현장의 모습과 더불어 아이들이 펀(fun)하게 느낄 수 있는 요소들을 가미하는 데에 많은 고민을 합니다. 나아가 아이들이 출결에 대한 소통도 학원 인스타 계정과 디엠(dm)으로 하고, 학원의 이벤트나 각종 소식도 인스타를 통해 공지할 정도로 재원생의 호응이 매우 좋은 편입니다.

블로그

블로그는 초등관과 입시관을 하나로 합쳐서 운영하고 있습니다. 네이버나 구글 같은 웹 검색 시 상위 노출이 될 수 있도록 하는 데에 집중합니다. 70년대생 학부모까지는 인스타보다는 블로그 검색을 통해서 학원에 유입되는 경우가 많습니다. 가끔 우리 지역으로 전학 오는 경우가 있는데요, 거의 100% 학원 블로그를 통해 문의가 옵니다. 블로그에서는 일상생활뿐만 아니라 최대한 학원 콘텐츠를 보여주려고 합니다. 이벤트 요소는 최대한 빼고 수업 자체의 콘텐츠가 얼마나 알차며, 학원의 실적과 결과가 얼마나 좋은지를 보여주기 위해 집중하고 있습니다.

[오프라인]

초등관, 입시관 모두 신학기 광고는 오프라인으로 진행했습니다. 오프라인 광고는 신규생 유입보다는 재원생들의 만족도를 높이는 이벤트를 기획하여 진행하는데, 대표적인 예로는 조셉 2행시 대회, 5월 운동회, 마켓데이 등이 있습니다. 이런 내부 행사를 통해 재원생들의 만족도를 높이고 학원에 대해 최대한 바이럴이 될 수 있도록 집중합니다.

앞서 이야기한 모든 내용은 조셉영어국어학원 인스타와 블로그에 상세하게 기재되어 있으니 참고하시면 좋을 것 같습니다.

조셉 블로그 : https://blog.naver.com/8026171

조셉 입시관 : https://www.instagram.com/josephedu_official

조셉 초등관 : https://www.instagram.com/josephedu_junior/?hl=ko

다음은 설명회 운영 방법입니다. 현재 초등관의 학기 시작 설명회는 PPT와 함께 영상으로 찍어서 URL링크를 보내주고 있습니다. 학부모 입장에서는 학원 프로그램 설명회를 들으러 오는 것에 대한 피로감도 있고, 오프라인 설명회에서는 모두 들어야 하니 지루할 수 있으나 영상 설명회는 필요한 내용만 볼 수 있고, 캡처할 수 있어서 매우 호응이 좋습니다. 학원과 학부모 모두 만족도가 높은 방법이라고 생각합니다.

사실 입시 이슈의 설명회는 체리피커(얌체족)가 상당히 많습니다. 정보만 빼가고 등록으로 이어지지 않거든요. 그래서 기획 설명회를 더 자주 진행하는데요. 예를 들면 '초등부터 고등까지 수능 1등급 받을 수 있는 국어 로드맵' 설명회를 진행하고, 새로 개설되는 강좌를 왜 수강해야 하는지 설명회 장표에 녹여냅니다. 그리고 당일 등록 결정 시 20% 할인 이벤트를 진행하면, 나중에 등록 취소를 할 수 있지만 당일에는 등록하고 갑니다.

학원 운영에서 학부모의 니즈를 정확히 파악하고, 이를 반영한 설명회 운영과 마케팅 전략은 무엇보다 중요합니다. 온라인 설명회와 체리피커 대응방안을 통해 학부모와 학원 모두가 만족할 수 있는 홍보 운영방식을 찾아보시기 바랍니다.

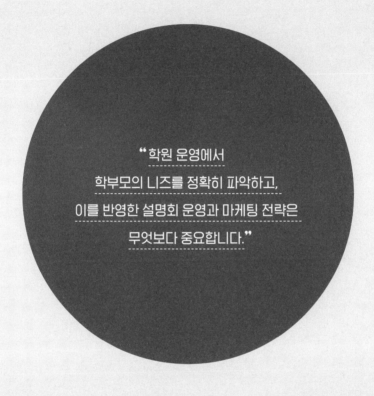

" 학원 운영에서
학부모의 니즈를 정확히 파악하고,
이를 반영한 설명회 운영과 마케팅 전략은
무엇보다 중요합니다. "

Part 4

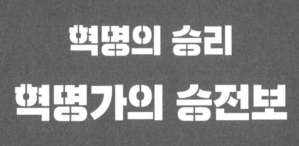

혁명의 승리
혁명가의 승전보

1인 학원
성공 경영
부스터

책을 통해 새로운 지식을 얻고, 다양한 관점을 이해함으로써 저 자신을 계속해서 발전시키려고 노력했습니다. 또한, 직원들과의 소통을 중시하며, 그들과의 대화를 통해 서로를 이해하고, 함께 성장할 수 있는 방향을 모색했습니다. 이 과정은 저를 더 나은 원장으로, 더 나은 인간으로 성장시키는 데 큰 도움이 되었습니다.

승자의 목소리 1
1인 학원장이 놓쳐서는 안 될 3가지
올마이티학원 여호원 대표 편

- - -

올마이티캠퍼스 대표 원장
《기적의 서울대 쌍둥이 공부법》 저자
10만명 구독자 <서울대쌍둥이> 유튜브채널 운영

여호원 대표님, 안녕하세요. 인터뷰에 응해주셔서 감사합니다.

충남 공주의 한일고 출신으로 사교육 없이 서울대에 장학생으로 입학하며 전국적으로 화제가 되셨어요. 학원 한 번 다니지 않고 자기 주도 학습의 힘으로 이루어낸 놀라운 성취를 듣고 많이 감동받았습니다. 이런 분과 사교육 현장에서 함께하고 있어서 영광이고 든든하기까지 합니다. 오늘은 그 여정과 경험을 바탕으로 '올마이티캠퍼스'를 성공적으로 운영하고 계신데, 원장님께 1인 학원 운영의 비결을 듣고자 합니다.

Q. 학생 수 감소와 강사 수급 등의 문제로 1인 학원장들이 자신에게 맞는 과목별 콘텐츠와 관리시스템으로 혼자 70명~100명의 학원을 알차게 운영하는 분들이 많이 있습니다. 이러한 학원장들을 위해서 1인 학원장이 놓

쳐서는 안 되는 가장 중요한 점 세 가지를 전달해주신다면요?

안녕하세요. 아직 부족한 게 많은데 이렇게 직접 찾아와주셔서 제가 오히려 감사합니다. 제가 생각하고 고민하는 점을 최대한 말씀드리겠습니다.

1인 학원 운영에서 중요한 점은 여러 가지가 있지만, 세 가지를 꼽자면 첫째는 상담 관리라고 생각합니다. 상담 시간을 잘 배치해 수업에 방해되지 않도록 해야 해요.

둘째는 1인 학원장으로서 1인 강사로서 일당백을 해야 하는 교육자와 강사를 두고 운영하는 학원사업가 사이의 딜레마가 고민이 되실 겁니다. 이 딜레마를 해결하기 위해 자신의 성향을 정확히 파악하는 것이 중요하다고 생각해요. 자신이 교육에 더 중점을 두고 싶은지, 아니면 사업 확장에 더 관심이 많은지에 따라 1인으로 계속 운영할지, 아니면 강사를 관리하며 조직을 확장할지 결정해야 합니다.

마지막으로, 저는 학생 한 명 한 명에게 집중하는 것의 가치를 매우 높게 평가합니다. 이를 통해 교육의 질을 높이는 것이 중요한데, 이것이 모든 학원장에게 최선의 방법은 아닐 수 있어요. 자신만의 교육 철학을 가지고, 각자의 상황과 성향, 목표에 맞는 운영 방식을 찾는 것이 매우 중요하다고 생각합니다.

Q. 대표님께서는 자체 개발한 올마이티 콘텐츠로 직영관을 운영하고 있고, 올마이티에서 전과목 프리패스 학습시스템이 가능하도록 학생관리, 학습관리, 강사관리 등의 시스템을 개발하고 고도화하고 계신데요. 어떤 목표로 하고 계신가요?

앞으로의 학원 모델은 온라인과 오프라인의 결합이 중요할 것 같아요. 오프라인 학원의 중요성은 여전하지만, 맞춤화 교육과 효율성을 위해 온라인 콘텐츠 활용이 더욱 강조될 것입니다. 저출산 시대에 맞춰 한 명의 학생에게 더 많은 투자와 관심을 기울여야 하니까요. 5년 후에는 올마이티가 전 과목을 관리하는 학원으로 성장하는 것을 목표로 하고 있습니다. 학생들이 모든 과목을 한 곳에서 관리 받으며, 24시간 내내 선생님의 지도를 받을 수 있는 시스템을 구축할 계획입니다.

그리고 저는 학생과 학원 운영관리에 있어서 세 가지의 키워드를 항상 우선순위에 둡니다.

첫 번째로 의지관리에 집중합니다. 학생들이 인강은 혼자 못하니까 학원을 다닙니다. 그러나 학원업의 본질 중에 하나인 의지가 없는 학생도 스스로 할 수 있게 만드는 의지관리 방법을 시스템으로 녹여내고자 지금도 계속 시스템을 고도화하고 있습니다.

그리고 두 번째로는 학생 자신의 상태를 정확하게 파악하도록 모든 학습활동을 시각화하여 제공하면서 학생들에게 자신의 상태에 대한 막연함을 제거하고자 합니다.

마지막으로는 선생님들이 저부가가치 업무는 시스템이나 프로그램으로 대체하여 핵심적인 활동에만 집중할 수 있도록 시스템을 개발하고 있습니다.

Q. 쌍둥이 형제인 두 대표께서 《기적의 서울대 쌍둥이 공부법》이란 책을 썼는데, 이 책을 통해 학생들에게 전달하고자 하는 가장 큰 메시지는 무엇일까요?

많은 공부법 책이 실천으로 이어지지 않는 문제를 해결하고 싶었습니다. 그래서 독자들이 자신에게 필요한 부분만을 선택해 실천할 수 있도록 진단 체크리스트와 솔루션을 제공하는 구조로 책을 구성했습니다. 목표는 책을 한 번 읽고 끝내는 것이 아니라, 지속적으로 활용하며 개선해나가는 것입니다. 공부도 사업도 행동과 지속성이 가장 중요하다고 생각합니다.

★ ★ ★ ★ ★ ★

여호원 대표와 인터뷰를 통해, 학원 교육의 미래는 단순히 지식을 전달하는 것에서 그치지 않고, 학생 개개인의 자기주도성을 키우고, 그들의 의지를 관리하는 데까지 그 역할이 확장되고 있다는 깊은 인사이트를 얻었습니다. 이제 학원은 학습자 한 명 한 명의 잠재력을 최대한 발휘할 수 있도록 하는 맞춤화된 교육 모델로 진화하고 있습니다. 이러한 변화는 단순히 학원 업계뿐만 아니라 우리 사회 전반에 교육의 본질에 대해 다시 한 번 생각하게 합니다.

여호원 대표가 강조한 '의지 관리', '학습 활동의 시각화', '강사의 핵심 활동 집중'은 학원 운영뿐만 아니라, 모든 교육 현장에서 중요하게 여겨져야 할 핵심 가치라고 생각합니다. 이는 학생들이 자신의 학습에 더욱 책임감을 가지고 자기주도적으로 학습할 수 있는 환경을 조성하는 데 큰 도움을 줄 것이라 믿습니다.

이번 인터뷰를 통해 여호원 대표와 올마이티캠퍼스의 미래지향적인 교육 방향성에 대해 배울 수 있었고, 이는 많은 원장님들에게 큰 영감을 제공할 것이라고 생각합니다. 교육의 본질에 대한 깊은 성찰과 함께, 학생 중심의 맞춤화된 교육이 우리 사회의 미래를 밝게 할 중요한 열쇠임을 다시 한 번 확인하는 기회가 되었습니다. 감사합니다.

승자의 목소리 2

교습소에서 학원 확장까지 성공 노하우
이영미국어학원 이영미 원장 편

• • •

남양주 다산동 중고등 전문 이영미국어논술학원 원장

Q. 교습소를 시작한 동기는 무엇인가요?

경력 단절을 겪고 있는 주부로서, 자녀를 직접 돌보면서 할 수 있는 일을 찾던 중에 공부방 운영이 떠올랐습니다. 자녀 교육에 직접 참여하고 싶은 마음과 함께, 다른 아이들에게도 질 좋은 교육을 제공하고 싶다는 생각이 맞물려 이 결정을 내렸어요. 제 아이와 함께 시간을 보내면서 경제적인 독립성을 유지할 수 있는 방법으로 공부방이 이상적이라고 판단했습니다. 책임감으로 학생들을 가르치다 보면 제 아이들에게도 긍정적인 학습 분위기를 만들어줄 수 있고, 본인의 능력도 개발될 것이라는 기대를 했습니다.

Q. 1인 학원을 운영하며 경험한 주요 함정들에 대해 구체적으로 설명해줄

수 있나요? 프로의식, 나태, 소통 등의 측면에서 실제로 겪었던 어려움과 이를 어떻게 극복했는지 사례를 들어 설명해주세요.

저는 학생들의 스케줄을 최우선으로 생각했어요. 제 개인적인 스케줄 때문에 수업 시간을 변경한 적은 단 한 번도 없습니다. 학생들의 학습 계획에 일관성을 주기 위해서죠. 그리고 수업 준비는 정말 중요해요. 저는 항상 수업을 철저히 준비했어요. 준비하지 않고 학생들 앞에 서본 적이 없어요. 완벽한 강의를 위해 끊임없이 노력했습니다.

혼자서 수업, 관리 등 모든 것을 다해야 했기에 정말 바쁘긴 했습니다. 수업, 상담, 청소 그리고 홍보까지 모든 걸 혼자 해야 했으니까요. 그런 중에도 학부모와의 소통을 결코 소홀히 하지 않았어요. 학생 한 명, 한 명의 스케줄을 제가 다 알고 있을 정도로 관심을 가지고 그들과의 소통에 항상 신경 썼습니다.

Q. 1인 원장 시절 가장 큰 도전은 무엇이었고, 이를 극복하기 위한 실행 전략은 무엇이었을까요?

교습소를 운영하면서 가장 큰 도전은 바로 학원으로의 확장이었습니다. 이 과정에서 저는 학원의 전문성과 브랜드 이미지를 강화하기 위해 자체 교재 개발을 결심했습니다. 하지만 교재 개발은 상당한 시간과 노력을 요구하는 작업이었고, 이를 위해 어려운 결정을 내려야 했습니다. 바로 고등부 학생들을 일시적으로 퇴원시키는 것이었죠. 이 결정은 쉽지 않았습니다. 학생들과 학부모님들에게 이해를 구하고, 학원의 장기적인 비전을 공유하며 협조를 요청했습니다. 그리고

1년 동안 교재 개발에 전념했습니다. 이 기간 동안 저는 교육 콘텐츠 연구, 교재 구성, 디자인 검토 등 모든 과정에 깊이 관여했고, 전문가들과의 협업을 통해 질 높은 교재를 완성할 수 있었습니다.

결과적으로 이 교재는 학원의 전문성을 대외적으로 알리는 중요한 수단이 되었고, 학원의 브랜드 가치를 크게 향상시키는 데 기여했습니다. 고등부 학생들을 일시적으로 퇴원시킨 결정은 단기적으로는 어려움이 있었지만, 장기적으로 학원의 성장과 발전에 큰 도움이 되었습니다.

Q. 교습소에서 학원으로 확장하는 과정에서 특별히 중점을 둔 전략이나 노력이 있었다면 무엇일까요? 그리고 현재 어떤 성과를 거두었는지 구체적으로 말씀해주세요.

국어 전문 학원으로 지역에서 1위를 달성했습니다. 이는 규모나 성적뿐만 아니라 인지도면에서도 매우 의미 있는 일이었습니다. 우리 학원이 위치한 지역은 전통적으로 학군지로 알려져 있지 않아 국어 과목을 일찍부터 시작하는 경향이 적었습니다. 이런 불리한 조건 속에서 저는 국어 과목의 중요성을 부각시키기 위한 일종의 계몽 운동을 시작했습니다. 학부모 세미나, 커뮤니티 포럼 등을 통해 국어 교육의 중요성과 그에 따른 장기적인 학습 효과에 대해 적극적으로 알렸습니다. 또한, 국어 과목에 대한 체계적이고 차별화된 교육 프로그램을 개발하고 실행하여 학생들의 학습 성과를 극대화했습니다.

이러한 노력의 결과로 학생 수가 점차 증가했고, 학생들의 성적 향상과 함께 학원의 명성도 상승했습니다. 국어 과목을 통해 학원의 전문성을 강화하고, 지역 사회 내에서 교육의 질을 높이는 데 기여할 수 있었습니다. 이 과정에서 학원은 단순한 교육 기관을 넘어 지역 사회의 교육 문화를 선도하는 역할을 하며 초심을 잃지 않고 달리고 있습니다.

Q. 학원 규모를 확장하면 발생하는 문제들은 무엇이었고, 이를 해결하기 위해 어떤 노력을 하고 있나요?

학원을 확장하는 과정에서 두 가지 큰 도전에 직면했습니다.

첫 번째는 조직력 강화와 관련된 인사 문제였습니다. 학원이 성장함에 따라 새로운 팀원들을 영입하고, 그들을 효과적으로 교육하고 관리하는 일은 생각보다 복잡했습니다. 각각의 직원이 학원의 문화에 잘 적응하고, 개인의 성장과 학원의 목표가 일치하도록 하는 과정은 지속적인 관심과 노력을 요구했습니다. 이 과정에서 적절한 피드백과 지원 시스템을 마련하는 것이 중요했습니다.

두 번째 도전은 학원의 규모가 커지면서 제가 직접 수업을 진행하는 것보다는 경영에 더 많은 시간을 투자하게 된 점이었습니다. 학부모들은 처음에는 '이영미'라는 개인에게 신뢰를 보냈기 때문에, 이러한 변화에 대해 일부 저항하는 것을 느꼈습니다. 이를 극복하기 위해, 저는 학부모님들과의 정기적인 소통을 강화하고, 학원의 비전과 변화하는 운영 방식에 대해 투명하게 공유했습니다. 학부모들이 학원의 성장 과정을 이해하고, 변화에 동참할 수 있도록 하는 것이 중요했습니다.

이 두 가지 도전을 통해 학원장으로서 조직을 이끄는 법, 변화를 관리하는 법, 그리고 커뮤니티와의 신뢰를 유지하는 법을 배웠습니다. 다른 학원장들에게도 이러한 경험을 공유하고 싶습니다. 확장 과정에서 마주할 수 있는 도전들을 이해하고, 이에 대비하여 조직의 내부 역량을 강화하며, 학부모들과의 소통을 지속적으로 유지하는 것의 중요성을 인식하는 것이 중요합니다.

Q. 1인 원장으로서의 경험이 현재 학원 운영에 어떤 구체적인 영향을 미쳤을까요?

1인 원장으로서의 경험은 현재 학원 운영에 깊은 영향을 미쳤습니다. 초기에는 교재 개발부터 강사 교육까지 모든 것을 직접 해야 했습니다. 이 과정에서 교육 콘텐츠에 대한 깊은 이해와 강사로서의 역량을 동시에 개발할 수 있었습니다. 교재 개발에 있어서는, 학생들의 이해도와 흥미를 높일 수 있는 내용 구성과 설명 방식을 고민하며, 직접적인 피드백을 반영할 기회가 많았습니다. 이러한 경험은 현재 교재 개발 프로세스에도 적용되어, 학생 중심의 교재를 만드는 데 큰 도움이 되고 있습니다.

강사 교육에서는, 1인 원장 시절 직접 수업을 하며 얻은 경험과 노하우를 전달합니다. 강사들이 학생들과의 소통 방법, 수업 진행의 효율성, 그리고 학생 개개인의 학습 스타일에 맞춘 지도 방법을 이해할 수 있도록 돕습니다.

학원장들께 드리고 싶은 조언은, 모든 경험이 귀중하다는 것입니다. 초기에 직접 해야 했던 일들이 많이 버겁겠지만, 그 과정에서 얻은 인사이트와 스킬은 나중에 학원을 확장하고 운영하는 데 있어 큰 자산이 됩니다. 따라서 현재 어려움을 겪고 있더라도 그 경험을 통해 배우고 성장하는 기회로 삼으시길 바랍니다.

Q. 학원 규모를 확장하면서 어떤 운영 전략의 변화를 경험하셨나요? 특히 조직 내에서의 역할 분담과 위임에 관한 전략이 어떻게 변화했는지 구체적인 예시와 함께 설명해주세요.

학원 규모 확장을 진행하면서 가장 중요한 운영 전략의 변화는 바로 '위임'의 실천이었습니다. 초기에는 대부분의 결정과 업무를 직접 처리했지만, 규모가 커지면서 이러한 방식은 더 이상 효율적이지 않게 되었습니다. 따라서 부원장, 부장, 실장, 팀장 등 다양한 직책을 설정하고, 각자의 역할에 맞는 책임과 권한을 위임했습니다.

예를 들어, 교육 커리큘럼 개발은 교육부장에게, 학생 관리는 실장에게, 마케팅과 홍보는 팀장에게 위임했습니다. 이러한 위임은 각 부서의 전문성을 강화하고, 더 빠르고 효율적인 의사결정을 가능하게 했습니다. 또한, 직원들이 자신의 역할에서 주도적으로 일할 수 있는 환경을 조성함으로써 조직 전체의 동기 부여와 만족도를 높일 수 있었습니다.

여기서 학원장들에게 강조하고 싶은 것은, 위임은 단순히 업무를 나누는 것 이상의 의미가 있다는 것입니다. 위임을 통해 각 팀원이 전문가로서 성장할 수 있는 기회를 제공하고, 그들의 아이디어와 창의력을 학원 운영에 적극적으로 반영하게 함으로써 학원 전체의 성장과 혁신을 이끌어낼 수 있습니다. 따라서 위임의 과정에서는 각 직원의 역량을 정확히 파악하고, 적절한 교육과 지원을 제공하는 것이 중요합니다.

Q. 1인 학원과 중형 학원에서 학부모와의 소통 방식에는 어떤 차이가 있 나요?

1인 학원에서는 원장이 모든 학부모 소통의 중심에 있습니다. 원 장이 직접 전화로 학부모와 통화하고, 학생의 진도 및 발전 상황에 대해 상세히 설명합니다. 이러한 직접적인 소통은 신뢰 구축에 매우 효과적이지만, 시간 관리가 중요합니다. 원장은 학부모와의 소통뿐 만 아니라 수업 준비와 학원 운영의 다른 측면도 관리해야 하므로, 효율적인 시간 관리 전략을 수립해야 합니다.

중형 학원에서는 상담실장이나 담임교사가 학부모 소통의 주요 역 할을 맡습니다. 이 경우, 소통의 일관성과 품질을 유지하기 위해 명 확한 지침과 훈련이 필요합니다. 학부모와의 소통을 담당하는 직원 들에게 효과적인 커뮤니케이션 기술을 교육하고, 학원의 정책과 학 생 관리 방침에 대해 잘 알도록 해야 합니다. 또한, 원장은 정기적으 로 학부모 설명회를 개최하거나 뉴스레터를 발송하는 등, 학부모와 직접적인 연결고리를 유지하는 노력이 필요합니다.

실무적인 조언으로는, 중형 학원에서는 학부모 소통을 위한 CRM(고객 관계 관리) 시스템을 도입하는 것을 고려해 볼 수 있습니다. 이 시스템을 통해 학부모와의 모든 소통 이력을 관리하고, 필요한 경 우 즉시 정보를 검색하여 응대할 수 있습니다. 또한, 정기적인 학부 모 만족도 조사를 실시하여 소통 방식에 대한 피드백을 수집하고 개 선할 수 있는 방안을 모색하는 것도 중요합니다.

Q. 앞으로의 원장님의 목표는 무엇이며, 각각의 목표 달성을 위한 전략은 어떻게 구상하고 있는지요?

2024년에는 세 가지 중점 목표를 설정하고 있습니다.

첫 번째 목표는 본원과 모든 지점의 경영을 완벽하게 통합하는 것입니다. 이를 위해, 중앙화된 경영 시스템을 도입하여 모든 지점의 운영 상황을 실시간으로 파악하고, 지점별 맞춤형 지원을 제공할 예정입니다. 정기적인 경영 리뷰와 지속적인 커뮤니케이션을 통해 모든 지점이 동일한 운영 기준과 품질을 유지하도록 할 것입니다.

두 번째 목표는 학원의 학생 수를 200명 늘리는 것입니다. 이를 위해, 효과적인 디지털 마케팅 전략을 구축하고, 입소문 마케팅을 강화할 계획입니다. 학생과 학부모의 만족도를 높이는 것이 핵심이므로, 교육의 질을 지속적으로 개선하고, 학생들의 성공 사례를 적극적으로 홍보하여 학원의 브랜드 가치를 높일 것입니다.

이러한 목표는 학원의 지속 가능한 성장과 브랜드 가치 향상을 위해 필수적입니다. 각 목표에 대해 구체적인 실행 계획을 수립하고, 정기적인 평가를 통해 진행 상황을 모니터링할 것입니다. 이를 통해 2024년에 학원이 새로운 성장의 기회를 포착하고, 더 넓은 영역으로 확장할 수 있을 것으로 기대합니다.

승자의 목소리 3

비전공자의 학원 창업 성공 비법
민홍준영어학원 민홍준 원장 편

• • •

경기도 성남시 위례 중고등 영어전문학원 민홍준영어학원 원장

Q. 1인 학원과 현재 규모 학원의 학습관리 방법의 차이는 무엇일까요?

저는 원래 교습소를 할 때 완전 강성으로 일했습니다. 아이들과는 형같이 편하게 지내지만 공부시킬 때는 될 때까지 시켰습니다. 새벽 2시, 3시까지 시켰습니다. 어머님들이 매일 저녁을 만들어서 보내주셨습니다. 불과 3~4년 전에 있었던 일입니다. 낭만으로 가득했던 시간이었습니다. 찐한 사제 관계 이상이었습니다. 그때 제자들과 지금도 친하게 지냅니다. 아이들을 정말 진심으로 대했고 어떻게든 변화시키려고 노력했습니다. 단순히 영어만 가르치는 게 아니라 인생을 살아가는 태도의 변화, 더 넓게 바라볼 수 있는 관점을 변화시키려고 노력했습니다.

사업의 관점에서 학생이 150명 이상이 될 때쯤 이제 더는 원장의

파워만으로 끌고 가기 어렵다고 느꼈습니다. 그리고 대중성을 가지고 운영해야 더 많은 학생을 가르칠 수 있다는 것을 알게 되었습니다. 그래서 최상위 기준으로 가르치는 학생들을 데리고 가되, 적당한 양을 효율적으로 가르칠 방법과 관리 방법을 만들어 냈습니다. 이벤트는 단어왕, 시험대비 동형 모의고사 시험, 지역 영어 최강자 시상 등 할 수 있는 모든 것을 하고 있습니다.

Q. 피아니스트였던 분이 영어 학원장이 된 계기와 목표는 무엇이었을까요?

피아노 실력은 한국에서 완전 탑급으로 인정받을 정도의 수준이었습니다. 선화예고 3등 졸업, 최우수 실기 수상으로 졸업을 했고, 유수의 많은 콩쿨 대회에서 입상을 했습니다. 교수를 목표로 했고, 돈도 많이 벌어 성공하고 싶었습니다. 그러나 피아노로 석사, 박사 등까지의 기회비용, 그 후 수입을 생각해볼 때 답이 안 나왔습니다.

영어 원장이 된 계기는 두 가지입니다. 첫 번째는 대학생 때 강사를 시작했는데, 시장에서 아주 빠른 시간에 인정받았습니다. 인정받았다는 것은 수입과 가르치는 학생 수, 그 지역에서의 위상을 의미합니다. 아이들과 관계 형성하는 것이 남달랐습니다. 지금 생각해도 말이 안 되는 퍼포먼스를 보였다고 생각합니다. 두 번째는 이 일을 진심으로 사랑했습니다. 수업이 없는 날에도 수업하러 가고 싶었습니다. 빨리 1000만 원 이상의 수입을 얻고 싶어서 26세 때 피아노를 과감하게 그만두었습니다.

Q. 원장님께서 다시 1인 학원을 오픈한다면 학원 운영계획서의 가장 주요 키워드는 무엇일까요?

오픈 목표 : 학생 수 200~300명
• 대상 : 초등학교 5학년~고3
• 학원 평수 : 60평+40평
• 지도 과목 : 영어
• 학부모 관리 이코딩 사용(데일리 리포트 활용/상담 전화 최소화)

Q. 2025년까지 원장님의 목표는 무엇입니까?

3개 지역에서 각 지역 TOP5 안에 드는 것입니다. 요즘 인구 10만 명 정도 되는 지역에서 200~300명 영어 학원을 만들면 과목에서 5등 안에 들어갈 수 있습니다. 보수적으로 잡아서 TOP5인데 이미 2개 지역에서 달성했습니다. 하나를 더 오픈해서 3개 지역 TOP5를 만들어갈 생각입니다.

Q. 끝으로 1인 학원을 운영하는 분들께 한말씀 부탁드립니다.

1인 학원을 할 때 가장 행복했습니다. 아이들과 직접 소통하며 많은 영향을 주었고, 열정적으로 가르쳤습니다. 그때 내공이 쌓여서 큰 학원을 만들 수 있었습니다. 내가 가르치는 것이 가장 행복하고 좋으면 계속 그렇게 운영해도 좋지만, 사업을 하고 싶다면 준비를 잘해서 30평 100명 정도의 학원으로 확장하세요. 수입이 향상되고, 역량이

한 단계 높아지고, 자기 만족도도 커집니다. 아주 작은 조직 관리를 한다는 느낌이 드는데, 그것이 또 다른 재미가 됩니다.

승자의 목소리 4
공부방 원장이 3개의 법인 학원장이 되다
LMPS수학학원 노혜림 원장 편

• • •

남양주 다산동 중고등전문 LMPS수학학원 원장

Q. 원장님의 학원 운영 스토리를 간단히 부탁드립니다.

안녕하세요? 저는 LMPS수학학원을 운영하고 있는 노혜림 원장입니다. 수학 과외부터 시작해서 아파트에서 8년간의 개인 수학공부방을 거쳐 수학학원을 오픈 후 규모를 키워나갔습니다. 학원을 연 지 4년 만에 지금은 3개의 법인 수학학원을 운영하고 있습니다. 1인 공부방 원장 시절, 60명의 학생들과 호흡하고 30명의 대기를 걸었던 경험이 있습니다. 그때 공부방의 한계에 대한 고민을 많이 했고, 학원으로 나와 새롭게 시작하여 지금에 이르렀습니다. 아직은 부족하지만 무한한 가능성과 열정을 펼칠 수 있는 교육법인 학원 원장 직함이 지금은 너무 좋고 행복합니다.

Q. 1인 학원에서 제공하는 교육의 장점과 1인 원장이기에 생길 수 있는 함정의 방지책은 무엇일까요?

1인 학원에서 제공하는 교육의 장점은 아무래도 개별 맞춤 수업이 아닐까 싶습니다. 실제로 1인 공부방을 운영하면서 저는 그 안에서도 학년별 레벨별 수업을 진행하였고 또한 학생별로 부족한 부분을 메우기 위해서 자체 교재를 제작 배포하였습니다. 부족한 부분은 개별로 메워나가고 잘하는 부분은 빨리빨리 나갈 수 있다는 강점이 있었습니다.

1인 원장이기에 생길 수 있는 함정은 매너리즘에 빠지기 쉽다는 점입니다. 혼자 운영하다 보니 외부와의 관계가 단절되는 맹점이 있어서, 진도나 수업 상황을 스스로는 점검하지만 객관적이고 체계적이지 못하다는 함정에 빠질 수 있습니다. 이런 함정을 방지하기 위해 1인 공부방, 1인 원장님들이 모여 세미나나 커뮤니티를 통해 같이 공부하고 연구하는 것이 필요합니다.

Q. 학부모 관리에서 자주 발생하는 문제와 그 해결책에 대해, 1인 학원장 시절의 경험을 바탕으로 조언 부탁드립니다.

1인 학원으로 시작해 지금은 중형 학원을 운영하고 있는데, 학부모 관리에서 다양한 경험을 했습니다. 1인 학원장 시절에는 학부모와의 직접적인 소통이 큰 장점이었습니다. 개별 맞춤 수업을 통해 학생 한 명 한 명의 필요와 학부모의 기대에 부응할 수 있었죠. 하지만 이 과정에서 학부모의 과도한 기대나 불필요한 개입을 관리하는 것이 중요했습니다.

해결책으로는, 첫째, 정기적인 소통을 통해 학부모와 신뢰 관계를 구축했습니다. 학생의 진도, 성과 그리고 개선 방향에 대해 투명하게 공유하며 학부모의 이해와 협력을 이끌어냈습니다. 둘째, 학부모 설명회나 개별 상담을 통해 교육 방향과 목표를 명확히 했습니다. 이는 학부모의 불필요한 개입을 줄이고, 학생에게 최적화된 교육을 제공하는 데 도움이 되었습니다.

중형 학원을 운영하면서도 이러한 원칙들을 계속 적용하고 있습니다. 1인 학원 운영 시절의 경험이 학부모 관리의 기초를 다지는 데 큰 도움이 되었고, 이를 바탕으로 더 많은 학생과 학부모를 효과적으로 관리하는 시스템을 구축했습니다. 1인 학원 원장들에게 학부모와의 긴밀한 소통과 신뢰 구축의 중요성과 이를 통해 학원의 차별화와 명성을 높일 수 있다는 점을 강조하고 싶습니다.

Q. 현재 사용하고 있는 학습콘텐츠와 운영콘텐츠는 무엇일까요?

학습콘텐츠는 따로 사용하는 것이 없습니다. 운영콘텐츠는 아카2000(세계로시스템)을 사용합니다. 또한 잔디(JANDI)라는 협업툴을 통해서 학원 내부의 소통을 하고 있습니다.

Q. 지역 내 다른 학원과의 협업을 통해 시너지를 창출하는 구체적인 전략과 어떤 방식으로 협업을 진행하고 계신지 궁금합니다.

우리 학원은 지역 내 다른 학원들과의 협업을 통해 서로의 강점을 활용하고, 학생들에게 더욱 다양하고 풍부한 교육 기회를 제공하고 있습니다. 특히, 수학을 제외한 다른 과목 학원들과 긴밀히 협력하고 있습니다.

우리의 협업 방식 중 하나는 공동 마케팅 활동입니다. 예를 들어, 학교 주변에 전단지를 공동으로 배포하여 각 학원의 프로그램을 홍보합니다. 이는 비용면에서 효율적이며, 서로의 학원을 상호 추천함으로써 더 넓은 학생에 도달할 수 있습니다.

또 다른 협업의 예는 공동으로 모의고사를 준비하고 실행하는 것입니다. 이를 통해 학생들은 다양한 과목에 대한 포괄적인 시험 준비를 할 수 있으며, 학원들은 전문성을 공유하고 학생들의 학습 성과를 극대화할 수 있습니다. 이러한 협업 과정에서는 각 학원의 역할과 책임을 명확히 정의하고, 정기적인 소통을 통해 프로젝트의 진행 상황을 점검합니다. 협업은 단순히 신규 학생 유입을 목표로 하는 것을 넘어, 서로의 성공을 지원하고 힘이 되는 전략이라고 생각합니다.

Q. 학생 및 학부모 관리 측면에서 1인 학원에서 중형 학원으로 성장하며 경험한 시스템의 변화가 있다면 구체적으로 어떤 것이 있을까요?

3가지를 말씀드린다면, 첫 번째 가장 두드러진 변화는 업무 분담과 위임의 체계화입니다. 1인 학원에서는 모든 결정과 관리를 저 혼자 했지만, 지금은 직원들에게 적절한 책임과 권한을 위임하고 있습니다. 이는 우리 학원의 효율성과 생산성을 크게 향상시켰죠.

두 번째로는 회의와 커뮤니케이션이 더욱 중요해졌습니다. 우리는 아카, 잔디, 캡스와 같은 다양한 관리 도구를 사용하여 학원의 일상적인 운영을 관리하고 있습니다. 이러한 도구들은 학생 및 학부모 관리를 포함한 모든 측면에서 우리의 작업을 더욱 체계적으로 만들어 줍니다.

세 번째는 학원이 성장함에 따라 직원들 사이에 명확한 직급과 역할을 설정했습니다. 이는 각 직원이 자신의 역할을 정확히 이해하고, 그에 따른 책임을 지며, 전체 학원 운영에 더욱 효과적으로 기여할 수 있도록 합니다. 직급 체계의 도입은 우리 학원의 전반적인 운영 효율성을 높이는 데 큰 역할을 했습니다.

Q. 학원이 성장하면서 원장으로서 경험하는 가장 힘든 점과 그때마다 어떤 솔루션으로 극복했는지요?

학원 운영 자체의 어려움보다는, 직원들과 강사진과의 관계 속에서 제 역할을 충실히 수행하는 것이 힘들었습니다. 때때로 저 자신이 부족하다고 느꼈고, 이는 원장으로서의 책임감을 더욱 무겁게 만들었습니다. 이러한 도전을 극복하기 위해, 저는 매일 독서를 통해 자기 성찰의 시간을 갖습니다. 책을 통해 새로운 지식을 얻고, 다양한 관점을 이해함으로써 저 자신을 계속해서 발전시키려고 노력했습니다. 또한, 직원들과의 소통을 중시하며, 그들과의 대화를 통해 서로를 이해하고, 함께 성장할 수 있는 방향을 모색했습니다. 이 과정은 저를 더 나은 원장으로, 더 나은 인간으로 성장시키는 데 큰 도움이 되었습니다. 학원의 성장만큼이나 중요한 것은 저 자신의 성장이며, 이를 통해 학원 커뮤니티 전체가 함께 발전할 수 있다고 믿습니다.

Q. 성공적인 학원 운영을 위한 3가지 키워드는 무엇이며, 원장님의 교육 철학에 따른 교육사업의 목표를 들을 수 있을까요?

첫째, 숨 쉬는 것 빼고는 모두 레버리지하는 것을 원칙으로 합니다. 원장보다 더 잘하는 직원과 강사를 두고 믿고 맡기지만, 정확한 피드백을 통해 한 몸처럼 움직일 수 있도록 합니다. 학원에서 원장은 늘 공기처럼 존재하는 사람이라고 생각합니다. 둘째, 모든 책임은 원장이 집니다. 셋째, 적재적소에 사람을 배치하고, 함께 노력하고 성장하며, 직원들이 다 같은 비전과 꿈을 가질 수 있도록 돕습니다.

저는 "태도를 바꾸는 학원, 목표를 현실로~!!!"라는 기치 아래 LMPS수학 학원을 운영하고 있습니다. 우리 학원은 초등학교에 와서 고3 대학 입시까지 하는 수학학원입니다. 아이들을 초등부터 고등 시기까지 수학교육을 책임지는 학원이자 입시까지도 완벽히 잘 해내는 교육기관이 되고 싶습니다. 수학이라는 과목을 통해 10대에 만들 수 있는 끈기, 노력, 열정을 불러일으켜 태도를 바꿔가고, 결국에는 좋은 결과를 낼 수 있도록 지도하고 싶어요.

또한 교육 비즈니스로서 우선 1,000명 학원을 운영하는 원장이고 싶습니다. 이제 곧 가능할 것 같네요. 그리고 10개의 학원을 운영하고 싶고요. 마지막으로는 사립학교를 만들어서 사단법인 이사장을 하고 싶은 게 최종목표입니다.

전문가들의 부스터
입시, 진로진학, 문해력

- - -

입시편

변화하는 대학 입시 시스템에 대한 학원의 대응 전략

입시네비게이션 신준호 대표

입시컨설팅전문 회사. 수시·정시·학습 컨설팅 진행.
자체 개발한 학원관리/배치 프로그램 '입시내비게이션' 제공 교육 기업.

Q. 현재 입시 트렌드와 변화하는 대학 입시 시스템에 대한 학원의 대응 전략에 대한 조언 부탁드립니다.

고교학점제 도입이 입시 판도에 큰 변화를 가져오고 있지요. 이제 고등학교 1학년 때의 성적이 더욱 중요해질 거란 점, 특히 의대 입시에서 그 영향력이 클 거라는 점에 주목해야 합니다. 수시 모집에서 의대 정원이 늘어나면서 지방 학생들에게도 1학년 성적의 중요성이 증대되고 있어요.

첫째, 학원에서는 고1 내신 관리에 각별한 주의를 기울여야 합니다. 이는 단순히 성적을 관리를 넘어, 학생들이 자신의 학습 방향을 조기에 설정할 수 있도록 도와주는 것을 의미해요. 예를 들어, 특정 과목에서 약점을 보이는 학생에게는 개인 맞춤형 튜터링을 제공하거나, 상위권 학생들을 위한 심화 과정을 운영하는 식이죠.

둘째, 대입 준비는 고등학교에 진학하기 전부터 시작해야 합니다. 중학교 때부터 고등학교 모의고사에 대비하게 하고, 수능까지의 로드맵을 함께 계획하는 것이 중요해요. 예를 들어, 영어 학원에서 중학생을 대상으로 고등학교 모의고사 준비반을 운영한다면, 이 학생들은 고등학교에 진학했을 때 영어 과목에 대한 자신감을 가지고 시작할 수 있겠죠.

셋째, 모의고사 대비뿐만 아니라, 중학교 모의고사 성적 분석을 통해 학생들이 자신의 위치를 파악하고, 앞으로 어떤 대학에 진학할 수 있는지를 예측하는 서비스를 제공하는 것도 중요합니다. 이는 학생들에게 구체적인 목표를 제시해주고, 동기부여하는 데 큰 도움이 됩니다.

현재 입시 트렌드와 변화하는 대학 입시 시스템에 대응하기 위해서는, 1인 학원장으로서의 유연성과 창의성을 최대한 발휘해야 합니다. 고교학점제는 학생 개개인의 학습 경로와 성적 관리가 더욱 중요하게 만들었습니다. 이는 1인 학원에는 오히려 기회가 될 수 있습니다. 대형 학원이 제공할 수 없는 맞춤형 지도와 개인적인 관심으로 학생들을 성공으로 이끌 수 있습니다. 여러분의 노력과 헌신이 학생들의 미래를 밝히는 데 결정적인 역할을 할 것입니다. 변화하는 입시 환경 속에서도 여러분의 학원이 학생들에게 신뢰받는 등대가 되길 바랍니다.

Q. 최근 입시에서 중요해진 세특 활동의 중요성과 학원에서 준비할 수 있는 방안은 무엇일까요?

세특(학교생활기록부에 기록되는 과목별 세부사항 및 특기활동) 관리는 학원에서 손쉽게 할 수 있는 부분이 아닙니다. 학생부종합전형에서 중요한 세특은 대부분 학교에서 이루어지고, 학원의 역할에는 한계가 있어요. 그러나 학원에서는 학생들이 탐구보고서나 수행평가를 준비할 때 방향을 잡아주고, 내용이 학생의 열정과 능력을 잘 드러낼 수 있도록 도와줄 수 있습니다. 세특을 직접 관리하려고 하기보다는 학생들이 스스로 잘할 수 있도록 올바른 가이드를 제공하는 데 집중하세요. 결국, 학원은 학생들이 자기주도적으로 성장할 수 있도록 돕는 곳이어야 합니다.

세특 준비 지원은 분명 가치 있는 일이지만, 여러분의 핵심 역량에서 벗어나지 않도록 주의가 필요합니다. 학생들이 자기주도적으로 학습하고 탐구하는 능력을 키워주는 것이 학원의 본질입니다. 세특 관리에 너무 몰두하다 보면, 학원의 기본적인 교육 목표를 놓칠 위험이 있습니다. 학생들의 탐구 활동을 지원하되, 학원의 근본적인 역할과 목표에 집중하는 균형을 잃지 말아야 합니다. 학생들이 스스로 성장할 수 있는 환경을 조성하는 것이 여러분의 가장 중요한 임무입니다.

Q. 대학 입시 준비를 위해 중등 시기에 무엇을 준비하는 것이 좋을까요?

중학생 때에 대학 입시 준비를 위해 할 수 있는 가장 중요한 일은 고등학교 내신 성적 관리를 위한 기초를 다지는 것입니다. 특히 고등학교 1학년 때의 내신 성적이 중요하므로, 중학교 시절부터 관련 과목에 대한 이해도를 높이고 기본기를 튼튼히 하는 것이 필요합니다. 또한, 세특 관리를 위해 탐구보고서나 수행평가에 대한 준비도 필요합니다. 이는 특히 특목고나 자사고 진학을 목표로 하는 학생들에게 중요하며, 이러한 경험은 고등학교에서의 세특 관리에 큰 도움이 됩니다. 따라서, 중학교 때부터 이러한 활동에 참여하고, 연습하는 것이 좋습니다. 1인 학원에서는 학생들이 이러한 준비를 체계적으로 할 수 있도록 지도하고, 필요한 지원을 제공해야 합니다.

Q. 수시와 정시 중 어떤 전형을 선택하는 것이 유리한가요? 그 이유는 무엇일까요?

수시와 정시 중 어떤 전형이 학생에게 유리한지는 개인의 성향과 상황에 따라 달라집니다. 수시에는 교과 전형, 종합 전형, 논술 전형이 있고, 정시는 주로 수능 점수로 평가합니다. 학생이 내신에서 강하다면 교과 전형이, 활동과 자기소개서를 잘 작성할 수 있다면 종합 전형이, 논술을 잘한다면 논술 전형이 유리할 수 있습니다. 반면, 전국적인 경쟁에서 자신이 있다면 정시를 고려해볼 수 있습니다.

학생이 어느 전형에서 유리할지는 그 학생의 학교 성적, 활동 이력, 논술 및 시험 능력뿐만 아니라 목표하는 대학과 학과에 따라 달라집니다. 예를 들어, 서울대를 목표로 한다면, 해당 학생이 서울대에 갈 수 있는 가장 강력한 전형은 무엇인지 고민해야 합니다. 이는 학생 본인만의 경쟁력을 파악하고, 그에 맞는 전략을 세우는 것을 의미합니다.

1인 학원장은 학생 개개인의 상황을 면밀히 분석하여, 각 학생에게 가장 적합한 전형을 추천해야 합니다. 이는 단순히 학생의 성적만을 고려하는 것이 아니라, 그 학생의 전반적인 프로필, 성향, 목표 대학과 학과를 종합적으로 고려해야 하는 복합적인 과정입니다. 때로는 전문적인 컨설팅을 통해 보다 정확한 방향을 제시받는 것도 중요합니다. 잘못된 전형 선택은 학생의 미래에 큰 영향을 미칠 수 있으므로, 신중한 결정이 필요합니다.

1인 학원장에게 드리고 싶은 조언은, 학생 개개인의 특성과 상황을 꼼꼼히 분석하여 맞춤형 입시 전략을 제공하는 것이 매우 중요하다는 것입니다. 각 학생이 가진 고유한 장점과 선호, 그리고 그들의 목표를 이해하고, 이를 바탕으로 가장 적합한 입시 전형을 선택할 수 있도록 도와주는 것이 핵심인데, 이는 단순히 성적이나 활동 이력을 넘어서, 학생의 개성과 미래의 꿈을 고려하는 과정입니다.

이런 역할은 중요한 만큼 매우 어렵습니다. "선무당이 사람 잡는다"는 말처럼 전문가처럼 학생들을 지도하다가 학생들에게 부정적인 결과를 초래할 수도 있습니다. 그래서 외부의 전문적인 컨설팅을 활용하는 것도 한 방법이 될 수 있습니다. 학생을 가장 잘 파악하고 있는 사람은 그 누구보다도 원장이기에 학생에게 도움을 줄 수 있는 입시전문가를 찾아서 학생과 매칭하는 것이죠. 중간에서 진행이 잘되고 있는지를 소통하며 학생이 자신의 꿈을 찾아 길을 잘 만들어가고 있는지 확인해주시기 바랍니다.

1인 학원 맞춤 진로진학 상담 노하우

다움커리어 박성훈 대표

성격·능력·흥미·가치관을 종합적 분석하여 최적의 진로 목표와
입시 로드맵을 추천해주는 적성 진단 검사를 제공하는 교육기업.

Q. 최근 몇 년간 진로진학 상담 분야에서 나타난 주요 변화에 대해 말씀 부탁드립니다.

진로진학 상담 분야에는 정말 다양한 변화가 있었죠. 가장 두드러진 변화는 아마도 학생들의 접근 방식이 바뀐 것일 겁니다. 예전에는 학생들이 진로에 대해 그다지 급하게 생각하지 않았어요. 대부분 막연한 느낌으로 진로를 바라보며, 고등학교 입시나 대학교 입시 같은 구체적인 고민에 더 많은 시간을 할애했죠.

지금은 상황이 많이 달라졌어요. 학생들이 진로와 입시를 분리해서 생각하지 않고 하나의 큰 그림으로 바라보기 시작했다는 점이 큰 변화죠. 특히 중요한 변화는 학생들이 이제는 늦어도 중학교 때부터 자신의 관심 분야를 찾기 위해 고민을 시작한다는 거예요. 이는 자

신의 미래에 대해 더 적극적으로 탐색하고 준비한다는 것을 말해줍니다.

이런 변화는 학생들이 자신의 진로를 더 신중하고 구체적으로 고민하게 만들었어요. 더 이른 시기부터 자신의 관심사와 열정을 탐색하고 그에 맞는 진로를 고민하게 되면서, 결국 더 만족스러운 진로 결정을 내릴 수 있는 기회가 늘어난 것 같습니다. 이는 학생들이 자신의 미래에 대해 더 확신을 가지고 준비할 수 있게 도와주는 긍정적인 변화로 볼 수 있죠.

Q. 4차 산업혁명 시대에 발맞춰 학생들은 진로를 위해 무엇을 해야 합니까?

아, 4차 산업혁명의 시대! 정말 흥미로운 시대에 우리가 살고 있어요. 이 시대는 마치 공상과학 영화가 현실로 튀어나온 듯한 느낌을 주죠. AI라는 거대한 파도가 우리 생활 곳곳을 파고들고 있으니까요. 이제는 단순히 정보를 암기하고 문제를 푸는 것만으로는 부족해요. 그 시대는 가고, 이제는 더 넓은 시야로 사물을 바라보고, AI와 같은 기술이 미치지 못하는 영역을 찾아 그 속에서 어떻게 혁신을 이끌어낼 것인가에 대한 고민이 필요한 시점이죠.

핵심은 '확장적 사고'와 'AI의 활용' 그리고 'AI가 대체할 수 없는 영역'을 찾는 것입니다. 암기나 문제풀이 능력을 넘어서, 창의적이고 비판적인 사고를 키우는 것이 중요해요. AI가 우리의 일상을 편리하게 만들어주지만, 그 AI가 해결할 수 없는 문제들을 우리가 해결할 수 있어야 하거든요. 이를 위해서는 기술뿐만 아니라 인문학적 소양도 중요하겠죠. 결국, 4차 산업혁명 시대의 진로 선택은 인간만이 할 수 있는 창의성과 감성을 어떻게 발휘하고 활용할 것인가에 달려 있다고 할 수 있습니다. 이것이 바로 우리가 고려해야 할 핵심 요소라고 할 수 있겠네요.

Q. 학생들이 자신의 진로를 탐색하고 결정하는 과정에서 가장 흔히 겪는 어려움은 무엇이고 그 어려움을 극복하기 위한 전략은 무엇일까요?

진로 상담을 하다 보면 '하고 싶은 게 없어'라고 말하는 학생들을 정말 많이 보게 됩니다. 이런 상황은 마치 시작부터 길을 잃은 느낌이죠. 하지만 제 생각에는 '하고 싶은 게 없다'기보다는 '아직 하고 싶은 게 무엇인지 찾지 못했다'가 더 정확한 표현 같아요. 이런 상황에서의 극복 전략이라면, 사실 대단한 비법은 없어요. 가장 중요한 건 꾸준함이죠.

먼저, 다양한 분야에 대해 알아보는 것부터 시작해야 합니다. 세상은 넓고 할 수 있는 일도 참 많아요. 그다음 단계에서는 관심 가는 분야가 생기면, 그 분야를 심층적으로 탐색해 보는 것이죠. 이 과정에서 학생들은 자신도 모르는 새에 '이게 정말 재미있겠다' 싶은 분야를 발견할 수 있어요. 결국, 진로 결정의 핵심은 자신이 진정으로 관심 있어 하는 분야를 찾아 그 속에서 꾸준히 탐색하고 경험을 쌓아가는 것입니다. 그러다 보면, 어느새 '하고 싶은 게 없다'는 말이 '하고 싶은 게 이렇게나 많다'로 바뀌게 될 거예요.

Q. 정보가 넘쳐나는 세상입니다. 학생들이 신뢰할 수 있는 진로 정보를 어

떻게 찾을 수 있을까요?

정보의 바다에서 진주를 찾는 일, 참 쉽지 않죠. 하지만 걱정 마세요. 제가 몇 가지 팁을 드릴게요. 첫 번째로, 정보의 진정성을 판단하는 가장 좋은 방법은 다양한 경로를 통해 그 정보를 재확인하는 거예요. 예를 들어, 한 직업에 대해 관심이 생겼다면, 그 직업에 관한 정보를 한 곳에서만 얻지 말고 여러 출처를 통해 확인해 보세요. 이렇게 하면 정보의 정확성을 높일 수 있어요.

출처 확인은 정보를 신뢰할 수 있는지 없는지를 가리는 중요한 단계죠. 공신력 있는 기관이나 전문가가 제공하는 정보인지, 아니면 확인되지 않은 소스에서 나온 정보인지를 구별하는 습관을 들이세요. 예를 들어, 진로 관련 정보를 찾을 때 정부 기관이나 유명 대학, 인정받는 전문가의 글을 찾아보는 것이 좋습니다. 이렇게 하면 진로 탐색의 나침반을 더 정확하게 설정할 수 있겠죠. 결국, 정보의 홍수 속에서도 신뢰할 수 있는 정보를 선별하는 능력은, 다양한 출처를 통해 정보를 재확인하고, 그 출처의 신뢰성을 검증하는 데서 시작된다고 할 수 있습니다.

Q. 직업의 미래 전망을 어떻게 평가해야 하고, 어떤 자료를 참고하는 것이 좋을까요?

오늘날 직업의 소멸 속도는 마치 과학 소설에서나 볼 법한 속도로 진행되고 있죠. 이러한 변화의 물결 속에서, 어떤 직업이 미래에 유망할지 예측하는 것은 마치 미로 속에서 길을 찾는 것만큼 어려운 일입니다. 하지만, 희망은 있습니다. 바로 AI가 대체하기 어려운 직업들을 찾아보는 것이죠. 대체로 창의력, 감성, 인간 간의 상호작용이 중요한 역할을 하는 직업들인데요. 예를 들어, 예술가, 심리상담가, 교육자 등이 이에 해당할 것입니다. 이런 분야에서는 기계가 아닌 인간만이 가지고 있는 독특한 능력을 필요로 하기 때문이죠.

미래 직업 정보를 찾는 건 마치 보물찾기와 같아요. 가장 쉽게 접근할 수 있는 '보물 지도'는 바로 정부의 직업 정보 사이트나, 유명 대학이나 연구소가 내놓은 보고서예요. 이런 곳들은 보통 무료로 정보를 제공하니까, 인터넷에서 간단히 검색해 보면 돼요. 이 정보들을 볼 때, 자신이 정말 관심 있는 분야를 중심으로 살펴보세요. 예를 들어, '미래에는 어떤 기술이 중요해질까?', '내가 관심 있는 분야에서는 어떤 직업이 유망할까?' 같은 질문을 스스로에게 던져보는 거예요. 그리고 나서 그 답을 찾기 위해 정보를 찾아보세요. 이렇게 하면, 많은 정보 속에서도 내게 필요한 '보물'을 찾는 데 도움이 될 거예요.

Q. 진로 상담 과정에서 학생을 깊게 이해하고 진정으로 학생의 진로를 돕는 방법은 무엇일까요?

사실, 진로 상담에서 다양한 기법들이 사용되긴 하지만, 상담 과정에서 가장 중요한 건 내담자와의 관계 구축입니다. 진단 검사지 같은 도구들은 분명 유용한 정보를 제공해줍니다. 이런 검사지를 활용하는 주된 이유는 상담자와 내담자 간에 충분한 시간을 함께 보내지 못했을 때, 내담자의 진로 관련 성향이나 선호도를 빠르게 파악하기 위함입니다.

하지만, 진정으로 효과적인 상담은 내담자와 시간을 함께 보내며 그들을 이해하는 데서 시작됩니다. 이 과정에서 상담자는 내담자의 이야기를 깊이 듣고, 그들의 생각과 감정을 공감하며, 상황에 맞는 조언을 제공할 수 있습니다. 이러한 접근은 내담자가 자신의 진로에 대해 더 깊이 성찰하고, 자신에게 맞는 결정을 내리는 데 큰 도움이 됩니다. 따라서, 가장 효과적인 상담 기법이라 하면, 바로 '관계 중심의 상담'이라 할 수 있겠습니다. 상담자와 내담자가 서로 신뢰를 기반으로 깊은 관계를 맺고, 이를 통해 내담자의 진로 문제를 함께 탐색하고 해결해 가는 과정이야말로 진로 상담에서 가장 중요하고 효과적인 방법입니다.

1인 학원장이 학생들과의 진로 상담을 효과적으로 진행하고자 한다면, 몇 가지 방법론적 접근을 권장 드립니다.

첫째, 개인 맞춤형 상담 접근법을 활용하세요. 학생 한 명, 한 명의 특성, 관심사, 잠재력을 깊이 이해하려 노력해야 합니다. 이를 위해 첫 상담 세션에서는 학생의 이야기를 주로 듣는 시간을 가지며, 학생이 자신의 생각과 감정, 관심사를 자유롭게 표현할 수 있는 환경을 조성하세요. 개인화된 질문을 통해 학생의 내면적 동기와 진정으로 관심 있는 분야를 파악하는 것이 중요합니다.

둘째, 진단 도구와 자기 성찰 활동을 병행하세요. 진로 관련 성향이나 선호도를 파악하기 위해 다양한 진단 검사지를 활용할 수 있습니다. 이와 함께, 자기 성찰을 돕는 활동들, 예를 들어 진로 일기 작성이나 직업인 인터뷰 보고서 작성 등을 통해 학생 스스로 자신의 진로에 대해 더 깊이 고민해볼 기회를 제공하세요.

셋째, 실질적인 경험의 중요성을 강조하세요. 직업 체험, 인턴십, 멘토링 프로그램 등 학생들이 실제 직업 세계를 경험하는 기회를 제공하거나 연계해주는 것이 중요합니다. 이를 통해 학생들은 자신이 관심 있는 분야에 대한 실제적인 이해를 높일 수 있으며, 자신의 진로 결정에 있어 더 확신을 가질 수 있습니다.

넷째, 상담 과정에서의 긍정적인 강화와 지속적인 지지를 잊지 마세요. 학생들이 자신의 잠재력을 발견하고, 진로에 대한 결정을 내리는 과정에서 긍정적인 피드백과 격려는 자신감을 높이고, 동기부여를 강화하는 데 큰 도움이 됩니다.

이러한 방법론적 접근을 통해, 학원장님께서는 학생들과의 진로 상담을 더욱 효과적으로 진행할 수 있을 것입니다. 학생 개개인의 진로 탐색 과정이 각자에게 맞는 속도와 방향으로 진행될 수 있도록, 깊이 있는 이해와 지원을 아끼지 마세요.

문해력으로 성장하는 학원

서울교대 김덕기 외래교수

토핑 독서서비스 운영자, 서울교대 외래 교수

Q. 문해력과 학업 성취도를 올리는 독서 방법과 활동이 중요한데요. 원장과 학부모 그리고 학생들이 기본적으로 알고 있어야 하는 것은 무엇일까요?

누구나 독서가 가장 중요하다고 말합니다. 하지만 이렇게 중요한 활동이, 성적 향상이라는 현실적 활동에 밀려 소홀히 여겨지다가, 역설적이게도 수능모의 국어시험을 보면서 후회를 합니다. 이제 이런 악순환을 끊기 위해 좋은 독서습관을 길러야 합니다. SQ3R(Survey Question Read Recite Review)로 표현되는 독서 방법과 이를 기반으로 한 '온 책읽기'는 좋은 독서습관을 길러주면서 동시에 효과적인 학습을 돕습니다.

Q. SQ3R(Survey Question Read Recite Review)로 표현되는 독서 방법과 이를 기반으로 한 '온 책읽기'는 어떻게 하는 건가요?

독서 전 활동으로 책의 표지, 차례, 저자, 작가 등을 살펴보면서 궁금한 사항을 만들어 봅니다. 이런 활동은 독서 단계의 집중력을 높여 줍니다. 독서 전에 만들었던 질문의 답을 찾는 여정이 독서 단계라고 할 수 있으니까요. 학습도 마찬가지입니다. 예습을 하면 궁금한 것이 생깁니다. 선행학습과 달리 완전학습이 아닌 불완전학습을 하면서으로 궁금한 사항에 대한 질문을 만드는 과정이 예습인 것이죠. 예습을 하고 본 학습에 참여하면 궁금한 사항을 찾기 위해 자연스럽게 집중할 수밖에 없습니다.

다시 독서 환경으로 돌아오면 궁금한 사항을 가지고 독서 활동을 하면서 궁금한 사항에 대한 해답을 찾은 후 책을 덮고 자신이 찾은 해답을 머릿속으로 기억을 더듬어봅니다. 그리고 다시 책을 보면서 자신의 기억이 맞는지를 확인하는 과정을 거칩니다. 이 과정을 통해 기억력이 강화됩니다. 읽은 내용을 반복적으로 읽고 요약함으로써 기억력을 강화합니다. 장기 기억력에 도움을 줄 수밖에 없겠죠.

학습으로 넘어가 보면 바로 복습에 해당되는 활동이겠죠. 내가 만든 질문, 선생님이 전달해 준 정보 그리고 내가 정리하는 복습이 하나의 순환구조를 이룰 때 효과적인 학습과 장기기억으로의 전이가 이루어지게 되는 것입니다.

공부는 시간과의 싸움이지만 좋은 독서습관을 기르게 되면 시간을 좀 더 효율적으로 활용할 수 있고, 이러한 독서습관을 통해 좋은 학업 성취를 기대할 수 있습니다. 바로 1학 3습으로 표현할 수 있는 배우고 익히는 단계가 예습, 본학습, 복습의 순환구조에서 이루어지게 됩니다.

Q. 말씀하신 내용을 학원이나 가정에서 실천할 수 있는 방법은 무엇일까요?

일정한 시간대에, 일정한 시간 동안 독서해 보세요. 그리고 반투명 포스트잇 등으로 궁금한 것 등을 기록해 보세요. 그런 다음 내가 궁금한 것, 읽으며 찾은 내용을 기반으로 친구나 가족과 함께 토론해 보세요. 큰 변화를 느낄 수 있을 것입니다.

Q. 문해력이 교육사업에서 어떤 의미가 있을까요?

디지털 노마드 시대에 살고 있는 우리 학생들의 문해력이 현저히 떨어지고 있는데, 이는 실로 심각한 문제입니다. 문해력은 단순히 교과목의 이해도를 높여 성적을 향상시키는 것에 그치는 것이 아닙니다. 학생들의 인생 전반에 걸쳐, 세상을 바라보는 혜안과 문제해결력을 기르는 데 가장 중요한 역할을 합니다. 따라서 교육사업을 하는 분들은 배우고 익히는 모든 과정에 학생의 문해력이 받쳐주는지 항상 점검이 필요합니다. 이것을 함께 가져가는 교육사업자분들은 학생의 성장과 학부모의 만족도에 반드시 큰 영향을 미친다는 것을 느낄 거라고 확신합니다.

끝으로 학생들을 지도하는 선생님들이나 부모님들의 독서도 중요합니다. 학생과 자녀의 문해력은 결국 교사와 부모의 영향을 당연히 받을 수밖에 없습니다. 평소 독서를 꾸준히 하는 분들은 학생과 자녀에게 전달하는 언어가 다릅니다. 저학년 학생에게는 추상적인 내용을 이해하기 쉽게 전달하고 고학년에게는 구체적인 설명을 간결하게 정리하여 전달하는 거죠. 같은 내용을 학생에 따라 전달하는 방식을 다르게 하는 분은 바로 평소 독서를 통해 문해력을 자연스럽게 키운 분이라고 생각합니다. 문해력은 학생과 학생을 지도하는 모든 분이 함께 길러야 한다는 것을 잊지 않았으면 합니다.

Part 5

혁명의 지속

미래를 향한 혁명

**1인 학원
성공 경영
부스터**

1인 학 원 운영 매뉴얼은 기본적으로 '멀티플레이어'의 개념에서 시작해서

'학원 운영 시스템의 자동화(automation of academy operating system)'

까지 고려해야 한다. 즉 학원의 운영이 1인 시스템이라고 하여 학부모에게도

1인이 운영하는 구멍가게 같은 학원이 되어서는 안 된다는 것이다.

챗GPT의 등장은 1인 학원에게
고부가가치 창출의 기회

• • •

1인 학원 운영의 기본적 이해

1인 학원 창업 및 운영을 하고 있거나, 혹은 1인 학원으로 전환하고자 할 때는 일반적인 학원을 운영하는 것보다 더 많은 고민을 해야한다. 1인 학원은 기본적으로 리스크가 큰 운영 방법(risky method)이며, 운영의 자유도가 매우 높아 모험적이기 때문이다. 따라서 1인 학원 운영 매뉴얼은 기본적으로 '멀티플레이어'의 개념에서 시작해서 '학원 운영 시스템의 자동화(automation of academy operating system)'까지 고려해야 한다. 즉 학원의 운영이 1인 시스템이라고 하여 학부모에게도 1인이 운영하는 구멍가게 같은 학원이 되어서는 안 된다는 것이다. 1인 학원이라 하여도 중소규모 이상의 학원에서 제공받는 서비스를 그대로 제공받고 싶은 것이 학부모 고객의 마음이다. 때문에 교육 서비스는 최상의 품질로 제공하면서, 운영의 효율성이 극대화된 시스템을 운영하는 것이 핵심이라고 할 수 있다.

이를 위해 '1인'이라는 것에 대한 정의를 다시 해봐야 한다. 여기서 말하는 '1인'은 소위 '과외'를 하는 개인 1인이 아닌, 시대의 흐름에 맞게 더 경제적이고 고부가 가치를 창출하는 의미의 '1인'을 말한다.

대부분의 학부모는 학원에서 매우 만족스런 상담을 받고는 "상담하신 분이 수업을 하지 않으니 걱정됩니다."라고 말한다. 혹은 상담자가 원장인데 수업을 하지 않는다면, "원장님 말씀은 훌륭한데, 선생님들도 같은 마음으로 할까요?"라고 불안한 마음을 표현하는 경우가 많다. 그러나 1인 학원은 이러한 점에서 학부모에게 신뢰를 줄 수 있다는 장점이 있다.

1인 학원의 이런 장점은 곧 단점이 되기도 한다. 예컨대, 학부모와 학생들은 학원이 잘되고 아이들이 늘면 교육의 질이 떨어지거나, 자신에게 무관심해질 가능성이 높다는 점을 지적하며 걱정한다. 따라서 학생들이 늘어나더라도, 또 일이 많아지더라도 교육의 질이 떨어지지 않고 오히려 더 잘 관리된다는 믿음을 주려면 완벽하고 체계적인 운영 시스템이 필요하다.

세상이 많이 변했다고 하고 실제로 엄청 빠르게 변하고 있지만 가장 변하지 않는 것이 교육이다. 19세기의 교실에서 20세기의 선생님들이 21세기의 학생들을 가르치고 있다는 말이 있다. 여전히 우리는 70년 전의 교육에서 크게 벗어나지 못하고 있는 것이 현실이다. 특히 1인 교육자 사업은 더욱 그렇다. 강의실에서 칠판에 판서를 하며 아이들을 가르치는 수업 형태는 변함이 없다. 하지만 이런 형태로 교육 사업을 지속한다면 1인 교육사업자로서 성공 가능성은 보장할 수 없다. 지금은 지식을 전달하는 선생님이 아니라 지식 촉매자의 역할이 중요해지고 있고, 이것은 공교육에서뿐만 아니라 사교육에서도 마찬가지이다.

이런 이유로 스마트 학습, 디지털 학습, 온라인 학습, 블랜디드 학습, 거꾸로 학습, 자기주도 학습 등 많은 학습법이 등장했고, 이제는 인공지능 Chat Gpt의 등장으로 교육계가 들썩이고 있다. 1인 교육자들은 코로나 19를 겪으며 급격하게 전환된 디지털 교육 환경을 받아들이는데 그치는 것이 아니라 주체적으로 만들어 가야 하는 입장이다. 교육이 변화하지 않는 보수적인 영역이라는 말들을 하지만, 세상이 변화할 수밖에 없는 환경이 되었다.

교육은 지식을 가르치는 것에서 벗어나 협업 능력, 창의력, 커뮤니케이션 능력, 종합적인 사고력 등을 키우는 수업으로 바뀌고 있다. 물론 아무런 지식의 토대 없이 이런 능력이 키워질 수는 없다. 또 교과에 대한 지식이 없어도 된다는 것은 아니다. 전문 지식은 필수다. 지식을 알려주고 이해하는 과정은 최대한 에듀테크를 활용해 효율적으로 진행하고, 교육은 오프라인의 장점을 살려 학습자 간의 교류를 통해 학습자 본연의 역량을 키워주는 방향으로 가야 한다.

에듀테크, 코칭, 시스템과 교육자

학생 개인에 맞는 '비정형 학습 구현'은 에듀테크의 핵심 키워드이다. 이제 학습의 주도권이 학습자에게 옮겨갔고, 학습자는 에듀테크 교육 플랫폼을 통해 일대일 맞춤교육으로 개인적인 성장을 도모해야 한다. 이것은 하나의 정해진 방법이 아닌 다양한 방법을 통해 배움이 경험으로 축적되어 성장하는 학습, 즉 역량이 되는 수업으로 이루어진다.

교사는 지식을 가르치는 사람이었다. 학생에게는 지식의 원천이었으며, 지식의 성취 정도를 평가하는 권위자의 역할을 가졌다. 그러나 코로나 19가 유행하면서 온라인 가정학습이 시작되자 학부모들은 교사에게 자녀(학생)의 관리자로서의 역할을 요구했다. 지식을 잘 전달하는 교사보다, 줌이나 구글 클래스, 에듀넷, 패들렛 등을 이용하여 반의 모든 학생이 주어진 가정학습 시간에 딴짓을 하지 않고 자리에 앉아 과제를 수행하게 하는 교사의 역할이 중시된 것이다.

비대면 학습에 실시된 디지털 교육 방식은 다음과 같이 분류된다.

구분	내용
이러닝	오프라인 교육을 현장이나 스튜디오에서 촬영하고 이를 녹화한 후 인터넷을 통해 스트리밍 혹은 다운로드 방식으로 공급하는 방법(인강)
마이크로 러닝	짧게 쪼개진 콘텐츠로 모바일에 적합
버추얼 클래스룸	실시간으로 상호작용이 일어나는 교육, 이러닝의 단점 보완, 협업이 필요한 교육에 활용
플립 러닝	온라인과 오프라인이 결합된 방식, 교실 수업이 강의 중심에서 실천 중심으로 바뀜

그렇다면 대면 학습이 재개된 현시점에서 왜 또 에듀테크를 말할까? 코로나 19로 인해 반강제적으로 오프라인에서 온라인으로 교육의 장이 옮겨 가면서 디지털 교육을 경험했다. 다양한 채널을 통해 여러 가지 방식으로 학습이 가능함을 몸소 체험하며 에듀테크의 확장성을 깨닫게 된 것이다. 동시에 에듀테크를 기반으로 한 미래 교육의 방향을 적극적으로 모색하게 되었다.

이것은 비단 학교에서뿐만 아니라 학원에서도 마찬가지였다. 학생들이 오프라인 공간인 학원으로 등원하지 않게 되면서 많은 학원이 폐업을 하는 어려움에 처했다. 이런 위기 상황에 발 빠르게 에듀테크를 활용하여 공교육에서 채워주지 못하는 부분을 채워줌으로써 오히려 불황을 호황으로 만든 곳도 있다. 줌을 통한 직강 수업과 자기주도 학습관리 시스템으로 활용하여 학부모와 학생의 불안감을 해소해주었다. 갑자기 몰아닥친 코로나 태풍에 당황하지 않고 오히려 성적 향상의 기회의 장으로 만들어 입소문이 나는 진기한 풍경이 만들어지기도 했다. 이것은 향후 교육사업의 방향이기도 하다.

그렇다면 앞으로 1인 교육자는 무엇을 해야 할까? 여기서 우리가 잊지 말아야 할 것은 기술에 집중하지 말고 학습자와 학습목표에 집중해야 한다는 점이다. 기술은 어디까지나 역할을 할 뿐이다. 인공지능으로 인해 교사가 없어질까? 사교육업이 없어질까? 교사가 하는 일 중 80%가 지식을 전수하는 일이고 20%가 나머지라고 생각한다면 이런 교사는 인공지능으로 대체될 수 있다. 사교육업이 단순히 교과 지식만을 전달하는 곳이라면 앞으로 학교도 아닌 가정에서도 가능할 것이다. 하지만 교육자가 하는 일은 그렇게 단순하지 않다.

입시를 우선으로 하는 사회 분위기로 인해 학습자의 지식을 축적하는 것을 돕는 것이 교육자의 주 업무처럼 느껴지지만, 인공지능 기술의 발달은 교육자가 본연의 임무에 더 충실할 수 있도록 도움을 줄 것이다. 그동안 교사의 에듀테크 활용이 콘텐츠 생산의 영역에 머물렀다면, 이제는 개개인에 대한 학습 관리와 코칭 등 매니지먼트 및 서포트 영역으로 확장될 것이다. 암기 및 이해시키는 역할은 에듀테크에 맡기고, 아이들 개개인의 학습목표를 설정해주며, 학습 관리와 코칭을 통해 학습 동기를 부여하는 것이 더욱더 중요한 역할로 변화하고 있다. 이것을 제대로 브랜드화하고 시스템으로 완성하여 학생들에게 개별 맞춤으로 제공될 때 교육사업의 위상은 점점 더 높아질 것이다.

교육 분야에서 기술의 역할이 커지고 있다. 디지털 학습 도구와 온라인 강의 플랫폼은 학생들에게 더 많은 학습 경로를 제공하고, 학습 경험을 맞춤화하는 데 도움을 주고 있다. 이러한 기술을 효과적으로 활용하기 위해서는 교사들이 디지털 리터러시와 학생들에게 어떻게 기술을 활용할지에 대한 이해를 갖추어야 한다. 이렇게 교사의 역할이 바뀌게 된다면 교사도 기술에 대한 명확한 이해와 기술을 다루는 역량이 있어야 한다. 기술의 능력과 한계를 명확히 파악하고 자신에게 맞는 기술을 선택해서 사용할 수 있는 능력이 필요하며, 교육 환경에서 느끼는 불편함을 해소하려고 노력해야 한다. 이러한 변화는 교사에게 높은 수준의 전문 지식과 교육 기술을 습득해야 한다는 도전을 제기하고 있다.

10년 전만 해도 변화를 받아들이는 교육사업자는 도태되지 않았고, 지역에서 앞서가는 교육 기관으로 인정받았다. 이제 다가오는 미래에 교육업계에서 살아남을 수 있느냐 없느냐는 단순하게 변화를 인지하고 받아들이느냐에 달려있지 않다. 앞으로 1인 교육자로서 재도약하기 위해서는 콘텐츠, 에듀테크, 코칭, 시스템 등 모든 면에서 혁명을 이루어야 한다. 또한 다양한 교육콘텐츠와 에듀테크를 통해 자신의 교육사업에 또는 수업에 어떻게 접목할 것인가 고민하여 최적의 커리큘럼과 시스템을 찾는 에듀 큐레이션 능력이 절실히 요구될 것이다. 변화를 이끌어가고자 하는 도전이 무엇보다 중요하고 혁명 성공의 첫걸음이다.

STEP 2

에듀테크 혁명과
학원의 미래

■■■

에듀테크란 무엇인가?

4차 산업혁명 시대를 맞이하여 에듀테크(Edutech)는 교육 패러다임의 변화를 이끌고 있다. EduTech는 교육(Education)과 기술(Technology)의 합성어로, 다양한 디지털 기술을 활용하여 교육의 효과성을 높이는 제품과 서비스를 총칭하는 말이다. 최근 대부분의 교육서비스에는 접두어로 'AI'를 붙여 'AI교육시스템'처럼 사용하지만, 에듀테크는 AI로 국한되는 것은 아니다. 시대에 맞게 디지털화된 고급 기술을 교육에 적용한 총체적인 교육서비스로 인식하면 된다.

다음은 교육부에서 밝힌 것이다.

"디지털 대전환 시대에 기술(Technology)은 단순히 교육을 보조하는 것이 아니라, 맞춤 교육을 실현하고 교육의 난제를 해결하는 핵심 도구로 자리매김하고 있다. 이에, 교육부는 지난 2월 모든 교사가 에듀테크를 활용하여 '모두를 위한 맞춤 교육'을 실현하는 것을 디지털 교육의 비전으로 선포하고, 디지털 교육의 핵심 정책으로 교사 연수와 에듀테크 생태계 조성을 제시하였다."(출처: https://if-blog.tistory.com/14480 [교육부 공식 블로그:티스토리])

이 글의 핵심은 에듀테크를 활용한 '모두를 위한 맞춤 교육', 즉 '다수의 사람 속에서 개인에 특화된 교육'의 실현이다. 학원은 이미 개인맞춤에 특화되어있고, 레벨별 학습에 특화되어 있다. 그렇다면 학원에서는 이러한 에듀테크에 의한 변화에 대하여 어떻게 받아들여야 하는가? 먼저 개념을 정확히 하고 가는 게 좋다.

구분	개념	특징	차이점
이러닝	전자, 정보통신 및 전파, 방송기술을 통해 이루어지는 학습	인터넷과 컴퓨터에 교육을 접목한 온라인 교육	학습수단의 차이 (인터넷, 컴퓨터, 스마트기기)
스마트 러닝	스마트폰, 테블릿pc, E-book단말기 등 스마트 디바이스 및 이러닝 신기술이 융합된 개념	스마트기기를 활용한 교육(스마트폰)	
에듀테크	교육에 ICT 기술을 접목해 기존 서비스를 개선하거나 새로운 서비스를 제공하는 것	데이터와 소프트웨어의 기술기반 교육에 무게중심	데이터와 소프트웨어의 활용 능력이 중요

출처 : 에듀테크 산업 동향 및 시사점, SPRi, MONTHLY SOFTWARE ORIENTED SOCIETY No.70 2020. 04 에서 수정 재구성함.

대부분 학생은 에듀테크라고 하면 '이러닝'을 생각한다. 즉 온라인으로 수업 듣는 것을 먼저 떠올리는데, 상당 부분 맞기도 하다. 그러나 에듀테크는 단순하게 온라인으로 수업 듣는 것과는 다르다. 예컨대 에듀테크의 기반이 되는 LMS(Learning management system)는 클라우드에 저장한 데이터를 사용하는 것이 핵심이다. 현재 많은 대학에서 이미 LMS를 이용하여 수업과 과제관리, 과제표절 검사, 평가 등을 시행하고 있다. 이 시스템의 특징은 학습자가 공부한 정보를 저장하는 것이다. 에듀테크를 위해 개발된 애플리케이션 등을 활용하여 학습자가 퀴즈, 토의, 프로젝트 등으로 학습하면 자연스럽게 학습자 중심으로 데이터가 모이고, 이는 다시 더 완전한 학습을 위해 활용된다. 예컨대 문제를 틀리면 문제은행에서 오답을 제공하여 과제를 다시 공부하게 하는 등, 개인의 취약점을 분석하여 보완할 수 있게 한다. 과학실험도 VR 등을 이용하여 진행할 수 있다.

교육부는 에듀테크를 통해 "자기주도학습이 발전한다"고 말한다. 자신의 수준에 맞게 공부를 계획하고, 피드백을 받는 등의 학습자의 특성을 반영한 교육이 가능하다고 한다. 개인의 약점을 극복하고 능력을 발전시키는 교육이 된다는 것이다. 또한 에듀테크는 학습방법을 다양화하여 수업할 수 있다는 점이 장점이다. 인공지능과의 소통 연습, 빅데이터를 통한 수업으로 종합적 사고, 창의역량을 발전하게 한다. 에듀테크는 학습을 촉진시켜 학습의 효율성과 효과성을 높인다.

이러한 내용을 들으면 원장들은 의문점이 들 것이다. "그건 이미 우리가 하고 있는 것 아닌가?" 그렇다. 학원은 이미 에듀테크에 해당하는 대부분을 이미 하고 있다. 그럼에도 불구하고 왜 학원에서 이루어진 것들을 에듀테크로 이해가 되지 못한 것일까?

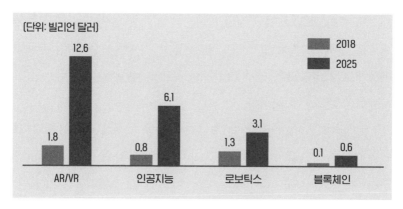

에듀테크 적용기술 전망

출처 : Forecasted expenditure on advanced education technology worldwide from 2018 to 2025, Statista, 2022

　전체적인 에듀테크 산업의 동향을 살펴보는 것도 이해하는 데 도움이 된다. 먼저 에듀테크에 적용되는 기술을 보자. AR/VR이 가장 많고, AI, 로보틱스, 블록체인 등의 순으로 사용될 것이라고 예측되고 있다.

　에듀테크 산업에서 보여주는 방식은 ICT 기술을 이용하면서 비대면 방식으로 학습자에게 학습을 시키고, 피드백을 주는 양방향 방식의 플랫폼이 주를 이룬다. 예를 들면 비대면 출결 체크, 학업성취도 확인, 실시간 질의응답 등이다. 주요 기술은 AR/VR, AI 기술, 로보틱스, 블록체인 등이다. 학교 수업에서는 하기 힘든 창의적인 과목을 하거나, 온라인 네트워크를 통해 학습을 돕거나, 개개인의 학업성취도 향상과 학생의 성향이나 개별적 동기를 분석하는 것 등을 중심으로 학습솔루션을 만들어가는 방향으로 진행되고 있다.

　에듀테크의 핵심은 '초개인화 학습 혁명'이라는 관점에서 봐야 할 것이다. 즉 교육에 ICT 기술을 적용하여 학습환경 및 교육서비스를 개선하는데, 그 방식이 개개인 학습자의 성과를 높이기 위해 사용하는 기술이라고 할 수 있기 때문이다. 많은 기관에서 2030년 글로벌 에듀테크 시장규모를 약 8,000억원 규모로 예상하는데, 이는 성장 잠재력이 크다는 의미이다.

이러 혁명적 변화에는 코로나 펜데믹이라는 큰 사건이 있다. 물론 오래전부터 서서히 변화하고 있었지만, 펜데믹 발생 이후 비대면 수업이 전면화하고 비대면 학습 기술이 급속히 쌓이게 되었다. 또한 최근 생성형 인공지능 chatGPT 등의 등장으로 기존 교육의 틀도 빠른 속도로 무너지는 상태이다. AI가 대신 답해주고 글도 써주면서, 교육이 바뀌어야 한다는 목소리가 높아지고 있다. 이런 가운데 누군가는 AI의 등장이 반갑고 누군가는 AI에의 적응을 두려워하는 상태에 이르렀다. 새로운 기술을 수용하지 못하는 디지털 스트레스와 장애가 발생한다.

그러나 공교육에서는 아직까지 개별화된 서비스가 제대로 마련되지 못한 상태이다. 따라서 개별화된 서비스를 구현하기 위해서는 디지털화되고 자동화된 시스템이 필요해진다. 최근 학생 수가 줄면서 학교에서도 나름대로 많은 부분에서 맞춤 수업을 제공하려고 하지만, 교사의 입장과 교육 당국의 견해차로 제대로 실현되지 못하고 있다.

이런 상황에서 에듀테크를 통한 교육시스템의 변경이 본격화되면, 준비되지 않은 교사들은 새로운 기술에 적응하는 시간이 오래 걸리고, 학생들도 마찬가지 상황이 된다. 교사들의 기술 부적응은 많은 부작용을 일으킬 것이다. 일단 수업시간 준비가 잘 안 되어서 수업에 지장이 발생할 것이다. 지금도 학교현장에서는 컴퓨터 수업시간에 컴퓨터를 잘하는 학생들에게 의존하는 경우가 많다. 그리고 어떤 한 명의 교사가 노력하여 그 기술을 익히면 모두가 그 교사에게 부탁하거나 의존하여 전체적으로 수업 지체와 마비 현상이 나타난다.

코로나 기간에도 강제로 온라인 수업을 해야 하는 상황이 왔을 때 학원에서는 줌, 실시간 수업, 방송 수업 등을 도입하며 온라인 수업을 구현시켰다. 그러나 학교에서는 EBS나 유튜브 강의를 틀어주는 수업을 일관했고, 이에 익숙해진 교사들이 코로나가 끝나가는 상황에서도 이와 같은 태도를 유지하여 빈축을 사는 경우가 많았다.

에듀테크와 학원의 역할

"누군가의 게으름은 다른 누군가의 기회가 된다."는 말을 들어본 적이 있을 것이다. 교육환경의 급격한 변화에 잘 적응하는 학원에게는 기회가 더 생긴다는 말이다. 미래학자들은 교육이 인공지능화되고 자동화되면 교사가 필요 없어진다고 전망한다. 그러나 인지공학자들은 오히려 사람이 필요해질 것이라고 말하는 경우가 더 많다. 아무리 교육과 시스템이 발전해도, 학생의 마음과 태도가 기술을 따라서 발전하는 것은 아니다. 결국은 학생 옆에서 코칭하고, 관리하는 역할이 더욱 필요하게 되거나 중요해질 수밖에 없기 때문이다.

오래된 영화인 〈매트릭스(1999)〉에서 주인공의 능력을 향상시키기 위해서 지식을 투여한다. 투여된 지식으로 주인공은 무술을 자유롭게 구사하는 장면이 나온다. 최근에는 일론 머스크(테슬라 CEO)가 '뉴럴링크(Neuralink)'를 통해서 인간의 지식을 늘리기 위한 실험에서 일부 성공했고, 앞으로도 활용이 높아질 전망이다. 오래전 영화 속의 상상이 실현되고 있는 것이다.

그러나 머릿속에 지식을 투여한다고 해도 활용하지 못하면 무용지물이다. 결국은 그 지식을 활용하는 방법에 관한 코치가 필요해질 것이다. 이제 누군가 그 역할을 해야 한다. 미래의 학원은 이러한 모든 기술을 만드는 원리를 이해해야 하는 것이 아니라, 에듀테크 기술을 익히고 활용하여 미래 교육을 이끄는 역할을 해야 한다.

STEP 3

생성형 인공지능을 이용한
학원 수업 활용 사례

최근 오픈에이아이의 챗지피티(ChatGPT), 구글의 제미나이 (Gemini), 마이크로소프트의 코파일럿(Copilot) 등이 등장하고, 그 외에 너무나 많은 인공지능 도구들이 쏟아져 나왔다. 대기업 중심으로 주로 검증된 것을 중심으로 3가지의 서비스를 중심으로 살펴보자.

생성형 인공지능

챗지피티는 계속 새로운 버전이 출시되고 있다. GPT3.0에서 GPT4.0으로 넘어가면서 이미지도 생성하는 등 기능이 발달하고 있고, GPT5.0이 나오면 사람과 비슷하게 동작할 것이라고 한다.

　이러한 생성형 인공지능은 특히 '영어'와 '국어' 파트에서 효과적인 사용이 가능하다. 수업에 사용할 교재 준비에도 효과적이다. 프롬프트에는 질문을 효과적으로 하면 효과적인 답이 나온다. 1인 학원에서는 '에듀테크'라는 말을 너무 어렵게 생각하지 말고, 인공지능이 학원의 수업 준비를 돕는 것으로 생각해보자.

생성형 인공지능을 이용한 수업 준비의 예

"에듀테크는 개인 맞춤형학습이 중점이다."

　에듀테크가 개인 맞춤학습이 중심이라면 학원에서는 어떠해야 하는가?

　영어 학원을 예를 들어 생각해보자. 학생들에게 단어시험을 보면 진도에 맞게 일괄적으로 시험을 보는 경우가 많다. 그런데 잘 생각해보면 아이들의 수준은 천차만별이므로, 학생이 10명이라면 10개의 단어시험지를 준비해야 할 것이다. 이렇게 각각 따로 준비하는 것은 한두 번은 가능하지만 지속적으로는 매우 어렵다. 물론 대형학원은 인적자원이 풍부하니 소위 '인해전술'로 가능할 수도 있다. 그러나 개인 맞춤학습이 된다는 보장은 없다. 그런데 AI가 비서가 되어 수업 준비를 돕고, 학생별로 시험지를 생성하여 시험을 보면서 개인 맞춤학습이 가능하다면 어떨까?

　다음에서는 대표적인 생성형 AI로 영어 단어시험지를 만들어보며 어떻게 개인 맞춤학습이 가능한지를 살펴보려 한다. 이러한 실제 활용 사례를 통해 1인 학원 원장에게 여러 방면에서 많은 도움이 될 것이라고 예상하지만, 무엇보다도 인공지능을 막연하게 두려워하는 사람이 아니라 이제는 인공지능을 활용하는 1인 학원 원장으로 도약하는 데 의미가 있다.

먼저, 학원에서 사용할 단어 시험지를 만들려고 한다. 조건이 자세하면 좋다.

<요청> 영어 수준이 낮은 중3 학생, 단어는 문법을 익힐 때 도움이 되는 단어, 시험지 구성은 영어에 한국어로 답하기, 한국어에 영어로 답하기, 예문을 사용하여 학습하기
- 인공지능을 통해서 빠른 속도로 여러 명의 학생의 시험지를 생성하는 데 목적이 있음.

"학원에서 공부를 못하는 중3학생이 있어요. 이 학생에게 기초 문법을 익히게 하기 위한 단어시험을 보려고 하는데, 단어시험문제를 생성해주세요. 20문제로 구성해주고, 영어에 한글로 답하기, 한글에 영어로 답하기를 생성하는데 단어마다 예문을 들어서 빈칸을 넣어주세요."

ChatGPT chatGPT(https://chat.openai.com/) 활용

먼저 다음과 같이 입력한다. 위의 문장을 통해서 생성하는 것을 확인하려고 한다.

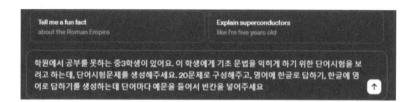

입력된 결과를 이용하여 문제를 생성해주기 시작한다. 빠른 속도로 생성이 시작되었다. 물론 단어가 적절한 것인지는 '전문가'인 선생님이 확인을 해야 한다.

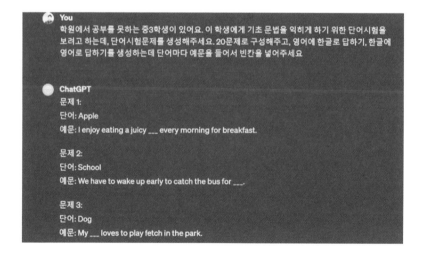

생성이 완료되면 내용을 아래와 같이 Copy버튼()을 눌러서 한글 문서·엑셀 등에 붙여넣기하여 사용할 수 있다.

    왼쪽 상단에는 자신 만든 것들에 대한 기록이 남는다. 현재는 '단어시험 생성하기'라는 기록이 남아있다. 즉, 개인 아이디로 로그인해서 사용하면 기록이 남기 때문에 활용도가 높아진다. 따라서 생성하기도 체계적으로 기록해두면 유용하고, 나중에 다시 보고 어떤 주제나 제목의 생성인지 알 수 있도록 가능한 제목은 기록하는 것이 좋다.

    이렇게 생성된 것은 링크를 걸어서 같이 작업하는 사람들과 공유할 수 있다(우측 상단 버튼⬆️을 누르면 된다). (copy link)라는 버튼 🔗 Copy Link 을 누르면 링크가 만들어진다.

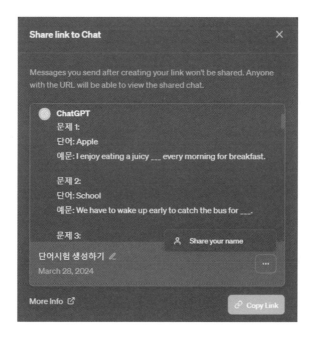

위에서 테스트로 생성한 것(단어시험)의 링크는 다음과 같다. 이 링크를 누르면 필자가 생성한 것을 볼 수 있을 것이다.

https://chat.openai.com/share/276c658e-1053-424e-8703-7e5d87b55717

이 링크를 클릭하면 아래처럼 나타난다. QR코드를 만들어달라고 요청은 했지만 아직은 기능이 없다고 답했다.

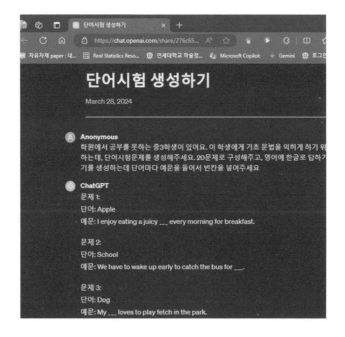

코파일럿 활용

코파일럿을 만든 마이크로소프트(MS)는 GPT 개발사인 오픈에이 아이의 최대주주이다. 따라서, GPT의 모든 기술과 본인들이 추구하는 기술을 더하여 코파일럿을 만들었다. 윈도우에서 동작하고 자사 검색엔진인 빙(Bing)과 브라우저인 엣지(edge)에서 동작하도록 만들었다. 차이점은 GPT4.0을 무료로 사용할 수 있다는 점이다. 또한 코파일럿은 검색을 기반으로 하여 답을 주기 때문에 GPT에 비해 좀 더 정확한 자료를 보내준다. 이번에는 같은 질문을 코파일럿에도 해보았다. 만들어진 결과가 좀 더 체계적인 모습을 갖추었다.

👤 **나**

학원에서 공부를 못하는 중3학생이 있어요. 이 학생에게 기초 문법을 익히게 하기 위한 단어시험을 보려고 하는데, 단어시험문제를 생성해주세요. 20문제로 구성해주고, 영어에 한글로 답하기, 한글에 영어로 답하기를 생성하는데 단어마다 예문을 들어서 빈칸을 넣어주세요.

🧭 **Copilot**

물론, 중학생을 위한 기초 문법 단어시험 문제를 생성해드리겠습니다. 아래에 20개의 단어와 예문을 포함한 문제를 제시합니다. 학생이 영어에 한글로 답하거나 한글에 영어로 답하는 형식으로 시험을 볼 수 있도록 구성했습니다. 학생들이 잘 이해하고 익힐 수 있기를 바랍니다.

1. Noun (명사)
   • Word: Dog
   • 예문: "1 have a pet _____."
   • 빈칸: ①
2. Adjective (형용사)
   • Word: Beautiful
   • 예문: "The sunset was absolutely _____."
   • 빈칸: ②
3. Verb (동사)
   • Word: Run
   • 예문: "She likes to _____ in the park."
   • 빈칸: ③

특히 챗GPT와는 달리 '문법을 배우기 위한 기초 단어'라는 점을 반영하여 어떤 문법에 사용하는 단어인지 구체적으로 제시해주어 더욱 효과적이다.

코파일럿은 생성된 답을 자료화하는 데 많은 방법을 제공한다. 내용을 복사하는 기능과 자료를 Word, PDF, 텍스트 파일 등 원하는 형식으로 받을 수 있도록 해준다. 워드 파일로 받아 양식을 편집하면 곧바로 시험지로 사용할 수 있다. 이 기능은 학원에서 사용하는 문서와 매우 적합하여 유용한 기능이라고 할 수 있다.

공유 방법 : 공유 방법을 다양하게 제시한다. 링크복사 기능이 있고, 이메일이나 소셜미디어(SNS, social media)에 다양한 방식으로 공유할 수 있다. 챗GPT에 비해 상당히 발전해있고 진보한 모습이라고 할 수 있다. 공유 방법이 많으면 다양한 활용이 가능하기 때문이다.

공유 링크는 다음과 같다.

https://copilot.microsoft.com/sl/f7triWtQXym

제미나이(gemini) 활용

제미나이는 구글(google)에서 개발한 것이며, 덜 알려졌지만 강력한 기능이 많다. 사실 교육 부문에서는 가장 강력하다고 할 수 있다. 학원의 콘텐츠를 개발하거나 생성할 때에 사용해보면 다른 것에 비해 월등히 좋은 것이 많고, 선택의 폭이 매우 넓어 활용하는 재미도 있다.

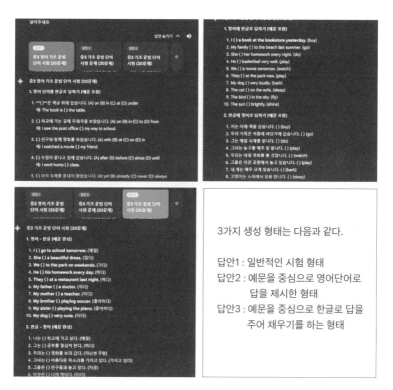

3가지 생성 형태는 다음과 같다.

답안1 : 일반적인 시험 형태
답안2 : 예문을 중심으로 영어단어로
      답을 제시한 형태
답안3 : 예문을 중심으로 한글로 답을
      주어 채우기를 하는 형태

제미나이는 생성을 할 때, 다른 생성형 AI와 달리 매우 유용한 것이 있는데, 모든 질문에 3가지 정도의 다른 답안을 준비하여 사용자가 선택할 수 있도록 만들어준다. 즉, 제미나이에는 '사용자를 돕는 생성형 인공지능 콘셉트'가 잘 녹아있는 것 같다. 또한 다른 생성형 AI보다 더 시험지에 가깝게 생성하여 곧바로 사용해도 된다. 이것은 편집이 별로 필요 없다는 의미이다.

제미나이는 메뉴 옵션도 다양하게 제공하는데, 메뉴 생성에 대한 학습을 위해서 메뉴 추천기능과 생성 후에는 '짧게', '길게', '간결하게', '캐주얼하게', '전문적으로'라는 옵션을 두어 활용에 중점을 두었다. 그리고 공유에는 구글문서와 메일로 보내는 기능이 있고, 복사기능을 두어 활용도를 높였다. 또한 인공지능 윤리를 지키기 위한 법적 문제 신고기능을 두고 있다.

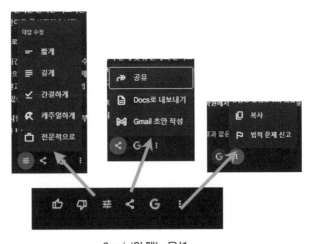

Gemini의 메뉴 옵션

추가로 생성하는 기능을 제공한다. 만약에 만들어진 것이 부족하거나 더 많이 생성해야 한다면 이 기능은 매우 유용하다. 특히 여러

명의 시험지를 만들어야 한다면 학원에서는 매우 유용하다고 할 수 있다. 공개페이지가 생성되고 다양한 소셜미디어로 공유하는 것도 가능하다.

공개 링크 기능

구글문서에 공유된 것을 열어보면 객관식 문제로 만들어진 자료를 볼 수 있다. 구글문서로 공유된 링크를 열어보면 그냥 프린트해서 사용해도 될 정도이다.

구글문서에 생성된 시험지

중3 기초 문법 단어 시험 (20문제)

1. 영어 - 한글 (예문 완성)

1. I ( ) go to school tomorrow. (매일)
2. She ( ) a beautiful dress. (입다)
3. We ( ) to the park on weekends. (가다)
4. He ( ) his homework every day. (하다)
5. They ( ) at a restaurant last night. (먹다)
6. My father ( ) a doctor. (이다)
7. My mother ( ) a teacher. (이다)
8. My brother ( ) playing soccer. (좋아하다)
9. My sister ( ) playing the piano. (좋아하다)
10. My dog ( ) very cute. (이다)

2. 한글 - 영어 (예문 완성)

1. 나는 ( ) 학교에 가고 싶다. (매일)
2. 그는 ( ) 공부를 열심히 한다. (하다)
3. 우리는 ( ) 영화를 보러 갔다. (지난번 주말)

1인 학원에 에듀테크는 먼 이야기가 아니다.

학원에서 에듀테크를 실현하는 것은 작게는 원장과 선생님의 수업 준비에, 크게는 학원의 시스템 전반에 에듀테크를 적용하는 것이다. VR/AR, AI, 로보틱스, 블록체인 등의 시스템을 제공하는 많은 업체가 자신들이 제공하는 시스템을 자랑하지만, 그 어떤 것도 완전하다고 할 수 없다. 그 이유는 학원은 원장의 철학에 맞추어서 모든 시스템이 구현되기 때문이다. 원장이 어떤 생각을 가졌느냐에 따라서 지금 바로 학원의 에듀테크 혁명이 시작될 수 있다. 규모가 크면 사실 에듀테크를 시작하기가 오히려 어렵다. 작은 규모에서 가장 효과적인 시작이 가능하다. 무언가 새로운 시스템을 시작하면 엄청난 비용이 발생하기 때문이다.

에듀테크를 제대로 실행하기 위해서는 다음 3가지에 초점을 맞추어야 한다.

첫째, 개인 맞춤학습의 구현이다. 즉, 시스템의 도입보다는 먼저 학생별로 개별 진도, 개별학습을 관리하는 방법을 찾는 노력이 필요하다. 이를 통하여 부족하고 어려운 부분을 도입해야 한다. 아무리 좋은 업체를 불러서 상담을 받아도 학원에는 잘 안 맞을 수 있다. 에듀테크 시스템이 하드웨어 및 소프트웨어라면, 원장은 그 시스템을 운영하는 운영체제이기 때문이다. 따라서 원장이 에듀테크를 이해하고 발전시키는 것이 중요하다.

둘째, 학원의 교육시스템을 정비하면서 사용해야 한다. 수업준비와 평가준비, 학생관리 등의 관리 방법을 정비한 후에 에듀테크를 받아들이는 게 좋다. 교육시스템이 정비되었다면 조금만 신경 써도 스마트폰 하나로 에듀테크를 구현할 수 있다. 예컨대 '카톡으로 학생관리'가 가능하다. 다만 전문적인 기능이 없어서 연속성은 기대하기 어렵다. 이런 경험 후에 전문적인 시스템을 갖춘다면 연속적인 관리가 되고, 데이터가 축적되어 체계적인 관리가 가능하다.

셋째, 교육시스템에 대한 철학을 갖는 것이 중요하다. 행정안전부 대통령기록관에는 〈에듀테크 활용과 교육시스템 재구축 방안〉이 실려 있다. "에듀테크를 활용하면 개별화 학습과 함께 완전 학습의 가능성 역시 제고될 수 있으므로, 보충 학습 기회를 확대하고 뒤처지는 아동이 없는 교육 체제를 만드는 일에 도전할 수 있다."라는 문장이 있다. 학원에서 에듀테크를 적용하는 것이 그저 수익을 증가시키기 위한 것으로 생각하면 안 된다. 수익이 안 된다고 해서 곧바로 없앨 수 있는 시스템이 아니기 때문이다. 무엇보다 철학이 중요하다고 강조하는 이유는 에듀테크를 적용해서 뒤처지는 학생이 없고, 단 한명도 포기하지 않는다는 원장의 철학 하에 운영된다면 효과적인 학원 운영이 될 것이다.

에듀테크 혁명이라는 것은 결국 학부모와 학생의 마음을 혁명하는 일이 될 것이다. 에듀테크는 수단과 도구로서 활용하고, 모든 것은 학원을 운영하는 철학으로 운영체제를 삼길 바란다.

학원장을 위한
역량 진단 부스터

- - -

나는 리더인가, 1인 강사 원장인가?

자신만의 분명한 비전을 가지고 학원 시스템을 만들어 학생과 학부모를 이끄는 리더는, 단순한 1인 원장이 아닌 훌륭한 교육 리더이다. 리더로서 원장은 학원의 방향을 정하고, 학생과 학부모에게 명확한 비전과 목표를 제시하여 학원의 독특한 정체성을 만들고, 이를 학생과 학부모와 공유한다. 이런 역량이 학원의 모든 결정에 영향을 미치며, 변화하는 교육 환경 속에서도 학원이 굳건히 서 있게 한다. 여기에서 제시하는 학원 운영 리더십 체크리스트를 통해 자신의 리더십을 확인하여 리더로서의 역량을 부스트 업 해보자.

1인 학원 운영 리더십 체크리스트

번호	내용	체크
1	학원의 교육 철학과 비전을 명확히 정의하고, 이를 학생과 학부모에게 명확히 전달했나?	
2	학원의 교육 커리큘럼을 시장의 수요와 학생들의 필요에 맞춰 설계했나?	
3	학원의 마케팅 전략을 효과적으로 수립하고 실행하고 있나?	
4	학원의 재정 관리를 체계적으로 하고 있으며, 수익과 지출을 명확히 추적하고 있나?	
5	학원의 운영 프로세스를 효율화하기 위해 지속해서 노력하고 있나?	
6	학생들의 학습 진행 상황을 주기적으로 평가하고, 필요한 조치를 취하고 있나?	
7	학부모와의 소통을 정기적으로 하며, 그들의 의견과 기대를 학원 운영에 반영하고 있나?	
8	학원의 교육 결과를 개선하기 위해 새로운 교육 기법이나 도구를 도입하는 데 개방적인가?	
9	학원의 경쟁력을 강화하기 위해 동종 업계의 트렌드와 혁신을 지속적으로 연구하고 있나?	
10	학원의 위기 발생 시 신속하고 효과적으로 대응할 수 있는 위기 관리 계획을 가지고 있나?	
11	학원의 성공을 위해 개인적인 시간을 투자하고, 필요한 자원을 적절히 배분하고 있나?	
12	학원의 성장과 발전을 위해 목표를 설정하고, 이를 달성하기 위한 구체적인 계획을 수립했나?	
13	학원의 서비스 품질을 유지하고 향상시키기 위해 지속해서 노력하고 있나?	

14	학원의 사회적 책임을 인식하고, 지역 사회에 기여하는 활동에 참여하고 있나?	
15	학원 운영과 관련된 법적, 규제적 요구사항을 준수하고 있나?	
16	학원의 성과를 정기적으로 검토하고, 필요한 개선 사항을 식별하고 실행하고 있나?	
17	학원의 가치 제안을 명확히 하고, 이를 통해 학생과 학부모에게 신뢰를 구축하고 있나?	
18	학원의 인프라와 자원을 최적화하여 학생들에게 최상의 학습 환경을 제공하고 있나?	
19	학원 운영에 있어 윤리적이고 도덕적인 기준을 지키며, 모범을 보이고 있나?	
20	지금 나는 학원 운영을 하며 행복한가?	
총점		

- **20-16점** : 당신은 효과적인 리더십을 발휘하는 1인 학원 원장이다. 학원의 성공을 위한 다양한 요소를 잘 관리하고 있다.
- **15-11점** : 당신은 상당한 리더십을 발휘하고 있지만, 특정 영역에서 개선이 필요하다. 특정 영역에 집중하여 더 큰 성공을 이끌어낼 수 있다.
- **10-6점** : 당신은 기본적인 원장 역할을 수행하고 있지만, 리더로서의 역량을 강화할 필요가 있다. 구체적인 영역에서의 개선이 필요하다.
- **5점 이하** : 리더십 개발에 더 많은 노력이 필요하다. 학원의 성공을 위해 리더십 스킬을 개발하는 것이 중요하다.

⊙ 비전 설정 및 공유의 구체적인 행동 솔루션

비전 문서화 및 게시

학원의 비전과 목표를 문서화하여 학원 입구, 교실, 웹사이트에 게시하고 비전 문서는 학원의 핵심 가치와 장기 목표를 명확히 반영하여 작성한다.

정기적인 비전 공유

부모와 학생들을 대상으로 하는 정기적인 간담회를 통해 학원의 비전을 설명하고, 이에 대한 이해와 참여를 독려한다. 또한 학원의 비전을 주기적으로 재확인하고, 필요한 경우 이를 업데이트하여 학원 구성원 모두가 최신의 비전을 공유한다.

비전 강조를 위한 커뮤니케이션 활용

학원의 뉴스레터, SNS, 웹사이트 등 다양한 커뮤니케이션 채널을 활용하여 비전을 정기적으로 강조한다. 이를 위해 비전 관련 콘텐츠를 창의적으로 제작하여 학원의 비전에 대한 관심과 참여를 유도한다.

⊙ 전략적 계획 수립의 구체적인 행동 솔루션

목표 설정

연간, 분기별, 월별로 학원의 목표를 구체적으로 설정한다. 예를 들어, 연간 학생 수 10% 증가, 분기별 수업 만족도 20% 향상 등의 목표를 정한다. 각 목표는 SMART(구체적, 측정 가능, 달성 가능, 관련성, 시간 기반) 원칙에 따라 설정한다.

활동 계획 수립

각 목표 달성을 위한 구체적인 활동 계획을 작성한다. 예를 들어, 학생 수 증가를 위해 지역 커뮤니티 이벤트 참여, 온라인 광고 캠페인 실행, 추천 프로그램 개발 등의 활동을 계획한다. 각 활동에 대해 필요한 자원, 예상 시간, 책임자를 명시하고, 실행 일정을 달력에 표시한다.

마케팅 전략 구현

학생 모집을 위한 마케팅 전략을 세우고 실행한다. 예를 들어, SNS를 활용한 타깃 마케팅, 지역 신문에 광고 게재, 학원 오픈 하우스 개최 등의 전략을 구현한다. 마케팅 효과를 분석하기 위해 캠페인별로 학생 문의 수, 등록률 등을 추적하고 평가한다.

계획의 정기적 검토 및 조정

설정한 목표와 활동 계획의 진행 상황을 정기적으로 검토한다. 월별 또는 분기별로 진행 상황을 리뷰하고, 목표 달성도를 평가한다. 시장 상황, 학원의 운영 상황, 학생 및 학부모의 피드백 등을 고려하여 계획을 필요에 따라 조정한다.

⊙ 피드백 시스템 구축의 구체적인 행동 솔루션

정기적 설문조사 실시

매월 또는 학기마다 학부모와 학생 대상으로 설문조사를 실시한다. 온라인 설문 플랫폼을 활용하여 접근성을 높이고, 응답률을 증가시킨다. 설문 항목은 수업의 질, 교사의 효과성, 학원 환경, 커뮤니케이션 만족도 등을 포함한다.

학원 내 의견함 설치

학원의 보이는 곳에 의견함을 설치하여 학생들과 학부모가 언제든지 의견을 제출할 수 있도록 한다. 의견함의 내용은 정기적으로 검토하고, 중요한 피드백은 학원 운영 회의에서 논의한다.

온라인 피드백 플랫폼 구축

학원의 웹사이트나 전용 앱에 피드백 섹션을 마련하여, 학부모와 학생들이 온라인으로 의견을 제출할 수 있게 한다. 온라인 피드백은 실시간으로 모니터링하고, 필요한 조치를 신속하게 취한다.

피드백 결과 분석 및 반영

수집된 피드백을 정기적으로 분석하여 학원 운영의 개선점을 도출한다. 피드백을 바탕으로 수업 방식, 커뮤니케이션 전략, 학원 시설 등을 개선하고, 이러한 변화를 학원 커뮤니티에 공유한다.

피드백에 대한 응답 제공

학부모와 학생들이 제공한 피드백에 대해 감사의 메시지를 전달하고, 어떻게 조치를 취하고 있는지 피드백한다. 중요한 피드백이나 자주 제기되는 문제에 대해서는 학원 뉴스레터나 회의를 통해 전체 학원 구성원과 소통한다.

⊙ 지속적인 자기계발의 구체적인 행동 솔루션

주제별 학습 계획 수립

매월 교육 기술, 학생 상담, 마케팅 전략 등 학원 운영에 도움이 되는 다양한 주제를 선정한다. 해당 주제에 대한 온라인 코스나 세미나를 조사하고, 학습 일정을 계획한다.

온라인 코스 및 세미나 참여

선정된 주제에 대한 온라인 코스나 세미나에 정기적으로 참여한다. 예를 들어, '디지털 마케팅 전략' 주제로 온라인 세미나에 등록하고 학습한다. 학습한 내용을 요약하고, 학원 운영에 적용 가능한 핵심 아이디어를 정리한다.

학습 내용의 학원 운영 적용

새로 배운 교육 기술을 실제 수업에 적용하기 위한 계획을 세운다. 예를 들어, '대화형 학습 플랫폼 도입'을 결정하고, 해당 플랫폼을 수업에 통합하는 방법을 계획한다. 새로운 마케팅 전략을 학습했다면, 해당 전략을 학원의 마케팅 계획에 어떻게 통합할지 구체적인 실행 계획을 수립한다.

⊙ 위기 대응 계획 마련의 구체적인 행동 솔루션

재정적 위기 대비
- 비상자금계좌 설정 : 학원 운영에 필수적이지 않은 비용을 절감하여 비상 자금을 마련하고, 이를 별도의 계좌에 보관한다.
- 월별 수입과 지출 모니터링: 정기적으로 학원의 재정 상태를 검토하고, 예상치 못한 지출이나 수입 감소에 대비한다.
- 다양한 수익원 모색: 온라인 강의, 1:1 튜터링, 여름·겨울 특강 등 다양한 서비스를 제공하여 수익원을 다각화한다.

교육 트렌드 변화 대응
업계 동향 파악하여 정기적으로 교육업계의 최신 트렌드를 조사하고, 이를 학원의 교육 방식에 통합한다. 온라인 학습 플랫폼, 앱, 소프트웨어 등 최신 교육 기술을 적극적으로 도입하여 학원의 경쟁력을 강화한다. 학생들의 피드백과 학습 결과를 바탕으로 교육 커리큘럼을 지속해서 업데이트하고 개선한다.

비상 상황 대비
정기적인 안전 교육 및 비상 대피 훈련을 실시하여 학원 구성원들이 비상 상황에 대처할 수 있도록 준비하며, 학부모들에게 신뢰감을 구축한다. 이를 위해 화재, 자연재해, 응급 상황 등 다양한 시나리오에 대한 대응 매뉴얼을 작성하고, 이를 학원 내에 공유한다.

⊙ 윤리적 기준 준수의 구체적인 행동 솔루션

수업료 및 기타 비용의 투명한 공개
모든 수업료와 추가 비용을 학부모와 학생에게 명확하게 공지한다.

교육 관련 법규 준수
학원 운영과 관련된 모든 법적 요구사항을 준수하며, 정기적으로 관련 법규를 검토하여 학원 운영이 법적 기준에 부합하는지 확인한다.

개인정보 보호
학생과 교직원의 개인정보를 철저히 보호하며, 관련 정보 보호 정책을 마련하고 이를 철저히 이행한다.

나는 디지털 세상의 주인공인가, 방문자인가?

디지털 도구의 숙련된 활용은 학원 운영의 효율성을 극대화한다. 프레젠테이션 제작, 클라우드 스토리지 활용, 온라인 마케팅, 웹사이트 관리 능력 등 학원 운영에 필수적인 다양한 디지털 도구들을 어떻게 활용하고 있는지 자가 평가가 필요하다.

아래의 체크리스트를 통해 이메일 관리, 문서 작성, 데이터 분석 능력을 점검하고 자신의 디지털 도구 활용 능력을 객관적으로 파악하여, 개선이 필요한 부분을 확인할 수 있다. 학원 운영의 효율성을 높이고 교육서비스의 질을 향상시키고자 한다면 새로운 정보나 관심 있는 부분은 더 적극적으로 탐색해보기를 추천한다.

디지털 도구 활용 능력 체크리스트

번호	디지털 도구 활용 능력	체크
1	매일 이메일을 체크하고 효율적으로 관리한다.	
2	학원 문서(시간표, 교육 자료, 통지서 등)를 MS Word나 Google Docs에서 효율적으로 작성하고 편집한다.	
3	MS Excel이나 Google Sheets를 사용해 학원의 재정 상태, 학생 성적 등의 데이터를 관리하고 분석한다.	
4	MS PowerPoint나 CANVA, GAMMA를 활용해 학부모 미팅이나 교육 세미나를 위한 전문적인 프레젠테이션을 만든다.	
5	Google Drive나 Dropbox를 이용하여 교육 자료나 중요 문서를 클라우드에 저장하고 필요시 공유한다.	
6	Google Calendar를 사용해 학원의 수업 일정, 미팅, 이벤트 등을 관리하고 조율한다.	
7	Facebook, Instagram 등의 소셜미디어 플랫폼을 통해 학원의 소식을 알리고 마케팅 활동을 진행한다.	
8	Zoom이나 MS Teams, Google meet를 사용하여 원격으로 교사 미팅이나 학부모 상담을 진행한다.	
9	Capcut이나 Canva, 미리캔버스와 같은 기본 이미지 편집 툴을 사용해 학원의 광고나 포스터를 직접 디자인한다.	
10	CMS를 활용해 학원의 웹사이트를 정기적으로 업데이트하고 최신 정보로 유지한다.	
11	Asana나 Trello, flow 같은 프로젝트 관리 툴을 사용해 학원의 다양한 프로젝트와 일정을 관리한다.	
12	Adobe Premiere나 Movavi, Capcut, 브루 등을 사용하여 학원 행사나 수업의 하이라이트를 담은 비디오를 편집한다.	

13	Google Forms나 SurveyMonkey를 사용하여 학부모나 학생들로 부터 피드백을 수집하고 이를 분석한다.
14	기본적인 데이터베이스 관리 능력을 가지고 있어 학원 관련 데이터를 효과적으로 관리한다.
15	인터넷 검색을 통해 교육 관련 자료나 필요한 정보를 신속하게 찾아낸다.
16	기본적인 코딩 지식을 활용해 학원 웹사이트나 간단한 애플리 케이션을 개선한다.
17	Slack이나 Notion과 같은 가상 협업 툴을 사용해 교직원들과 효과적으로 소통하고 협업한다.
18	LMS를 활용해 온라인으로 학생들의 학습 진행 상황을 추적하고, 필요한 교육 콘텐츠를 제공한다.
19	AI 및 머신러닝의 기본적인 개념을 이해하고, 이를 학원 운영이나 교육 과정에 접목할 방법을 모색한다.
20	CRM 소프트웨어를 사용해 학생 및 학부모의 정보를 관리하고, 이를 통해 맞춤형 커뮤니케이션을 진행한다.
총점	

- **20~18점/전문가** : 모든 디지털 툴을 자자재로 사용하여 학원 운영의 효율성을 극대화한다. 복잡한 데이터 분석, 고급 문서 편집, 전문적인 프레젠테이션 제작 등을 능숙하게 수행한다. 디지털 툴을 활용해 학원의 마케팅, 커뮤니케이션, 관리 등 모든 측면에서 혁신을 주도한다.
- **17~15점/상급자** : 대부분의 디지털 툴을 효과적으로 사용하지만, 고급 기능에 대한 이해를 더욱 향상시킨다. 학원 운영에 필요한 주요 기능들은 숙련되게 사용하지만, 특정 툴에서 더 배울 여지가 있다. 데이터 관리, 문서 작성, 온라인 커뮤니케이션 등에서 높은 수준의 능력을 보이지만, 일

부 영역에서 추가 학습을 진행한다.

- **14~11점/중급자** : 기본적인 툴 사용에는 문제가 없으나, 복잡한 기능이나 툴에 대한 추가 학습을 진행한다. 학원 운영에 필수적인 디지털 툴 사용에는 능숙하지만, 효율성을 높일 수 있는 고급 기능 활용에 집중한다. 일상적인 작업은 수행할 수 있으나, 디지털 툴을 활용한 전략적 운영이나 혁신적 접근을 모색한다.

- **10~6점/초급자** : 기본적인 툴 사용은 가능하지만, 다양한 툴의 효과적인 활용을 위해 노력한다. 학원 운영에 필요한 기본적인 디지털 작업은 수행할 수 있으나, 효율성과 생산성을 높이기 위해 추가 학습을 추진한다. 디지털 툴을 활용한 학원 운영의 개선 가능성을 인지하고, 실제로 이를 실행에 옮기기 위해 구체적인 기술을 습득한다.

- **5점 이하/개선 필요** : 디지털 툴의 기본 사용에 어려움을 겪고 있어, 학원 운영의 효율성을 높이기 위한 긴급한 학습을 진행한다. 학원 운영에서 디지털 툴의 활용이 미흡하여, 수동 작업을 줄이고 자동화를 증가시키기 위해 노력한다. 디지털 기술에 대한 이해와 활용 능력을 향상시키기 위해 기초부터 체계적인 학습과 실습에 참여한다.

↑ STEP 5 ↑

따라 해보는
1인 학원 창업 시뮬레이션

• • •

현재 상황에서 변화를 통해 더 성장하고 싶다면, 이런 성장을 통해
성공하는 1인 교육사업자로 거듭나고 싶다면, 본인이 원하는 1인 교
육사업을 구체적으로 그려보아야 한다.

교육사업 경영자로서 자가진단

(그렇다 : 5점, 보통이다 : 3점, 그렇지 않다 : 1점)

번호	질문	점수
1	아이들과 함께하는 시간이 즐겁다.	
2	아이들이 잘 따르는 편이다.	
3	가르치는 일이 즐겁다.	

304

4	주변 사람에게 이해가 잘 가도록 설명을 잘하는 편이다.	
5	질문을 받았을 때 당황하지 않는 편이다.	
6	어떤 일을 할 때 계획을 구체적으로 세우는 편이다.	
7	매달 작은 목표라도 세우고 실천하려 노력하는 편이다.	
8	새로운 것을 접했을 때 적극적으로 받아들이는 편이다.	
9	어떤 일을 할 때 시스템으로 만들어서 일하는 것을 선호한다.	
10	대화 시 공감과 경청을 잘하는 편이다.	
11	처음 만나는 사람과 자연스럽게 소통하는 편이다.	
12	갈등관계에 있을 때 감정은 뒤로하고 해결 방안에 집중한다.	
13	스트레스를 해소하는 나만의 방법이 있다.	
14	체력 관리를 잘하기 위해 평소 노력한다.(운동, 금연, 금주, 적당한 휴식 등)	
15	주변 정리를 잘하고 주위가 지저분하면 깨끗하게 치우는 편이다.	
16	어려움이 닥쳤을 때 혼자 해결하기보다 주변의 조언을 받는 편이다.	
17	다른 사람의 피드백을 받아들여 개선하려고 노력하는 편이다.	
18	다른 사람에게 칭찬을 잘하는 편이다.	
19	자신의 장단점을 잘 알고 있다.	
20	평소 교육정책과 이슈에 관심이 많다.	
총점		

- **70점 미만** : 교육사업이 적성에 맞는 사업인지 고민할 필요가 있다. 적성에 맞지 않지만 의지를 가지고 도전하려 한다면 두 배 이상의 노력이 필요함을 인식한다. 전문가의 컨설팅을 통해 조언을 받으며 준비하는 것이 필요하다.
- **80점 미만** : 교육사업이 적성에 맞지만, 위기가 닥쳤을 때 대처 능력과 극복 의지에 따라 결과가 달라질 수 있다. 그러므로 무엇을 보완해야 하는지 컨설팅을 통해 파악하여 도약을 위한 구체적이고 철저한 목표와 계획 수립이 필요하다.
- **90점 미만** : 교육사업에 적성에 맞고 관심도 많지만, 더 성장하기 위해서는 새로운 변화에 대한 대처 능력과 시스템 운영 능력이 필요하다. 따라서 콘텐츠와 시스템 큐레이션 컨설팅을 통해 적극적인 모색이 필요하다.

나만의 강점과 전략 찾기

미국의 경영학자 피터 드러커는 인간의 성과 창출 능력은 약점이 아니라 강점에 달렸다고 말했다. 앞에서 언급한 것처럼 목표를 세우고 달성하기 위해서는 무작정 일에 덤벼드는 것이 아니라 자신의 현재 상황을 정확히 분석해 보고, 자신의 강점을 활용하여 목표를 향한 성과를 만들어야 한다.

자신의 상황을 분석하는 방법에는 무엇이 있을까? 보통 기업에서는 마케팅 전략을 세우면서 시장 상황을 분석하기 위해 환경을 중심으로 분석하는 SWOT 분석을 활용한다. 교육 창업도 1인 기업이라 할 수 있다. 그러므로 실패의 위험을 줄이기 위해서는 자신의 현재 상황을 분석해볼 필요가 있다. SWOT 분석은 내부 환경과 외부 환경 두 가지 요소를 중심으로 분석하여 다음과 같은 전략을 세울 수 있다.

내부 환경	외부 환경
강점(strength) 자신이 잘하고 있는 것이나 잘할 수 있는 것 (예: 수학을 잘 가르친다.)	기회(opportunity) 목표와 관련하여 본인에게 도움이 될 수 있는 것 (예: 수학 혁신학교가 주변에 있다.)
약점(weakness) 자신이 잘하지 못하는 것이나 할 수 없는 것 (예: 사람들과의 친화력이 부족하다.)	위협(threat) 목표와 관련하여 본인에게 불리하거나 위협이 될 수 있는 것 (예: 주변에 수학 학원이 많다.)

① 강점 기회 전략 : 강점을 최대한 살리면서 기회를 포착한다.
　예) 수학 혁신학교에 맞는 창의사고력 수학 공부방 콘셉트로 차
　　　별화한다.
② 강점 위협 전략 : 강점을 살리면서 위협을 회피하거나 최소화한다.
　예) 기존 학원에서 사용하지 않는 거꾸로 교실 수업을 활용한다.
③ 약점 기회 전략 : 약점을 보완하면서 기회를 포착한다.
　예) 친화력이 부족하므로 학교 활동을 적극적으로 한다.
④ 약점 위협 전략 : 약점을 보완하면서 위협을 피하거나 최소화한다.
　예) 친화력이 부족하므로 전문적인 교사의 이미지를 만든다.

　텔레비전에 나오는 가수들을 보면 모두가 노래를 잘하지는 않는
다. 어떤 가수는 고음 부분이 좋고 또 어떤 가수는 저음 부분을 잘 부

른다. 어떤 가수는 춤을 잘 춘다. 창업자도 마찬가지다. 모든 면에서 능력이 탁월한 창업자도, 완벽하게 준비해서 시작하는 창업자도 없다. 하지만 다른 사람이 가지고 있지 않은 남다른 강점이 있다면, 경쟁력이 생겨 창업에 자신감을 얻을 수 있다.

자신이 가지고 있는 가장 큰 무기가 될 수 있는 강점을 찾아야 한다. 나의 강점이 생각처럼 많이 떠오르지 않을 수 있다. 하지만 시간을 두고 생각날 때마다 하나씩 강점을 찾아보는 것이 좋다. 잘 떠오르지 않는다면 다음의 낱말에 체크해보자. 나의 강점 찾기에 도움이 될 것이다.

강점	체크	강점	체크
표정이 밝다		목소리에 자신감이 있다	
인내심이 강하다		사람들과 친화력이 있다	
인정이 많다		손재주가 있다	
배우기를 좋아한다		개방적이다	
잘 웃는다		잘 참는다	
인사를 잘한다		아이들을 잘 가르친다	
협동을 잘한다		리더십이 있다	
약속을 잘 지킨다		아이들을 좋아한다	
다른 사람의 말을 잘 듣는다		도전적이다	
인상이 좋다		판단력이 빠르다	

낯을 가리지 않는다		감성이 풍부하다	
열정이 있다		글을 잘 쓴다	
차분하다		계획적이다	
분석적이다		체력이 강하다	
유머 감각이 있다		정보 수집을 잘한다	

꿈을 이루기 위한 구체적인 목표 로드맵

원하는 수입(순이익) 결정

수입은 생존 요소이기 때문에 로드맵 구성에서 무척 중요하다. 사업이 활성화되었을 때 순이익을 결정하고 순이익을 달성하기 위해 투자금, 사업 규모, 수업대상과 수업료, 임차료, 강사 채용 예정이면 강사 급여 등 지출을 고려한 순이익을 결정해야 한다. 대부분 비용 규모가 큰 임차 비용과 인테리어 비용 중심으로 생각하고, 순이익 목표를 생각해보지 않는 경우가 많다. 그렇게 되면 설계도 없는 집을 짓는 것과 마찬가지며 예상치 못한 상황에 당황하여 위기에 처할 수도 있다.

필요한 수입과 지출을 확인

[신설 교습소]

구분	내용	금액
창업 비용	임차료	임차료 3,000만원에 월세 150만 원
	인테리어	1,000만 원(전용면적 15평)
	기타	500만 원(집기, 간판, 책걸상 등 기타)
	예비비	500만 원(3개월 월세)
	총비용	5,000만 원

구분	내용	금액
지출 비용	임차료	월세 150만 원
	공과금 및 운영비	100만 원
	홍보비	200만 원
	시설비 감가상각	50만 원
	총비용	500만 원

[교습소 인수]

구분	내용	금액
창업 비용	임차료	3,000만 원(15평)
	월세	150만 원
	권리금	1,000만 원(시설 권리금/수강생 15명)
	예비비	500만 원(3개월 월세)
	총비용	4,650만 원

수강료, 대상 학년 결정

매출 목표에 따라 초등과 중·고등이 달라질 수 있다.

총 학생 모집 인원 결정

장기 목표와 단기 목표를 수치화하여 세워보자.

장기 목표		단기 목표	
6개월 후		1개월	
		2개월	
1년 후		3개월	
		4개월	
3년 후		5개월	
		6개월	

홍보 시스템 구축

[홍보 시스템 구축을 위한 체크리스트]

(그렇다 : 5점, 보통이다 : 3점, 그렇지 않다 : 1점)

번호	질문	점수
1	오픈 지역 아파트, 주택 세대수를 파악하고 있는가?	
2	오픈 지역 학교의 학급별 학생 수를 파악하고 있는가?	
3	오픈 지역 학교의 학교, 학급별 시간표를 파악하고 있는가?	
4	오픈 지역 학교의 학교별 학사 일정을 파악하고 있는가?	
5	오픈 지역 학교의 방과 후 활동을 파악하고 있는가?	
6	오픈 지역 학교의 특성과 형태를 파악하고 있는가? (혁신학교, 시범학교 등)	
7	오픈 지역의 학교별 선호도를 파악하고 있는가?	
8	오픈 지역의 입시 결과 데이터를 확보하고 있는가? (고입·대입 등)	
9	오픈 지역의 학교별, 과목별 시험 난이도를 파악하고 있는가?	
10	오픈 지역 학교에서 학원·공부방 동선을 파악하고 있는가?	
11	학생들의 등하교 위치와 학생 비율을 파악하고 있는가?	
12	오픈 지역의 학부모 교육열 정도를 파악하고 있는가?	
13	오픈 지역의 경제적 수준을 파악하고 있는가?	
14	주변 학원·공부방 등 경쟁 업체 수를 파악하고 있는가?	
15	주변 학원·공부방 등 경쟁 업체 수강료를 파악하고 있는가?	
16	주변 학원·공부방 등 경쟁 업체 중점 지도 과목을 파악하고 있는가?	

17	주변 학원·공부방 등 경쟁 업체의 주된 마케팅 방법을 파악하고 있는가?	
18	잘 나가는 학원의 강점 또는 경쟁력을 파악하고 있는가?	
19	학부모들이 학교 주변에 어느 정도 나오는지 파악하고 있는가?	
20	학부모들의 중심 커뮤니티를 파악하고 있는가?	
총점		

- **70점 미만** : 조금 더 준비가 필요하다. 현 상태로 교육사업을 창업한다면, 어려움에 부딪혔을 때 그 이유가 무엇인지 몰라 당황할 수 있다. 성공적인 창업을 원한다면 조금 더 철저한 준비와 정보 수집이 필요하다. 이를 위해 전문가나 경험자의 도움을 받아 구체적인 정보 수집 방법부터 찾는 것이 우선이다.

- **80점 미만** : 열심히 정보 수집을 했으나 사소하다고 생각하는 부분에서 놓치고 있을 가능성이 있다. 체크리스트를 통해 놓치고 있는 부분을 확인하고 타깃에 맞는 홍보 전략을 세워야 한다. 누수 부분의 파악이 어렵다면 전문적인 컨설팅을 받아볼 것을 추천한다.

- **90점 미만** : 본격적인 홍보를 시작해도 된다. 효과적이고 효율적인 홍보 전략을 바탕으로 홍보 계획을 세워 진행하되, 홍보 후 잘한 점과 보완점을 반드시 체크하여 다음 홍보 전략에 반영한다. 획기적인 전략 아이디어가 필요하다면 전문적인 컨설팅을 받아보는 것도 좋다.

[홍보 실행 시스템]

구분	상세 내용	잘한 점	보완점
누가 (홍보 주체)	선생님 or 아르바이트 혼자 할 것인가 or 함께 할 것인가		
언제 (홍보 시기)	오전 등교 시간/오후 하원 시간 시험 전/시험 후, 개학식/ 방학식 졸업식/ 입학 설명회		
어디서 (홍보 장소)	학교 앞, 마트 앞, 도서관 앞 (유동 인구 분석)		
무엇을 (홍보 물품)	학생 : 학생의 호기심 자극(차별성) 학부모 : 생활에 필요(유용성)		
왜 (홍보 목적)	학원 오픈 알리기, 학부모 간담회, 신규 과목 안내, 신학기 학생 모집, 방학 특강 모집		
어떻게 (홍보 방법)	오프라인 : 캔버싱, 전단지, 직투, 족자 등 온라인 : 블로그, 맘카페, 인스타, 인스타 등		

[홍보 예산]

(게시판부착)

아파트명	광고료	게시기간	수량	대행료
도곡렉슬	220,000	10/23~29(1주일)	60	120,000
역삼래미안	110,000	10/23~29(1주일)	26	52,000
은마	165,000	10/23~27(5일)	50	100,000
역삼푸르지오	143,000	10/23~29(1주일)	41	102,500
이동비				100,000
합계	638,000			474,500(부가세별도)
총계	1,112,500(부가세 47,450원 별도)			

(우편함직투)

아파트명	광고료	배포시기	수량	대행료	별도작업비용(도곡렉슬만 해당)
도곡렉슬	770,000	10/31	3005	450,750	봉투제작하여 전달해 주어야 함
역삼e편한세상	110,000	10/30	842	250,000	편지봉투제작(1도프린트)
개나리푸르지오	55,000	10/30	333	250,000	4,000매 69,400 배송료 15,000
개나리SK뷰5차	110,000	10/30	241	250,000	접지 및 삽지 비용
이동비				40,000	3,005x50=150,250
합계	1,045,000			1,240,750(부가세별도)	합계 234,650
총계	2,285,750(부가세 124,075원 별도)				

[홍보 장소 및 일정 계획]

학교명	배포장소	배포시간(일정)	물품		1회 배포수량(예상)
도곡초등학교	후문, 서문	13:00~15:00(10/23)	학부모	전단지, 만능행주	150ea
			학생	4단접착메모지	300ea
도성초등학교	정문	13:00~15:00(10/24)	학부모	전단지, 만능행주	150ea
			학생	4단접착메모지	300ea
대도초등학교	정문, 후문	13:00~15:00(10/25)	학부모	전단지, 만능행주	150ea
			학생	4단접착메모지	300ea
대현초등학교	정문, 후문	13:00~15:00(10/26)	학부모	전단지, 만능행주	150ea
			학생	4단접착메모지	300ea
대곡초등학교	정문	13:00~15:00(10/27)	학부모	전단지, 만능행주	150ea
			학생	4단접착메모지	300ea
역삼중학교	정문, 후문	요일별 수업시수 다름 매일 확인중 (수 7교시, 목 6교시)	학생	4단접착메모지	300ea
진선여자중학교	정문	요일별 수업시수 다름 매일 확인중 (수 6교시, 목 7교시)	학생	4단접착메모지	300ea

홍보물품	품명	제작단가	수량	견적	비고
학생	카카오4단접착메모지	2,155	4,000	8,620,000	컬러스티커 제작 및 부착 비용 포함
학부모	만능 행주	330	3,000	990,000	배송비 49,500 별도
합계				9,610,000(부가세별도)	49,500

*학교/학원 앞 배포 후 잔량 설명회 등 사용

	제작단가	수량	견적	비고	합계(부가세별도)
봉투(백색 25x35)	330	1,000	330,000	35,000	365,000

효율적인 상담 프로세스

전화 상담 프로세스

오픈하고 처음 전화를 받게 되면 홍보의 효과가 나타나기 시작한다는 생각에 기분이 좋을 것이다. 그러나 통화를 하고 나면 결국 고객이 원하는 정보만 주고 전화를 끊었다는 사실에 다시 속상해지기 시작한다. 전화로 상담을 원하는 고객일지라도 학부모가 직접 방문할 수 있도록 유도하는 것이 중요하다. 전화 상담은 고객이 눈앞에 있지 않기 때문에 고객의 표정과 생각을 파악하기가 쉽지 않다.

그래서 전화로 상담을 원하는 고객은 상담 스킬이 어느 정도 필요하다. 또한 전화 목소리 톤에 신경을 써야 하고 정확한 발음으로 상담하는 것이 중요하다. 자신감이 없는 목소리는 금방 상대방에게 전달되기 때문에 언제 어디서 전화를 받게 되더라도 한 박자 쉬고 준비된 상태에서 통화해야 한다.

다음은 방문을 유도하는 4단계 상담 프로세스이다.

단계	내용
방문 문의 경로 파악	
학부모 정보 파악	
학원 방문 유도	
상담 시간 제시	

방문 상담 프로세스

경제학자들에 의하면 사람들이 소비할 때 매우 신중하고 합리적일 것 같지만, 의외로 합리적이지 않다고 한다. 고객에게 고객의 필요와 욕구를 적절한 타이밍에 자극하고 얼마나 설득력 있는 언어로 어떻게 전달하느냐가 고객의 구매 선택을 결정한다.

학원에 오는 학부모의 상담도 마찬가지이다. 적절한 타이밍에 아이의 학습 문제점이 무엇인지 학부모 스스로 이야기하게 하고, 그것을 해결할 수 있는 대안을 프로그램이나 시스템으로 제시한 후, 선생님의 확실한 관리를 약속하면 학부모는 자연스럽게 선택하게 된다.

그런데 그것이 첫 상담으로 한 번에 마무리되어야 한다는 것이 핵심이다. 학부모가 상담하러 와서 좀 더 알아보고 다음에 연락하겠다는 말을 100% 믿고 그냥 돌려보내면, 그 고객이 다시 찾아올 확률은 0%에 가깝다. 따라서 학부모와의 첫 상담이 매우 중요하다. 첫 상담에서 학부모가 등록하도록 하기 위해서는 기본적인 상담 프로세스가 필요하다.

다음은 등록을 유도하는 5단계 상담 프로세스이다.

상담 일시:

학년:

이름:

상담 단계	내용
상담 준비하기	
분위기 조성	
학부모 정보와 니즈 파악	
차별화된 프로그램 제시	
정기적인 상담 약속과 신뢰감 주기	

지금까지 오픈 전 자가진단부터 목표 세우기, 홍보, 상담까지 1인 교육 경영의 로드맵을 그려보았다. 수업과 관리 부분은 2부와 부록에서 상세히 다루고 있으니 각각 학원에서 필요한 부분을 선택하여 살펴보면 될 것이다.

창업 시뮬레이션은 머릿속으로만 그려서는 안 된다. 반드시 손으로 적어보고, 읽어보고, 수정하여 온전히 자기만의 것으로 만들어야 한다. 혁명은 모방에서 시작되며 한 가지라도 실천해보는 것에서 시작된다. 이것을 알고 있다면, 지금 당장 펜을 들고 써 볼 것을 권한다.

부록

혁명가를 위한
자료 및 도구

학원 업그레이드를 위한
디지털 활용 도구 리스트

2024년을 대표하는 이미지 제작툴

종류	기능	QR코드
망고보드	1. 클릭 한 번으로 웹툰 및 애니메이션 제작 2. 간판, 입간판 등 인쇄물 쉽게 제작 3. 이미지 및 템플릿 관리: 텍스트, 색상, 차트, 지도, YouTube/QR 코드 등 다양한 요소를 활용하여 이미지와 템플릿을 찾고 관리 가능 4. 레이어, 모션 효과, 협업 도구 사용법: 레이어와 모션 효과를 이용한 콘텐츠 제작 및 협업 도구 사용 제공 5. 고품질 비디오 및 모션 콘텐츠 제작 팁: 카드 뉴스, 상세 페이지, YouTube 썸네일 등 고품질 비디오 및 모션 콘텐츠 제작에 유용한 팁을 제공	
캔바	<강점기능 Top 10> 1. 매직 에디트: 사물을 다른 것으로 변환하는 편집 도구 기능 2. 배경 제거: 사진의 배경을 제거하거나 수정하는 기능 3. 매직 라이터: 자동으로 글을 작성하는 기능 4. 비트싱크: 음악에 맞춰 영상을 재편집하는 기능 5. 프로덕트 포토: 제품 사진의 배경을 일관되게 수정하는 기능 6. AI 이미지 생성기를 사용하여 PPT 자료를 더 다채롭게 만드는 기능 7. Chat GPT + CANVA로 동영상 대량 제작 기능 8. 말하는 AI아바타를 만들어 홍보 동영상 활용기능 9. 순식간에 웹사이트 만들어주는 기능 10. 영상편집 전혀 몰라도 1분만에 영상 만들어주는 기능	

snappa	1. 소셜 미디어 최적화: Facebook, Twitter, YouTube, Instagram, Pinterest 등 다양한 소셜 미디어 플랫폼에 맞는 특정 크기의 이미지를 쉽게 생성 2. 다양한 디자인 요소: 배너 제작, 콘텐츠 제작, 이미지 생성 등을 위한 다양한 디자인 요소와 각 요소를 사용하기 위한 상세한 지침 비디오를 제공 3. 빠른 이미지 편집: No-Code 이미지 편집기를 통해 이미지의 크기 조정, 자르기, 편집 등을 빠르게 수행할 수 있으며, 다양한 기능과 각 요소에 대한 지침 비디오를 제공	
미리 캔버스	1. 디자인 및 편집 기능 2. 이미지 편집 3. 프리미엄 기능: Canva Pro를 통해 비디오 배경 제거, 프리미엄 비디오 생성 및 편집, 쉬운 애니메이션 제작, 소셜 미디어 일정 예약 등의 고급 기능을 이용 4. 무료 템플릿을 활용하고, 투명한 PNG 이미지를 만들며, 디자인 크기를 조정하고, 로고와 글꼴을 업로드하여 브랜드 일관성을 유지 5. 다양한 템플릿과 실용 정보를 제공하여 사용자가 프로젝트, 템플릿, 브랜드 일관성을 다양한 메뉴 옵션을 통해 관리	
미드저니	1. AI 기반 이미지 생성: 사용자의 텍스트 입력을 기반으로 고품질의 이미지나 아트워크를 생성 2. 다양한 스타일 및 파라미터 적용: 이미지 스타일과 파라미터를 조정하여 다양한 시각적 효과와 스타일을 적용 3. Discord를 통한 접근성: 미드저니는 Discord 애플리케이션을 통해 접근할 수 있으며, 사용자는 미드저니 서버에 로그인하여 서비스를 이용	
루미나네오	1. 매직 라이트: AI가 사진을 분석하여 인공조명에 빛 갈라짐 효과를 추가. 사용자는 빛의 크기와 선명도를 조절 가능 2. 사용자 친화적 인터페이스: 간단하고 직관적인 UI를 제공하며, 다양한 프리셋과 필터 효과로 빠른 편집이 가능 3. 3D 매핑 및 AI 기반 기능: 사진에 더욱 심도 있는 편집을 가능하게 하는 3D 매핑 기능과 다양한 AI 기반 편집 도구를 제공	

포토젯	1. 다중 사진 선택 및 일괄 편집: 여러 사진을 선택하고 한 번의 키 입력으로 모든 사진에 편집 옵션을 적용할 수 있어, 인쇄 작업을 쉽게 제작 2. 고해상도 사진 출력: 실버 필름 위에 잉크젯 코팅 처리를 하여 고해상도의 사진을 출력할 수 있도록 하는 기술을 사용 3. 모바일 및 PC 메인 화면 뷰: 최근 업데이트를 통해 모바일과 PC에서의 메인 화면 뷰와 사용자가 업로드한 사진을 특별하게 표시하는 기능을 제공 4. Wi-Fi 다이렉트 기능: A4 인쇄는 불가능하지만, Wi-Fi 다이렉트 기능을 통해 휴대폰과 직접 연결하여 휴대폰에서 바로 사진 인쇄 가능
Template. net	1. 맞춤화 가능한 파일: 사용자는 자신의 선호에 따라 파일을 수정할 수 있으며, 크기 조정, 이미지 추가 및 자르기 등의 작업이 가능 2. 다양한 템플릿 제공: Template. net은 100,000개 이상의 아름답게 디자인되고 쉽게 편집 가능한 템플릿을 제공 3. 무료 인쇄 가능 템플릿: 가을, 사인, 인용구, DIY 템플릿 등 다양한 무료 인쇄 가능 템플릿을 제공
Befunky	1. AI 기반 사진 편집 도구: BeFunky는 AI를 활용한 원클릭 사진 편집 도구를 제공하여 사용자가 쉽게 사진을 편집 2. 자동 콜라주 기능: 지능형 자동 콜라주 생성 기능을 통해 아름답고 인상적인 콜라주를 제작 3. 다양한 디자인 템플릿: 전문적으로 제작된 다양한 디자인 템플릿을 제공하여 사용자가 다양한 창의적 요구에 맞는 디자인을 제작
sutterstock 이미지편집기	1. 매직 브러시: 원하는 영역을 브러싱하고 변경 사항을 설명하여 이미지를 수정 가능 2. 변형: 모든 이미지에 대한 대체 옵션을 생성 3. 이미지 확장: 이미지 보기를 확대하여 장면을 더 많이 드러나게 함 4. 스마트 크기 조정: 요구 사항에 맞게 이미지 크기를 자동으로 조정 5. 배경 제거: 피사체를 유지하면서 배경을 교체하거나 제거 6. AI 이미지 생성기: 원하는 콘텐츠를 간단히 설명하는 것만으로 고품질의 비주얼을 생성

디자인피클	1. 무제한 그래픽 디자인: 사용자는 월정액을 지불하고 무제한으로 그래픽 디자인 서비스를 이용 2. 커스텀 일러스트레이션: 개인화된 일러스트레이션 요구 사항에 맞춰 전문적인 일러스트를 제작 3. 프레젠테이션 디자인: 비즈니스 미팅이나 프레젠테이션에 필요한 전문적인 디자인을 제공 4. 무제한 수정: 제공받은 디자인에 대해 만족할 때까지 무제한으로 수정 요청이 가능	
픽토차트	1. 인포그래픽 생성: 단계별 프로세스를 통해 사용자가 쉽게 인포그래픽을 제작 생성 2. 차트 기능: 다양한 그래프 형식을 선택하고 데이터 값을 입력할 수 있는 차트 레이어를 제공 3. 다양한 시각적 콘텐츠 생성: 배너, 브로셔, 체크리스트, 다이어그램 등 다양한 시각적 콘텐츠를 제작	
simplified	1. 디자인 만들기 　다양한 디자인 제공: 소셜 미디어, 웹사이트, 이메일 뉴스레터, 블로그, 광고 등에 활용할 수 있는 다양한 디자인을 제공합니다. Facebook Carousel Ads, Linkedin Post, Linkedin Company Covers, Zoom Virtual Background, Ebook Covers, Album Covers, Tiktok Covers 등이 포함 2. 마케팅 확장 도구 　콘텐츠 확장 지원: 마케팅을 성장시키는 데 도움이 되는 유일한 도구로, 하나의 콘텐츠를 만들면 이를 확장시켜줌 3. 비디오 편집기 　온라인 비디오 편집: 오디오, 로고, 텍스트 및 사전 설정을 빠르게 추가할 수 있는 온라인 비디오 편집기를 제공	

워터마크 없는 무료 영상편집툴 TOP 7

종류	기능	QR코드
Kapwing	1. 다양한 편집 기능: 비디오 및 오디오 파일에 여러 트랙을 추가하여 PiP(화면 속 화면) 효과, 분할 화면을 만들 수 있고, 파일을 트리밍, 분할, 회전 가능. 재생 속도 조절과 확대/축소 효과도 제공 2. 표준 전환 효과 및 Chroma Key 도구: 몇 가지 표준 전환 효과와 녹색 배경을 제거할 수 있는 Chroma Key 도구를 활용 3. 제한 사항 및 구독 옵션 1)워터마크 없는 동영상 제한: 무료 버전 사용 시 워터마크 없이 한 달에 3개의 동영상만 내보낼 수 있으며, 각 비디오는 250MB 미만, 30분 미만 제한 2)업그레이드 옵션: 업그레이드를 결정하면 한 달에 24달러 또는 연간 192달러로 이용가능	
imovie	1. 기본 편집 도구: 잘라내기, 트리밍, 색 보정, 배경 노이즈 제거 등의 기본적인 편집 기능을 제공 2. 템플릿 제공: 배경과 애니메이션 텍스트 템플릿을 포함하여 다양한 사전 설정을 제공하며, 메인 메뉴에서 쉽게 접근하여 사용 3. iTunes와의 통합: 음악 라이브러리에서 직접 사운드 트랙을 가져와 영상에 추가 기능 4. 완전 무료: 프리미엄 버전이나 Pro 기능 없이, 워터마크, 평가판 사용 기간, 포맷 제한 또는 업그레이드 없이 완전히 무료로 사용	
openshot	1. 다양한 운영 체제 지원: 윈도우, 맥 OS, 리눅스, 크롬 OS에서 사용 가능 2. 편집 기능: 여러 트랙 사용, 동일한 장면에서 여러 파일 혼합, PiP(화면 속 화면) 또는 분할 효과, 다양한 비디오 전환 기능, 내장된 이모티콘 갤러리, 비디오 및 오디오 효과 저장 기능을 제공 3. 수익화 모델 및 기술 지원 1)수익화 모델: OpenShot은 유료 버전이 없으며, 웹사이트 광고와 기부금을 통해 수익을 창출 2)기술 지원: 안정적인 성능을 제공하지만, 기술 지원이 부족	

clipchamp	1. 내보내기 옵션: 영상을 MP4 형식과 480p, 720p, 1080p 또는 GIF로 저장 가능 2. 직접 전송: YouTube, TikTok, Pinterest 또는 클라우드 스토리지 플랫폼 중 하나로 동영상을 직접 전송 3. 제한 사항 1) 프리미엄 콘텐츠 접근성: 무료 버전 사용자는 프리미엄 수준의 스톡 파일 및 템플릿 중 일부를 사용할 수 없음 2) 브랜드 키트: 유료 버전 사용자는 브랜드 스타일에 맞는 일관된 콘텐츠를 만들 수 있도록 설계된 브랜드 키트를 사용할 수 있으나, 무료 사용자는 이러한 키트에 액세스할 수 없음	
다빈치리졸브 (Davinci Resolve)	1. 기능: 영상 편집, 특수효과, 모션 그래픽, 색보정, 오디오 후반 제작 등을 지원 2. 운영 체제: 윈도우, 맥, 리눅스에서 작동 3. 한글 지원: 18 버전부터 한글 지원이 가능하며, 최신 버전은 다빈치 리졸브 18. 5 4. 무료 버전: 워터마크나 기능 제한 없이 무료로 제공되며, 8GB 이상의 시스템 RAM과 4GB 이상의 그래픽 메모리가 필요	
Lightworks	1. 무료 버전: 워터마크나 중요한 도구 집합 제한 없이 사용 가능. 720p 해상도로 제한되며, YouTube와 Vimeo로의 내보내기 옵션만 제공 2. Lightworks Create: 월 9. 99달러에 제공되며, 더 많은 고급 기능과 더 높은 해상도의 내보내기 옵션을 제공 3. Lightworks Pro: 월 23. 99달러에 제공되며, 전문가 수준의 기능과 무제한 해상도의 내보내기 옵션을 제공 4. 사용 가능한 플랫폼 운영 체제: 윈도우, 리눅스, 맥에서 사용 가능	

모르면 절대로 안 되는, 가장 간편한 스마트폰 영상편집툴 TOP 9

종류	기능	QR코드
capcut	1. 다양한 편집 기능: CapCut은 비디오 클립 자르기, 붙이기, 속도 조절 등 기본적이 편집 기능부터 고급 편집 기능까지 폭넓게 제공 2. 소셜 미디어 템플릿: 다양한 소셜 미디어 플랫폼에 최적화된 템플릿을 제공 3. 무료 음악 및 스톡 영상: CapCut은 무료 음악과 스톡 영상을 제공하여, 사용자가 비디오에 다양한 배경음악과 영상을 추가 4. 사용자 친화적인 인터페이스: CapCut은 사용법이 쉽고 한국어로 설정 가능하여, 비디오 편집 초보자도 쉽게 사용가능	
vrew	1. 다양한 편집 기능: 비디오 클립 자르기, 붙이기, 속도 조절 등 기본적인 편집 기능부터 고급 편집 기능까지 폭넓게 제공 2. 소셜 미디어 템플릿: 다양한 소셜 미디어 플랫폼에 최적화된 템플릿을 제공 3. 무료 음악 및 스톡 영상: 무료 음악과 스톡 영상을 제공하여, 사용자가 비디오에 다양한 배경음악과 영상을 추가 4. 사용자 친화적인 인터페이스: CapCut은 사용법이 쉽고 한국어로 설정 가능하여, 비디오 편집 초보자도 쉽게 사용 가능	
power director	1. 4K 비디오 편집 지원: PowerDirector는 4K 해상도의 비디오 편집을 지원하여, 고화질의 비디오 제작이 가능 2. 비디오 안정화 기능: 손 떨림으로 인해 발생하는 흔들림을 보정해 주는 비디오 안정화 기능을 제공 3. 초보자부터 전문가까지: 사용자 친화적인 인터페이스와 다양한 편집 도구를 제공하여, 비디오 편집 초보자부터 전문가까지 모두 만족시킬 수 있는 기능제공 4. DVD 기록 드라이브 지원: 사용자가 편집한 비디오를 DVD로 기록할 수 있는 기능을 제공	

KineMaster	1. 고급 비디오 편집 기능 1)레이어 조정: 모든 레이어의 꼭짓점을 자유롭게 조정하여 창의적인 비주얼 변환 기능 제공 2)크로마 키 & AI 기반 이미지 복원: 크로마 키, 마법 제거기, 투명 배경 등의 기능과 AI 기반 이미지 복원 기능을 통해 고품질의 비디오 편집 가능 2. 강화된 오디오 기능 1)노이즈 감소: 깨끗하고 명확한 오디오 품질을 위한 노이즈 감소 기능 제공 2)오디오 추출 및 효과: 비디오에서 오디오를 추출하고, 모자이크 및 음성 변조 효과를 적용	
Filmora	1. 스타일리시한 효과: 800개 이상의 스타일리시한 효과를 제공 2. 초보자와 고급 사용자 모두를 위한 설계: 사용하기 쉬운 기능을 제공하여 비디오 편집을 처음 시작하는 사람들도 전문가처럼 편집할 수 있는 기능 제공 3. AI 기반 비디오 편집 기능 제공	
VLLO	1. 쉽게 배우는 동영상 편집기 2. 다양한 필터 & 이펙트 기능& 다양한 오디오 효과 제공 3. 자유로운 텍스트 편집 4. 저작권 걱정 없는 1000개이상의 배경음악	
퀵(고프로) Quick	1. 음악에 맞춰 자동 편집: 퀵에서 음악을 선택하면, 앱이 자동으로 비디오 내용을 음악의 비트에 맞춰 편집 2. 새로운 필터, 테마, 고프로 통합: 사용자는 새로운 필터와 테마를 사용하여 비디오에 다양한 분위기를 추가 3. 퀵스토리즈(QuickStories) 기능 강화: 고프로 퀵 앱을 다운로드 하면 무료로 사용할 수 있는 퀵스토리즈 기능은 이전의 카르마(Karma) 기능보다 향상되어, 자신의 모험을 자동으로 멋진 비디오 스토리로 변환 4. 다양한 편집 도구 지원: 노출, 대비, 색상, 안정화 조정을 위한 편집 도구뿐만 아니라 단일 및 다중 비디오 편집, 텍스트 및 스티커 추가 기능을 지원	

설문지 제작 도구

종류	기능	QR코드
Survey Monkey	1. 다양한 설문 유형 제공:객관식, 주관식, 척도형, 순위형 등 다양한 유형의 설문 문항을 제공 2. 고객 경험 관리에 유용: 고객 경험 관리를 위한 다양한 기능을 제공	
SMORE	1. 다양한 템플릿과 리소스 제공: 다양한 템플릿과 리소스를 제공하여 사용자가 쉽게 아름답고 독특한 폼을 만들 수 있음 2. 무료 로그인 옵션을 제공하여 사용자가 쉽게 시작 3. Google Sheets와의 통합 기능을 통해 데이터 관리가 용이 4. 다양한 용도로 활용 가능: 프로모션 테스트 페이지 생성, 워크숍 참여자 모집, 고객 친화적인 콘텐츠 제작 등 다양한 용도로 활용 특히 몰입감 있는 배경 기능을 통해 질문에 맞는 분위기를 연출	

STEP 2

바로 써먹는 필수 학원 운영
매뉴얼 10선

• • •

학부모 설명회 준비 체크리스트

구분	내용	회수/수량	날짜	체크
홍보 활동	아파트 게시판			
	전단지 직투			
	기존 학부모, 지인, 입회 상담 시 가망고객 에게 SMS 발송			
	아파트 입주민 카페 홍보			
	블로그 포스팅(설명회 소개)			
	인스타그램 홍보			
	카카오톡 프로필을 통한 학부모 설명회 홍보 간접 노출			
	학교 앞 등 야외 홍보(가판 홍보)			
	학교 및 학원 주변 현수막 게시			
확인 전화	참석 여부 확인(문자 또는 전화)			
환경 정리	학원 입구, 설명회 장소, 화장실 등			
	주변 정리(책장, 책상 등 청결 상태 확인)			

다과 및 사은품 준비	다과 준비(과일, 음료, 과자 등)			
	사은품 준비(시계, 문구함, 수건, 위생팩, 위생장갑 등)			
자료 준비	교재 준비			
	진단평가 & 학습리포트 샘플			
	개념노트, 오답노트 샘플			
	평가지(일일, 주간, 월말 테스트)			
	방명록			
	교육 자료, 브로슈어, 커리큘럼 가이드			
	대봉투, 엘홀더			
	입회 원서			
	명함			

학부모 설명회 당일 체크리스트

구분	준비 사항	체크
시작 전	1. 복장을 점검한다. (단정한 차림, 헤어스타일)	
	2. 모든 출입구에 안내문과 전단지를 부착한다.	
	3. 기자재를 준비한다. (노트북, 빔, 스크린 등)	
	4. 입구 및 교육장을 정리하고 확인한다.	
	5. 참석 의사를 밝힌 학부모에게 확인 문자를 발송한다.	
	6. 다과를 세팅해서 준비해놓는다.	
	7. 자리 배치한다.	
	8. 교재, 학습 결과물, 홍보물 등을 자리에 세팅한다.	
	9. 학부모들이 기다리는 동안 읽을 수 있도록 교육자료를 대봉투에 넣어서 세팅해놓는다.	
	10. 방명록을 준비해놓는다.	
	11. 기자재를 설치한다. (노트북, 빔, 스크린 등)	
	12. 참석자들을 반갑게 맞이한다.	
	13. 자리에 안내한다.	
종료 후	1. 다과를 먹으며 자연스럽게 상담을 유도한다.	
	2. 학부모 설명회 설문지를 배포하여 작성하게 한다.	
	3. 상담을 통해 자녀의 학교, 학년, 학습에 관한 고민사항을 청취한다.	
	4. 고객의 상황에 맞는 학원의 특장점을 어필한다.	
	5. 진단평가 예약 및 입회를 유도한다.	

학부모 설명회 양식 - 방명록

20 년   월   일

학부모 설명회에 오신 것을 환영합니다!

체크	학부모 성함	학생 이름(힉년)	연락처	참서	비고
1					
2					
3					
4					
5					
6					
7					
8					
9					
10					
11					
12					
13					
14					
15					
16					
17					
18					
19					

OOO 학원   1234-1234

학부모 설명회 양식 - 설명회 만족도 조사

학부모 설명회에 참석해 주셔서 감사합니다.
학부모님의 귀한 의견을 통해 더 좋은 교육과 서비스를 준비하고자 하오니 작성
부탁드립니다.

학부모 성함		자녀 이름	
연락처		학교	
거주 지역		학년	

1. 학부모 설명회에서 제공하는 교육 내용과 서비스에 만족하십니까?
   ① 매우 만족　　　② 만족　　　③ 보통　　　④ 불만족

2. 설명회에 참석하게 된 경로는 무엇입니까?
   ① 현수막　② 전단지　③ 온라인채널(블로그, 맘카페)　④ 아파트 게시판　⑤ 지인 소개

3. 자녀의 학습에서 가장 걱정하고 있는 부분은 무엇입니까?
   ① 성적　　　② 공부 습관　　　③ 숙제 관리　　　④ 선생님과의 관계

4. 학원 선택 시 가장 고려하는 부분은 무엇입니까?
   ① 관리 학생 수　② 선생님　③ 학원 위치　④ 수업료　⑤ 기타(차량, 친구 등)

5. 현재 보내고 있는 학원에서 만족하는 부분은 무엇입니까?
   ① 학생 관리　② 성적　③ 선생님과의 소통　④ 커리큘럼/시스템　⑤ 정보 제공

6. 현재 보내고 있는 학원에서 보완이 되기를 원하는 부분은 무엇입니까?
   ① 학생 관리　② 성적　③ 선생님과의 소통　④ 커리큘럼/시스템　⑤ 정보 제공

7. 추후 상세한 학습 정보 및 자녀의 학습 상태를 점검받기 원하시면 가능한 일자와 시간을 적어주십시오. 원하는 분에 한해 상담해드리겠습니다.

   신청일 : _____월 _____일 _____시

감사합니다. 즐거운 하루 되세요.

○○○ 학원　　　　　　　　　　　　　　　　　　　　　　　1234-1234

입회 상담 전 설문조사 - 학부모용

이름		학교/학년		날짜	

안녕하세요. OOO학원입니다.
본 설문조사는 보다 정확한 학습 상담을 위해 진행하는 것으로, 간단한 질문들로
구성되어 있습니다. 성의껏 기록해주시면 상담에 많은 도움이 되겠습니다.
※ 해당하는 보기에 V 표시(중복표시 가능) 해주시고 기타 의견이 있으시면 적어주세요.

1. OO 학원을 알게 된 경로는 무엇입니까?
　① 검색(블로그 등)　② 지인 소개　③ 주변 소문　④ 자녀의 친구 추천　⑤ 홍보물　⑥ 기타

> 기타 내용

2. OO 학원에서 수강을 희망하는 과목은 무엇입니까?
　① 수학　　② 영어　③ 국어　　④ 사회　　⑤ 과학　　⑥ 기타

> 기타 내용

3. OO 학원은 어떤 학원이라고 생각하고 계시는지요?
　① 수학전문학원　　　② 영어전문학원　　③ 학교 내신 성과가 좋은 학원
　③ 입시, 영재원 등 실적이 좋은 학원　　④ 입학하기 힘든 학원　　⑤ 잘 모른다

> 기타 내용

4. OO 학원에 방문 상담을 하는 가장 큰 이유는 무엇인지요?
　① 공부습관 확실히 만들기 위해　② 학습 기초 확실히 다지기 위해　③ 성적 향상 위해
　④ 경시대회 등의 시험대비　　⑤ 영재원, 특목고 등 입학 준비　⑥ 기타

> 기타 내용

5. 최근이나 현재, 수학 학습은 어떻게 하고 있나요?
　① 학원수강　② 과외 개인지도　③ 학습지　④ 개인학습　⑤ 인터넷강의　⑥ 부모님

> 학원수강을 선택하신 경우, 학원 이름을 적어 주세요.

6. 수학 선행학습은 어디까지 진행했나요?

> 내용 기록

7. 최근이나 현재, 영어 학습은 어떻게 하고 있나요?
① 학원수강   ② 과외 개인지도   ③ 학습지   ④ 개인학습   ⑤ 인터넷강의   ⑥ 부모님

> 학원수강을 선택하신 경우, 학원 이름을 적어 주세요.

8. 학부모님이 볼 때 자녀의 성적은 어느 정도입니까?
① 최상위권   ② 상위권   ③ 중위권   ④ 하위권   ⑤ 기타

> 기타 내용

9. 최근 학교 수학 성적은 어느 정도입니까?
① 95점 이상   ② 90점 이상   ③ 80점 이상   ④ 60점 이상   ⑤ 잘 모름   ⑥ 기타

> 기타 내용

10. 타과목과 비교할 때 수학 성적은 어떠합니까?
① 더 좋음   ② 비슷함   ③ 더 안좋음

> 기타 내용

11. 최근 학교 영어 성적은 어느 정도입니까?
① 95점 이상   ② 90점 이상   ③ 80점 이상   ④ 60점 이상   ⑤ 잘 모름   ⑥ 기타

> 기타 내용

12. 학원을 옮기려는 또는 학습 환경을 바꾸려는 이유는 무엇인가요?

> 기타 내용

부록 혁명가를 위한 자료 및 도구

13. 자녀의 학습 태도는 어떠한가요?
 ① 적극적인 편   ② 소극적인 편   ③ 집중력 강한 편   ④ 집중력 부족인 편

> 기타 내용

14. 장래 진학하고자 하는 고등학교는 어디인가요?
 ① 영재학교   ② 과학고   ③ 자사고   ④ 외국어고   ⑤ 국제고   ⑥ 일반고   ⑦ 기타

> 기타 내용

15. 가장 좋아하거나 관심있는 과목은 무엇인가요?

> 내용 기록

16. 가장 부담되거나 싫어하는 과목은 무엇인가요?

> 내용 기록

17. OO 학원 재원생 중 친한 친구가 있나요?

> 내용 기록

18. OO 학원에 특별히 궁금한 점, 부탁사항, 관심있는 점이 있으면 적어주세요.

> 내용 기록

학습 습관 체크리스트

이름		학교/학년		날짜	

학생의 평소 학습 방법이나 습관을 확인하기 위한 체크리스트입니다.
솔직하게 각 설문에 응답하여 주시기 바랍니다.

1. 평소 공부하는 시간은? (학원, 학교 수업 제외)
　① 3시간 이상　② 2~3시간　③ 1~2시간　④ 1시간 이하　⑤ 거의 안함

2. 스스 생각하기에 본인의 학습 이해 정도는?
　① 빠르다　② 약간 빠르다　③ 보통이다　④ 느리다　⑤ 아주 느리다

3. 본인의 성적은 어떻다고 생각하나요?
　① 최상위권　② 상위권　③ 중상위권　④ 중위권　⑤ 중하위권　⑥ 하위권

4. 공부를 시작하려고 할 때 무엇을 먼저 해야 할지 모르는 경우가 있나요?
　① 아주 많다　② 많다　③ 그런 경우가 있다　④ 간혹 그렇다　⑤ 없다

5. 시험이 있을 때 몇 등, 몇 점을 받아야겠다는 뚜렷한 목표가 있나요?
　① 정확히 있다　② 있다　③ 있는 경우도 있다　④ 간혹 있다　⑤ 없다

6. 수업 시간에 대한 집중도는 어떠한가요?
　① 매우 높다　② 높다　③ 보통이다　④ 떨어진다　⑤ 아주 떨어진다

7. 틀린 문제는 다시 풀거나 내용 정리를 하나요?
　① 항상 한다　② 하는 편이다　③ 할 때도있고 안할 때도 있다　④ 가끔 한다　⑤ 안한다

8. 공부는 내가 목표로 하는 꿈을 이루기 위해서 필요하다고 생각하나요?
　① 꼭 필요하다　② 필요하다　③ 보통이다　④ 별로다　⑤ 필요없다

9. 마음먹고 공부를 제대로 하면 성적을 어느 정도 상승시킬 수 있다고 생각하나요?
　① 급상승　② 상승　③ 보통　④ 약간　⑤ 잘 모름

10. 본인의 의지력은 어떠한가요?
① 매우 강하다 ② 강하다 ③ 보통 ④ 부족하다 ⑤ 매우 부족하다

11. 시험때 요약 노트를 만들어 시험 직전에 활용하나요?
① 항상 한다 ② 하는 편이다 ③ 할 때도 있고 안할 때도 있다 ④ 가끔 한다 ⑤ 안한다

12. 책상은 잘 정돈되어있나요?
① 아주 잘 되어있다 ② 잘 되어있다 ③ 보통이다 ④ 지저분하다 ⑤ 매우 지저분하다

13. 공부를 하려고 하는데 친구들이 놀자고 하면 쉽게 유혹에 휩쓸리나요?
① 항상 그렇다 ② 그런 편이다 ③ 보통이다 ④ 가끔 그렇다 ⑤ 전혀 아니다

14. 할 일을 미루는 정도는 어떠한가요?
① 자주 미룬다 ② 그런 편이다 ③ 보통이다 ④ 가끔 미룬다 ⑤ 미루지 않는다

15. 핸드폰 사용이나 게임 때문에 공부에 지장을 받나요?
① 매우 그렇다 ② 그렇다 ③ 보통이다 ④ 가끔 그렇다 ⑤ 전혀 아니다

16. 공부하면 어느 정도 피로해지나요?
① 아주 빠르다 ② 빠르다 ③ 보통이다 ④ 가끔 느낀다 ⑤ 전혀 못 느낀다

17. 자투리 시간을 잘 활용하나요?
① 아주 잘 활용한다 ② 잘 활용한다 ③ 보통이다 ④ 잘 못하는편이다 ⑤ 전혀 못한다

18. 필기는 잘 하나요?
① 아주 잘한다 ② 잘하는 편이다 ③ 보통이다 ④ 잘 못한다 ⑤ 전혀 못한다

19. 시험 때가 되면 불안해지나요?
① 매우 그렇다 ② 그런 편이다 ③ 보통이다 ④ 약간 그렇다 ⑤ 전혀 아니다

20. 어렵거나 싫은 과목이라도 열심히 하나요?
① 매우 그렇다 ② 그런 편이다 ③ 보통이다 ④ 약간 그렇다 ⑤ 전혀 아니다

21. 모르는 문제나 궁금한 점이 생기면 반드시 해결하려고 하나요?
① 반드시 그렇다 ② 그런 편이다 ③ 보통이다 ④ 가끔 그렇다 ⑤ 그냥 넘어간다

22. 우리 집의 분위기는 공부하기 어떠한가요?
① 아주 좋다 ② 좋은 편이다 ③ 보통이다 ④ 안 좋다 ⑤ 아주 안좋다

수업 규정 안내

■ 수강료 납부

(1) 신입생의 경우, 첫 수업 시작 전까지 수강료 전액을 납부한 후 수업 참여가 가능합니다.

(2) 수강료는 월 O회 수업을 기준으로 합니다.

(3) 재원생은 매월 20일~말일까지 수강료 납부일로 정합니다.

(4) 두 과목 이상 수강 시 각 과목당 O만원씩 할인 적용합니다.

(5) 형제 할인 적용 시 각 과목당 O만원씩 할인 적용합니다.

(6) 다과목 할인과 형제 할인은 중복으로 적용합니다.

■ 결석 시

(1) 결석 시 학업 손실을 방지하기 위해 결석보강 진행을 원칙으로 합니다.

(2) 결석으로 인한 이월 또는 환불이 되지 않습니다.

■ 보강

(1) 보강 수업은 수업시간 이전에 결석을 통보한 경우에 한하여 가능합니다.
    (수업시간 이후에 결석을 통보한 경우에는 해당하지 않습니다.)

(2) 보강은 사전예약을 필수로 합니다.
    (학생과 담임선생님의 일정 조율 후 보강을 진행합니다.)

(3) 보강은 월 2회로 제한합니다. 결석이 잦으면 학습관리가 잘 안 됩니다. 본 수업에 최선을 다하고자 함이니 가능하면 결석 없이 수업에 참여하도록 협조 부탁드립니다.

(4) 보강 수업 당일의 결석 및 취소는 수업 참가로 간주합니다.

(5) 보강 수업은 담임선생님 또는 타 선생님과 진행할 수 있습니다.

(6) 보강시간은 본 수업보다 단축하여 진행합니다.

   (예: 본 수업 180분 → 보강 수업 90분)

(7) 장기여행 등으로 인한 결석은 학원에 미리 알려주시기 바랍니다.

■ 퇴원 규정

다음의 경우에 해당하는 학생은 반복적인 지도와 경고에도 불구하고 개선의 모습을 보이지 않으면 학원장의 판단하에 퇴원 처리할 수 있음을 알려드립니다.

(1) 학생으로서의 품행 및 언행에 어긋날 경우

(2) 수업 진행에 막대한 지장을 초래하는 경우

(3) 다른 학생의 인권을 침해하거나 학습에 피해를 주는 경우

(4) 개인 사정으로 인해 주기적으로 지각, 결석 그리고 필요 이상으로 결석하는 경우

(5) 학생, 학부모님이 학원 운영에 피해를 입히는 경우

보강 규정 안내

---

(1) 보강 수업은 수업시간 이전에 결석을 통보한 경우에 한하여 가능합니다.
(수업시간 이후에 결석을 통보한 경우에는 해당하지 않습니다.)

(2) 보강은 사전예약을 필수로 합니다.
(학생과 담임선생님의 일정 조율 후 보강을 진행합니다.)

(3) 보강은 월 2회로 제한합니다. 결석이 잦으면 학습관리가 잘 안 됩니다.
본 수업에 최선을 다하고자 함이니 가능하면 결석 없이 수업에 참여하도
록 협조 부탁드립니다.

(4) 보강 수업 당일의 결석 및 취소는 수업 참가로 간주합니다.

(5) 보강 수업은 담임선생님 또는 타 선생님과 진행할 수 있습니다.

(6) 보강시간은 본 수업보다 단축하여 진행합니다.
(예: 본 수업 180분 → 보강 수업 90분)

(7) 장기여행 등으로 인한 결석은 학원에 미리 알려주시기 바랍니다.

환불 규정

(1) 교습할 수 없거나 교습 장소를 제공할 수 없게 된 날 : 이미 납부한 교습 비 등을 일할(일 단위) 계산한 금액

(2) 교습 시간이 1개월 이내인 경우
 - 교습 시작 전 : 이미 납부한 교습비 등의 전액
 - 총 교습 시간의 1/3 경과 전 : 이미 납부한 교습비 등의 2/3에 해당하는 금액
 - 총 교습 시간의 1/2 경과 전 : 이미 납부한 교습비 등의 1/2에 해당하는 금액
 - 총 교습 시간의 1/2 경과 후 : 반환하지 않음

(3) 교습 기간이 1개월을 초과하는 경우
 - 교습 시작 전 : 이미 납부한 교습비 등의 전액
 - 교습 시작 후 : 반환 사유가 발생한 해당 월의 반환 대상 교습비 등(교습 기간이 1개월 이내인 경우의 기준에 따라 산출한 금액을 말한다)과 나머지 월 의 교습비 등의 전액을 합산한 금액

총 교습 시간은 교습 기간 중의 총 교습 시간을 말하며, 반환 금액의 산정은 반환 사유가 발생한 날까지 경과한 교습 시간을 기준으로 한다.

ARK

학원 운영 매뉴얼 - 일일 운영 매뉴얼

학원 일일 운영매뉴얼

일일 업무 내용 (출근 시)		
업무순서	업무 내용	비고
1	복도 불 켜고 배송품 확인	반품 건 있을 경우 미리 포장해 둘 것
2	전체 조명 켜기	
3	인포 데스크 컴퓨터 전원 켜기	배경음악/홍보 영상/출퇴근 체크
4	창문 열고 환기 시키기 / 대청소	
5	로비 컴퓨터 전원 켜기	
6	냉난방기 가동	하절기: 오후 2:30 부터 에어컨 사용 동절기: 오후 2:00부터 온풍기 사용
7	부재중 전화 확인*(SMS 발송 순서 참조)	- 신규생일 경우 상담/진단검사 등 처리 후 개인 정보 저장 & 잔디 공유 - 재원생일 경우 요청 사항 잔디에 공유
8	학원사랑에서 일정 확인	
9	예약일정 대상자 리마인드 SMS 발송 & 잔디 공유	진단검사/진단검사 결과 면담 등 예약

SMS 발송 순서*
(1) 커리큘럼 상담 신청 링크
(2) 커리큘럼 상담 예약완료 안내
(3) 진단검사 예약 안내 (진단검사 후 결과 면담 바로 안할 경우, 일정 따로 조율 필요)
(4) 진단검사 결과 면담 안내
(5) 입학 신청서 작성 링크 (원에 방문 안 할 경우)
(6) OO월 신입생 수업준비 안내 (입학한 학생들에 한함, 결제 완료 후)
* 모든 외부 업체와의 업무 처리는 당일 오후 3시 전까지 해결할 것

일일 업무 내용 (퇴근 시)	
업무순서	업무 내용
1	카카오톡 메세지 확인하고 대처
2	로비 컴퓨터 전원 끄기
3	각 교실 창문 닫기
4	에어컨/온풍기, 컴퓨터, 빔 프로젝터 등 전원 끄기
5	인포 데스크 컴퓨터 전원 끄기
6	전체 조명 끄기
7	문 잠그고 복도 조명 끄기

학원 운영 매뉴얼 예시

주기별 일정

KEY 정해진 시기에 완료 하는 것이 포인트!

	weekly to-do list	daily to-do list
1주차	• 개강일에 로비에서 학생들 환영 & 신규생 이름 불러주며 교실로 인솔 • 교재 배포 후 학생명, 반명 대표님과 공유 • 생활 기록부 배포 (매 월 개강 다음 수업일) & 알림장 작성해서 notify • 신규생 해피콜 완료 / 생활 기록부 토대로 적응 상담 • 다음 달 혹은 학기에 반 이동 예상되는 학생 의견 취합 및 학부모 공유 - 반 이동 예정 안내문 배포	• 명찰 착용 • 지각/결석, 숙제 미흡 등 파악 & 정리 - 매 시지나 상담 전화로 관리 • 숙제 안내 (알림장) • 일일 업무 일지 작성 • 요청된 상담 진행 • 매 주 금요일 - casual Friday에 맞는 복장 착용
2주차	• 월간 소식지 "통통통," 유인물 배포 / 배포 관련 알림장 작성 • 신규생 적응 상담	
3주차	• 다음 달 교재 신청 - 자체 제작 교재는 추가 인쇄 필요 여부 확인 • 학기 간/월간 생활 기록부용 코멘트 초본 작성 & 부원장 확인	
4주차	• 학기 간/월간 생활 기록부 코멘트 최종본 입력 • 다음 달 신규 입학생 교재 입고 파악 -교재 없으면 즉시 보고 • 다음 달 신규 입학생 진단평가 결과지와 입학신청서 내용 토대로 성향이나 특징 파악	

학부모 상담

KEY 정해진 시기에 완료 하는 것이 포인트! 연락 못 하게 된다면 메세지 발송/알림장에 공지 필수!

●해피콜   ●적응 상담   ●지각/결석 상담
                                              ●생활 태도 상담

개강일 당일, 혹은 개강 주 내에	수업 2주 경과 후	반복적으로 지각하거나 결석한 날
1 담당 강사임을 소개	1 첫 2주 동안의 태도에 대해 공유 (과제 완성도, 참여도 등)	1 결석/지각 시 확인 전화하고 다음 수업부터 정상화 시켜야 함을 리마인드
2 첫 수업 일에 어떻게 적응했는지 설명	2 배정 받은 수업에 적합한 것 확인 + 학생 목표 설정	2 과제물 안내
3 수업 목표에 대해 공유	3 구체적으로 어떤 어려움이 있고 어떻게 수업을 통해 개선할 계획인지 학부모와 공유	3 수업 중 문제가 있었을 경우 당일 상담 & 어떻게 대처했는지 보고
4 2주 수업 진행 후 다시 상담할 계획 알릴 것	4 성적표 배포되는 시기 안내	* 학생이 어떤 잘못을 했는 지 "blame"하기 보다는 학원에서 어떻게 지도하고 해결해 나가려고 하는 지 공유하고 학부형님의 도움 요청
* 진단 검사 결과지 참고할 것	* 첫 2주 아이의 반응이 어땠는지 학부형님께 역으로 물어보는 것도 좋은 방법	

344

단계 별 응대 요령

KEY 서두르지 않고 여유 있게 안내하는 것, 더잉글리쉬의 커리큘럼과 철학을 정확하게 전달하는 것

라운지로 안내

상담을 위해 잠깐
대기해 달라고 요청
브랜드북과 교재 보여
드릴 것

브랜드북으로 소개

자녀의 학년을 파악
해서 그에 맞는 커리
큘럼 소개
<10-15분 이내>

1	2	3	4

방문 목적 확인

커리큘럼 상담 예약 여부 확인
➤예약된 경우,
예약 시간될 때까지 대기 요청
➤예약 안 된 경우,
들어오시게 유도하고 대기 시
간이 있을 수 있음을 안내

상담 신청서 작성

커리큘럼 소개용 컴퓨터에
서 인터넷 탭 중 진단검사
신청서 폼 작성 요청
**<진단검사를 안 보게 된다
해도 무관>**

단계 별 응대 요령

KEY 정확한 내용의 메세지 발송과 오류 없는 커뮤니케이션 [이름, 날짜, 시간]

신청서 접수 후 일정 잡기

학원사랑 시스템 "일정관
리"에서 신청서에 작성한
날짜와 시간대에 최대한
맞춰 제안 드릴 것 (유선)

기본 인적사항 입력

학원사랑 시스템에서
신규원생으로 등록
(학생 이름, 학부형
연락처, 학교, 학년 등)
등록 후에 문자 전송 가능

예약완료 문자 발송

잔디[자주 사용 문자 모음]
해당 메세지 복사
메세지 전송 시 내용 첨부
(수정 사항 확인 필수: 날짜, 시간)

EDT™ 신청 링크 전송

잔디[자주 사용 문자모음]
해당 메세지 복사
메세지 전송 시 내용 첨부
(수정 사항 확인 필수)

사전상담 시트 1

사전상담시트		학생명		학교명		작성일: 셔틀 승/하차 지점:
		학부형 연락처		학생 연락처		
학년	예비초1 / 초1	초2	초3	초4	초5	초6
영어 유치원 등원 여부	네	아니오	해외 거주 여부	네 ( )	기간: 거주 나라:	아니오 ( )
영어 학습 기간	없음	1년 미만	1년~2년 미만	2년~3년 미만	3년~4년 미만	4년 이상
학습 방법(중복 선택 가능)	방과후 영어	학습지	엄마표/과외	공부방	입시/보습학원	어학원
숙제 완성도	안함	하라고 말해야 겨우 한다	할 때도 있고 안 할 때도 있다	거의 해가지만 힘들어 한다	숙제를 거의 해 가고 부담스러 워 하지 않는다	숙제는 항상 성실히 한다
평소 출결	월 2회 이상 결석	월 2회 이상 지각	학교 행사 등으로 월 1회 이상 결석	건강상의 이유로 월 1회 이상 결석	가끔 가족 여행이나 모임 으로 결석	100% 출석
학원을 알게된 경로	친구/학부모 소개	블로그	현수막/배너/ 간판	맘카페	당근마켓	기타: (자세히 써주세요)
학원이 마음에 드는 이유	시험성적과 생기부 관리를 체계적으로 해서	원서읽기 수업을 내신 수업과 연계 해서	발표와 에세이 수업을 영어로 해서	고학년을 위한 초급 프로그램 이 있어서	"꿈을 살아라" 라는 슬로건이 마음에 들어서	기타: (자세히 써주세요)
학원 변경/ 새로 알아본 이유	이전 학원 에서의 트러블 (선생님/학생)	과제량	거리나 학부형님 라이드의 어려움	성적이 안 올라서	변화가 필요해서	기타:(자세히 써주세요)
영어 학습 시 미흡한 점 (중복 선택 가능)	단어량	영작	독해	문제풀이/시험	문법	회화
학원 결정 시 중요 요소 (중복 선택 가능)	시설	학습 관리 지인 추천	수업료와 수업 시간	수업 스타일과 반 분위기, 선생님	커리큘럼	과제량

사전상담 시트 2

사전상담시트		학생명		학교명		작성일: 셔틀 승/하차 지점:
		학부형 연락처		학생 연락처		
학년	중	중2	중3	최근 시험 점수	지필고사	수행평가 (점수/등급)
영어 유치원 등원 여부	네	아니오	해외 거주 여부	네	아니오	기간 :
영어 학습 기간	1년 미만	1년~2년 미만	2년~3년 미만	3년~4년 미만	4년~ 5년 미만	5년 이상
학습 방법(중복 선택 가능)	방과후 영어	학습지	엄마표/과외	공부방	입시/보습학원	어학원
숙제 완성도	안함	하라고 말해야 겨우 한다	할 때도 있고 안 할 때도 있다	거의 해가지만 힘들어 한다	숙제를 거의 해 가고 부담스러 워 하지 않는다	숙제는 항상 성실히 한다
평소 출결	월 2회 이상 결석	월 2회 이상 지각	학교 행사 등으로 월 1회 이상 결석	건강상의 이유로 월 1회 이상 결석	가끔 가족 여행이나 모임 으로 결석	100% 출석
학원을 알게된 경로	친구/학부모 소개	블로그	현수막/배너/ 간판	맘카페	당근마켓	기타: (자세히 써주세요)
학원이 마음에 드는 이유	시험성적과 생기부 관리를 체계적으로 해서	원서읽기 수업을 내신 수업과 연계 해서	발표와 에세이 수업을 영어로 해서	고학년을 위한 초급 프로그램 이 있어서	"꿈을 살아라" 라는 슬로건이 마음에 들어서	기타: (자세히 써주세요)
학원 변경/ 새로 알아본 이유	이전 학원 에서의 트러블 (선생님/학생)	과제량	거리나 학부형님 라이드의 어려움	성적이 안 올라서	변화가 필요해서	기타:(자세히 써주세요)
영어 학습 시 미흡한 점 (중복 선택 가능)	단어량	영작	독해	문제풀이/시험	문법	회화
학원 결정 시 중요 요소 (중복 선택 가능)	시설	학습 관리 지인 추천	수업료와 수업 시간	수업 스타일과 반 분위기, 선생님	커리큘럼	과제량

1인 학원 성공 경영 부스터

2024년 6월 17일 초판 1쇄 발행
2024년 7월 15일 초판 2쇄 발행

지은이 | 조경이·유경숙·심동화·박중희·김지혜
펴낸이 | 이병일
펴낸곳 | 더메이커
전 화 | 031-973-8302
팩 스 | 0504-178-8302
이메일 | tmakerpub@hanmail.net
등 록 | 제 2015-000148호(2015년 7월 15일)

ISBN | 979-11-87809-52-4 (13320)
ⓒ 조경이·유경숙·심동화·박중희·김지혜